BIBLE in Hand 교양인을 위한 성경

신약 | 누가복음서

예수 연대기 : 말구유에서 빈 무덤 너머까지

해제 **권연경**

봄이다 프로젝트

해제 권연경 | **숭실대학교 기독교학과 교수**

서울대학교 영어영문학과를 졸업하고, 풀러신학교(M.Div.)와
예일대학교 신학부(S.T.M.)를 거쳐 런던대학교 킹스칼리지에서
박사학위(Ph.D.)를 받았다. 현재 숭실대학교 기독교학과 교수로 재직하고 있으며,
기독연구원 느헤미야 연구위원을 맡고 있다. 지은 책으로는 〈위선〉(IVP),
〈로마서 산책〉 〈갈라디아서 산책〉(복있는사람),
〈행위 없는 구원?〉 〈네가 읽는 것을 깨닫느뇨?〉(이상 SFC출판부),
〈갈라디아서 어떻게 읽을 것인가〉(성서유니온),
〈로마서 13장 다시 읽기〉(뉴스앤조이) 등이 있으며, 〈일상, 부활을 살다〉(복있는사람),
〈IVP 성경신학사전〉 〈예수의 정치학〉(이상 IVP, 공역),
〈기독교와 문학〉(크리스천다이제스트) 등을 우리말로 옮겼다.

신약 | 누가복음서

예수 연대기 :
말구유에서 빈 무덤 너머까지

추천사

믿음에 관심이 있거나 새로 예수를 믿게 된 사람들이 성경을 읽어야 하는데, 이때 전권을 주고 읽으라고 하면 질려서 잘 읽지를 못한다. 이런 사람들에게 이 책을 권하면 좋을 것 같다. 새번역을 사용하고 있고, 읽으면서 생길 수 있는 질문에 답을 주는 짧은 주석이 붙어 있어서 재미있게 읽을 수 있기 때문이다. 이 낱권 성경책은 특별히 비신자 전도에 집중하는 가정교회에서 잘 활용할 수 있을 것이다. 처음 성경을 접하는 분들이 성경을 쉽게 이해하고, 성경 읽는 데 자신감이 생길 것이다.

_ **최영기** | 휴스턴서울교회 은퇴목사, 국제가정교회사역원 초대원장

베스트셀러를 주로 읽는 요즘 사람들은 정작 인류 최고의 베스트셀러인 성경에는 무지하다. 일반인들이 성경을 읽으려면 먼저 성경은 종교적 경전의 모양새에서 벗어나야 한다. 이 책은 바로 그런 목적으로 출간되었다. 이제 종교적인 편견을 버리고 성경을 읽고, 세계 시민에 걸맞은 교양을 가져보자.

_ **방선기** | 일터개발원 이사장

거룩할 '성'과 날 '경' 자로 구성된 성경(聖經)은 우리 삶이 혼돈의 심연으로 빠져들지 않도록 지켜주는 수직의 중심이다. 사람들이 성경에는 오류가 없어야 한다고 믿는 것은 그 때문이다. 성경을 읽다가 모순되는 지점을 발견하는 순간 경건한 사람들은 마치 연모하던 이의 비밀스러운 모습을 본 것처럼 민망해한다. 기독교에 대해 반감을 가진 이들은 '잘코사니!' 하면서 공격의 빌미를 삼는다. 민망해할 것도 없고, 쾌재를 부를 것도 없다. 김근주 교수와 권연경 교수의 안내를 받아 성경 속을 거닐다 보면 그 모순 속에 담긴 삶의 심오함에 가 닿을 것이다. 교회 밖의 사람들은 물론이고 기독교인에게도 이 책은 좋은 길잡이가 되어주리라 믿는다.

_ **김기석** | 청파교회 담임목사

일러두기

01

이 책에 사용된 한글 번역본은 대한성서공회의 허락을 받아 〈성경전서 새번역〉(2001년)을 사용했습니다.
기독교 성서를 번역, 출판, 반포하는 대한성서공회는 〈성경전서 새번역〉에 대해 "원문의 뜻을 우리말 독자들이 이해할 수 있도록 정확하게 번역하고, 쉬운 현대어로, 우리말 어법에 맞게, 한국교회에서 사용할 수 있도록 번역된 성경"이며, "번역이 명확하지 못했던 본문과 의미 전달이 미흡한 본문은 뜻이 잘 전달되도록 고쳤다. 할 수 있는 대로 번역어투를 없애고, 뜻을 우리말로 표현하려고 노력했다. 그러나 신학적으로 중요한 본문에서는 원문을 그대로 반영하려고 노력했다. 대화문에서는 현대 우리말 존대법을 적용했다"고 밝히고 있습니다.

02

성경 본문 하단은 성경을 읽으면서 생기는 궁금한 내용에 대해 질문과 해제 형식으로 담아냈습니다. 질문은 편집부에서 만들고, 해제는 구약성경은 김근주 교수(기독연구원 느헤미야), 신약성경은 권연경 교수(숭실대 기독교학과)가 맡았습니다.

성경 본문입니다.

장을 말합니다.

절을
말합니다.

약자를 말합니다.
〈성경의 구성〉(9p)을
참고하십시오.

성경의 해당 부분
책 이름입니다.

질문과 해제입니다.

{ 제2장 }

성령의 강림

1 오순절이 되어서 그들은 모두 한곳에 모여 있었다. 2 그때에
갑자기 하늘에서 세찬 바람이 부는 듯한 소리가 나더니, 그들
이 앉아 있는 온 집안을 가득 채웠다. 3 그리고 불길이 솟아오
를 때 혓바닥처럼 갈라지는 것 같은 혀들이 그들에게 나타나
더니, 각 사람 위에 내려앉았다. 4 그들은 모두 성령으로 충만
하게 되어서, 성령이 시키시는 대로, 각각 방언으로 말하기 시
작하였다.
5 ○ 예루살렘에는 경건한 유대 사람이 세계 각국에서 와서 살
고 있었다. 6 그런데 이런 말소리가 나니, 많은 사람이 모여와
서, 각각 자기네 지방 말로 제자들이 말하는 것을 듣고서, 어
리둥절하였다. 7 그들은 놀라, 신기하게 여기면서 말하였다.
"보시오, 말하고 있는 이 사람들은 모두 갈릴리 사람이 아니
오? 8 그런데 우리 모두가 저마다 태어난 지방의 말로 듣고 있
으니, 어찌 된 일이오? 9 우리는 바대 사람과 메대 사람과 엘

오순절은 무엇을 말하나요? 이스라엘 민족의 특별한 명절인가요? 오순절(Pentecost)은 구약성경에 나오는 유대인의 명절입니다. 유월절로부터 50일(五旬, 오순. 여기서 '순'을 열흘을 말합니다)이 되는 때로, 추수의 끝을 기념하는 감사의 절기입니다. 1세기 당시에도 로마제국 전역에 흩어져 살던 유대인들은 이 명절을 지키기 위해 성전이 있는 예루살렘으로 순례를 다녀오곤 했습니다(눅 2:41-42). 유대 전승에서 오순절은 하나님께서 시내산에서 모세에게 율법을 주신 사건과 연결되곤 하지만, 본문에 나타나는 오순절의 성령 주심이 그 전승을 염두에 둔 것인지는 알 수 없습니다.

사도행전 *21*

성경, 구약 39권 + 신약 27권

성경은 한 권의 책이 아닙니다. 기원전 1천 년 전부터 기원후 2세기에 이르기까지 아주 긴 시간 동안 쓰여진 다양한 책들의 묶음입니다. 성경은 66권의 책으로 구성되어 있습니다. 그 책들은 저자도, 내용도, 형식도, 분량도 모두 다릅니다. 성경은 크게 구약과 신약으로 구분되며, 구약은 39권, 신약은 27권으로 구성되어 있습니다.
또 성경에는 여러 종류의 번역판이 있는데, 이 책은 대한성서공회가 최근에 번역해 출간한 〈성경전서 새번역〉(2001년)을 채택하고 있습니다.

성경의 구성

구약

율법서	창세기(창) 출애굽기(출) 레위기(레) 민수기(민) 신명기(신)
역사서	여호수아기(수) 사사기(삿) 룻기(룻) 사무엘기상(삼상) 사무엘기하(삼하) 열왕기상(왕상) 열왕기하(왕하) 역대지상(대상) 역대지하(대하) 에스라기(라) 느헤미야기(느) 에스더기(더)
시가서	욥기(욥) 시편(시) 잠언(잠) 전도서(전) 아가(아)
대선지서	이사야서(사) 예레미야서(렘) 예레미야 애가(애) 에스겔서(겔) 다니엘서(단)
소선지서	호세아서(호) 요엘서(욜) 아모스서(암) 오바댜서(옵) 요나서(욘) 미가서(미) 나훔서(나) 하박국서(합) 스바냐서(습) 학개서(학) 스가랴서(슥) 말라기서(말)

신약

복음서	마태복음서(마) 마가복음서(막) 누가복음서(눅) 요한복음서(요)
역사서	사도행전(행)
바울서신	로마서(롬) 고린도전서(고전) 고린도후서(고후) 갈라디아서(갈) 에베소서(엡) 빌립보서(빌) 골로새서(골) 데살로니가전서(살전) 데살로니가후서(살후) 디모데전서(딤전) 디모데후서(딤후) 디도서(딛) 빌레몬서(몬)
공동서신	히브리서(히) 야고보서(약) 베드로전서(벧전) 베드로후서(벧후) 요한1서(요일) 요한2서(요이) 요한3서(요삼) 유다서(유)
예언서	요한계시록(계)

※괄호 안은 각 책을 줄여서 표기할 때 쓰는 약자입니다.

누가복음서

Luke

하나님을 믿고 예수님을 따르는 신앙의 본질을 묻는다

누가복음서의 예수님은 하나님나라 메시지를 선포하며
자기 운명을 향해 뚜벅뚜벅 걸어가는 예언자를 닮았습니다.
또한 자신을 죽음으로 내모는 이들을 위해 울고 기도하며,
고통의 외침 대신 하늘 아버지를 향한 신뢰의 기도로 생을 마감하는
의로운 순교자의 모습입니다.
그래서 누가복음서는 결정적인 순간마다 아버지께 기도하는
예수님의 모습을 보여주곤 합니다. 또 예수님의 활동은
시종일관 성령에 이끌리는 것이었습니다.
누가는 이 성령의 함께하심을 유난히 강조합니다.

누가복음서는 마태복음서, 마가복음서와 더불어 공관(共觀, Synoptic)복음이라 불립니다. 예수님 이야기를 바라보는 기본 관점이 비슷하다는 의미입니다. 예수님께서 처음부터 예루살렘을 오가는 요한복음서와 달리, 공관복음서에서 예수님께서는 갈릴리 주변에서 대부분의 시간을 보내다 마지막에 한 번 예루살렘을 방문하고 거기서 십자가 죽음을 맞이하십니다.

누가복음서에는 세례 요한과 예수님의 탄생, 예수님의 어린 시절에 관한 길고 흥미로운 일화가 나옵니다(1-2장). 마태복음서와는 전혀 다른 이야기들입니다. 이어 세례 요한의 활동이 소개되고, 그에게 세례를 받으며 예수님의 활동이 시작됩니다(3장). 예수님께서 광야에서 시험받는 장면이 자세히 묘사되고, 고향 나사렛에서 첫 설교를 한 후 살해 위협에 직면하시는 모습이 그려집니다(4장). 이후 제자를 부르고, 아픈 사람을 치유하며, 반대자들과 논쟁하고, 하나님나라의 복음을 가르치시는 활동이 이어집니다.

누가복음서에서 이 이야기의 상당 부분은 예수님의 수난과 부활의 장소인 '예루살렘을 향한 여행'이라는 틀 속에서 제시됩니다(9:51-19:44). 이는 동시에 이런 예수님을 따르는 제자도에 관한 이야기가 되기도 합니다. 예루살렘에서의 활동과 가르침은 예수님의 체포와 재판, 십자가 처형 이야기로 이어지고(20-23장), 마지막 부활의 일화들로 이야기가 마무리됩니다(24장).

누가복음서의 전체 흐름은 마태복음서나 마가복음서와 유사합니다.
그러나 누가복음서 나름의 독특함도 분명합니다.
누가복음서에만 나오는 이야기들도 많고, 중복되는 이야기들에도
누가 나름의 색이 드러납니다. 그래서 전체적으로 매우 독특하면서도
그 나름대로 일관된 예수님의 초상을 그려줍니다.

자기 운명을 향해 뚜벅뚜벅 걸어가는 예언자 예수님

원래 누가복음서는 사도행전과 하나의 작품으로 구상되었습니다(눅 1:1–4; 행 1:1). 이 책의 저자인 누가는 예수님의 이야기(누가복음서)와 그분의 제자이자 증인들이 만들어간 교회 이야기(사도행전)를 하나의 큰 드라마로 보았습니다. 따라서 두 책 사이에는 통하는 지점이 많습니다. 따로 읽어도 되지만, 두 작품을 하나로 읽을 때 서로를 더 잘 이해할 수 있다는 뜻입니다. 누가복음서의 전체 흐름은 마태복음서나 마가복음서와 유사합니다. 그러나 누가복음서 나름의 독특함도 분명합니다. 누가복음서에만 나오는 이야기들도 많고, 중복되는 이야기들에도 누가 나름의 색이 드러납니다. 그래서 전체적으로 매우 독

특하면서도 그 나름대로 일관된 예수님의 초상을 그려줍니다. 동일한 한 분 예수님의 모습이지만, 남다른 삶의 자리에서 바라본, 누가복음서 나름의 예수님입니다. 이런 누가 특유의 색채를 느끼는 것이 이 복음서 읽기가 주는 즐거움 가운데 하나입니다. 누가복음서 특유의 색조를 분명히 알게 될수록, 예수님에 대한 우리의 이해는 더 깊어질 것이기 때문입니다.

복음서의 중심에는 예루살렘을 향한 여정 이야기들이 자리 잡고 있습니다. 누가복음서의 예수님은 하나님나라 메시지를 선포하며 자기 운명을 향해 뚜벅뚜벅 걸어가는 예언자를 닮았습니다. 또한 자신을 죽음으로 내모는 이들을 위해 울고 기도하며, 고통의 외침 대신 하늘 아버지를 향한 신뢰의 기도로 생을 마감하는 의로운 순교자의 모습입니다. 그래서 누가복음서는 결정적인 순간마다 아버지께 기도하는 예수님의 모습을 보여주곤 합니다. 또 예수님의 활동은 시종일관 성령에 이끌리는 것이었습니다. 누가는 이 성령의 함께하심을 유난히 강조합니다. 성령행전이라고도 불리는 사도행전과 함께 읽으면 이 부분이 더욱 선명하게 드러납니다.

회복, 용서, 그리고 약자에 대한 관심

누가복음서는 또한 종교적, 사회적 주변인들의 회복에 많은 관심을 갖습니다. '세리와 죄인'을 공동체에서 분리함으로써 경제적 약자에 대한 관심은 누가복음서의 특별 관심사 중 하나입니다. 가난한 이에게는 미래의 복을, 부유한 이들에게는 저주를 선언합니다. 누가복음서 특유의 이야기 가운데 상당 부분은 재산 이야기입니다. 이 땅에서 재산을 대하는 태도 자체가 하나님을 향한 신앙의 척도라는 신념의 표현입니다.

거룩함을 지키는 '바리새파와 율법학자들'과 달리, 누가복음서의 예수님은 세리와 죄인들을 초대하고 그들과 어울리며 그들을 회개하게 하시는 분입니다. 하나님은 이들의 돌아옴을 기뻐하시는 분입니다. 따라서 하나님의 자녀들이 보여야 할 중요한 태도 중 하나는 회개하고 돌아오는 이들에 대한 용서와 환대입니다. 마찬가지로 사회적 약자를 향한 관심도 두드러집니다. 처음부터 여인들의 역할이 중요하게 부각되기도 하고, 비유대인에 대한 관심도 자주 나타납니다.

경제적 약자에 대한 관심은 누가복음서의 특별 관심사 중 하나입니다. 가난한 이에게는 미래의 복을, 부유한 이들에게는 저주를 선언합니다. 누가복음서 특유의 이야기 가운데 상당 부분은 재산 이야기입니다. 이 땅에서 재산을 대하는 태도 자체가 하나님을 향한 신앙의 척도라는 신념의 표현입니다. 재물을 의지하며 하나님과 이웃을 무시하는 자폐적 욕망을 따르는 삶과 하나님을 신뢰하며 이웃과 함께하는 삶 사이의 선택입니다. 성령의 능력과 기도의 중요성을 강조하는 것도 같은 맥락에서 이해할 수 있습니다.

누가복음서는 예수님의 삶과 죽음과 부활 이야기에 그 나름의 색조를 덧입힙니다. 이렇게 삶을 바라보고 살아가는 우리의 태도를, 그리고 하나님을 믿고 예수님을 따르는 우리 신앙의 본질을 다시 한번 생각하게 합니다.

{ 제1장 }

데오빌로에게 보내는 헌사

1 우리 가운데서 일어난 일들에 대하여 차례대로 이야기를 엮
어내려고 손을 댄 사람이 많이 있었습니다. 2 그들은 이것을
처음부터 말씀의 목격자요 전파자가 된 이들이 우리에게 전하
여준 대로 엮어냈습니다. 3 그런데 존귀하신 데오빌로님, 나도
모든 것을 시초부터 정확하게 조사하여보았으므로, 각하께 그
것을 순서대로 써드리는 것이 좋겠다고 생각하였습니다. 4 이
리하여 각하께서 이미 배우신 일들이 확실한 사실임을 아시게
되기를 바라는 바입니다.

세례자 요한의 출생을 예고하다

5 ○ 유대 왕 헤롯 때에, 아비야 조에 배속된 제사장으로서,
사가랴라고 하는 사람이 있었다. 그의 아내는 아론의 자손인

이 글의 수신인으로 보이는 데오빌로는 누구인가요? 누군지 알 수 없지만, '존귀하신'이라는 경칭을 붙일 만큼 상당한 사회적 지위를 가진 사람이었을 것입니다(3절). 서문에 소개된 것으로 보아, 돈이 많이 드는 작업이었던 누가복음서-사도행전 저술의 후원자였을 가능성이 높습니다. 이미 복음에 대해 배운 사람이지만, 보다 확실한 가르침이 필요한 인물로 그려집니다(4절). 데오빌로는 '하나님(데오스)+친구(필로스)'의 합성인데, 종교적 색채가 강한 이름이라 실존 인물이 아닌 문학적 장치로 생각하는 사람도 있습니다. 그러나 3-4절의 묘사는 실제 인물이라는 사실을 분명히 보여줍니다. 본문과 상관없지만, 모차르트의 이름인 '아마데우스'(Amadeus)는 데오빌로를 라틴어로 번역하고 순서를 바꿔 만든 것입니다.

데, 이름은 엘리사벳이다. 6 그 두 사람은 다 하나님 앞에서
의로운 사람이어서, 주님의 모든 계명과 규율을 흠잡을 데 없
이 잘 지켰다. 7 그런데 그들에게는 자녀가 없었다. 엘리사벳
이 임신을 하지 못하는 여자이고, 두 사람은 다 나이가 많았기
때문이다.
8 ○ 사가랴가 자기 조의 차례가 되어서, 하나님 앞에서 제사
장의 직분을 담당하게 되었다. 9 어느 날 제사직의 관례를 따
라 제비를 뽑았는데, 그가 주님의 성소에 들어가 분향하는 일
을 맡게 되었다. 10 그가 분향하는 동안에, 온 백성은 다 밖에
서 기도하고 있었다. 11 그때에 주님의 천사가 사가랴에게 나
타나서, 분향하는 제단 오른쪽에 섰다. 12 그는 천사를 보고
놀라서, 두려움에 사로잡혔다. 13 천사가 그에게 말하였다.
"사가랴야, 두려워하지 말아라. 네 간구를 주님께서 들어주셨
다. 네 아내 엘리사벳이 너에게 아들을 낳아줄 것이니, 그 이
름을 요한이라고 하여라. 14 그 아들은 네게 기쁨과 즐거움이
되고, 많은 사람이 그의 출생을 기뻐할 것이다. 15 그는 주님
께서 보시기에 큰 인물이 될 것이다. 그는 포도주와 독한 술을

주님의 성소는 어디를 말하며, 그곳에 들어가 분향하는 일은 왜 제비를 뽑아서 정했나요?(9절) 당시 제사장들은 24개의 조로 나뉘어 있었습니다. 구약성경 역대지상 24장에는 공평을 기하기 위해 제비를 뽑아 선정한 24개의 집안 목록이 나옵니다. 그중 세례 요한의 아버지 사가랴가 속한 아비야 집안(조)이 여덟 번째로 등장합니다(대상 24:1–10). 사가랴 당시에도 전례에 따라 제비를 뽑아 직무의 순서를 정했습니다. 각 조는 1년에 2차례씩 일주일 동안 예루살렘으로 올라가 성전에서 제사장 역할을 수행했습니다. 성전에서도 '성소'는 제사장만 들어갈 수 있는 거룩한 공간입니다. 그보다 더 안에 있는 '지성소'(Holy of Holies)는 1년에 한 번 대속죄일 때 대제사장만 들어갈 수 있습니다. 향을 피우는 분향단은 성소 안에 있었는데, 지성소와 바로 인접한 곳에 둬야 했습니다.

입에 대지 않을 것이요, 어머니 뱃속에 있을 때부터 성령을 충
만하게 받을 것이며, 16 이스라엘 자손 가운데서 많은 사람을
그들의 주 하나님께로 돌아오게 할 것이다. 17 그는 또한 엘리
야의 심령과 능력을 가지고 주님보다 앞서 와서, 부모의 마음
을 자녀에게로 돌아오게 하고 거역하는 자들을 의인의 지혜의
길로 돌아서게 해서, 주님을 맞이할 준비가 된 백성을 마련할
것이다." 18 사가랴가 천사에게 말하였다. "어떻게 그것을 알
겠습니까? 나는 늙은 사람이요, 내 아내도 나이가 많으니 말
입니다." 19 천사가 그에게 말하였다. "나는 하나님 앞에 서 있
는 가브리엘인데, 나는 네게 이 기쁜 소식을 전해주려고 보내
심을 받았다. 20 보아라, 그때가 되면 다 이루어질 내 말을 네
가 믿지 않았으므로, 이 일이 이루어지는 날까지, 너는 벙어리
가 되어서 말을 못 하게 될 것이다."
21 ○ 백성이 사가랴를 기다리는데, 그가 성소 안에서 너무도
오래 지체하므로, 이상하게 여기고 있었다. 22 그런데 그가 나
와서도 말을 못 하니까, 사람들은 그가 성소 안에서 환상을 본

천사가 나타나 사가랴에게 앞으로 일어날 중요한 일들을 이야기해줍니다. 천사는 주로 어떤 일을 하는 존재인가요? 천사는 소식을 전달하는 사람입니다. 성경에서는 종종 '사자'(使者, messenger)로 번역되기도 합니다. 헬라어로 '앙겔로스'인데, 영어의 angel이 바로 이 단어에서 생겨났습니다. 천사라는 번역은 '하나님(하늘)의 사자'라는 의미를 담은 것입니다. 성경의 천사들은 그리스 신화의 헤르메스와 비슷한 면이 있습니다. 하나님의 대리자로서 사람들에게 하나님의 뜻을 전달하는 존재이기에, 천사의 메시지는 그대로 하나님의 메시지였습니다. 인간이 직접 하나님을 뵐 수 없기에, 하나님께서 인간에게 나타나시는 우회적 방법인 셈입니다. 이들은 미래의 일들을 알리기도 하고, 다양한 상황에 개입하기도 하며, 위험한 상황을 경고하거나 힘겨운 상황에서 신자들을 격려하기도 합니다. 우리가 하나님께 기대할 법한 다양한 역할을 수행합니다.

줄로 알았다. 사가랴는 그들에게 손짓만 할 뿐이요, 그냥 말을
못 하는 채로 있었다. 23 사가랴는 제사 당번 기간이 끝난 뒤
에 집으로 돌아갔다. 24 그 뒤에 얼마 지나서, 그의 아내 엘리
사벳이 임신하고, 다섯 달 동안 숨어 살면서 이렇게 말하였다.
25 "주님께서 나를 돌아보셔서 사람들에게 당하는 내 부끄러
움을 없이해주시던 날에 나에게 이런 일을 베풀어주셨다."

예수의 탄생을 예고하다

26 ○ 그 뒤로 여섯 달이 되었을 때에, 하나님께서 천사 가브
리엘을 갈릴리 지방의 나사렛 동네로 보내시어, 27 다윗의 가
문에 속한 요셉이라는 남자와 약혼한 처녀에게 가게 하셨다.
그 처녀의 이름은 마리아였다. 28 천사가 안으로 들어가서, 마
리아에게 말하였다. "기뻐하여라, 은혜를 입은 자야, 주님께서

앞에서 사가랴와 엘리사벳 부부가 의롭고 흠잡을 데 없는 사람들이라는 설명은 있지만, 마리아에 대해서는 별다른 언급이 없습니다. 마리아는 어떻게 예수님의 어머니로 선택된 걸까요? 하나님의 선택을 두고 이유를 찾는 것은 어색한 일입니다. 하지만 사람의 태도가 하나님의 선택과 아주 무관하지는 않습니다. 특히 누가복음서와 사도행전은 이 점을 좀 더 강조하는 경향이 있습니다. 마리아의 성품이 소개되지 않았다는 사실에서 어떤 의도를 읽어내기는 어렵습니다(이것은 소위 '침묵으로부터의 논증'이라는 논리적 오류 중 하나입니다). 남자를 모르는 처녀가 수태 고지를 받는 상황이기에, 그녀의 인간적 성품보다 더 중요한 사안이 있는 것입니다. 하지만 수태 고지 후 마리아는 믿기 어려운, 그리고 개인적으로 고통스러울 수 있는 하나님의 뜻을 믿고 그대로 받아들입니다(눅 1:38). 이후 마리아의 방문을 받은 엘리사벳은 마리아를 "주께서 하신 말씀이 이루어질 줄 믿은 여자"라 부릅니다(눅 1:45). 그리고 마리아는 '마리아의 찬가'로 알려진 유명한 노래로 하나님을 찬양합니다(눅 1:46–55). 이후에도 그녀는 어린 예수님이 남다른 모습으로 성장하는 모습을 진중하게 숙고하는 사람으로 그려집니다(눅 2:51).

그대와 함께하신다." 29 마리아는 그 말을 듣고 몹시 놀라, 도
대체 그 인사말이 무슨 뜻일까 하고 궁금히 여겼다. 30 천사가
마리아에게 말하였다. "두려워하지 말아라. 마리아야, 그대는
하나님의 은혜를 입었다. 31 보아라, 그대가 잉태하여 아들을
낳을 터이니, 그의 이름을 예수라고 하여라. 32 그는 위대하게
되고, 더없이 높으신 분의 아들이라고 불릴 것이다. 주 하나님
께서 그에게 그의 조상 다윗의 왕위를 주실 것이다. 33 그는
영원히 야곱의 집을 다스리고, 그의 나라는 무궁할 것이다."
34 마리아가 천사에게 말하였다. "나는 남자를 알지 못하는
데, 어떻게 이런 일이 있겠습니까?" 35 천사가 마리아에게 대
답하였다. "성령이 그대에게 임하시고, 더없이 높으신 분의 능
력이 그대를 감싸줄 것이다. 그러므로 태어날 아기는 거룩한
분이요, 하나님의 아들이라고 불릴 것이다. 36 보아라, 그대
의 친척 엘리사벳도 늙어서 임신하였다. 임신하지 못하는 여
자라 불리던 그가 임신한 지 벌써 여섯 달이 되었다. 37 하나
님께는 불가능한 일이 없다." 38 마리아가 말하였다. "보십시
오, 나는 주님의 여종입니다. 당신의 말씀대로 나에게 이루어
지기를 바랍니다." 천사는 마리아에게서 떠나갔다.

아무리 천사가 전해준 소식이라지만, 처녀 마리아가 임신을 어떻게 그렇게 단박에 받아들일 수 있지요? 마리아는 하나님의 천사 앞에 있습니다. 물론 '남자를 모르는' (십대 초중반의) 마리아는 당연히 임신을 불가능한 일로 간주합니다(34절). 그래서 천사 가브리엘과의 대화는 시종일관 바로 이 불가능성을 축으로 돌아갑니다. 천사는 하나님께서 하신다는 사실을 강조합니다. 하나님의 생명의 영인 성령이 그녀에게 올 것입니다. 달리 표현하면 '더없이 높으신 분', 곧 하나님의 '능력'이 그녀를 감쌀 것입니다. 그래서 태어날 아기는 '하나님의 아들'로 불릴 것입니다(35절). 인간은 불가능하지만, 하나님께서 하실 것이기에 믿으라는 것입니다. 마리아의 믿

마리아가 엘리사벳을 방문하다

39 ○ 그 무렵에, 마리아가 일어나, 서둘러 유대 산골에 있는
한 동네로 가서, 40 사가랴의 집에 들어가, 엘리사벳에게 문
안하였다. 41 엘리사벳이 마리아의 인사말을 들었을 때에, 아
이가 그의 뱃속에서 뛰놀았다. 엘리사벳이 성령으로 충만해
서, 42 큰 소리로 외쳐 말하였다. "그대는 여자들 가운데서 복
을 받았고, 그대의 태중의 아이도 복을 받았습니다. 43 내 주
님의 어머니께서 내게 오시다니, 이것이 어찌된 일입니까?
44 보십시오. 그대의 인사말이 내 귀에 들어왔을 때에, 내 태
중의 아이가 기뻐서 뛰놀았습니다. 45 주님께서 하신 말씀이
이루어질 줄 믿은 여자는 행복합니다."

마리아의 찬가

46 ○ 그리하여 마리아가 말하였다. "내 영혼이 주님을 찬양
하며 47 내 마음이 내 구주 하나님을 좋아함은, 48 그가 이 여
종의 비천함을 보살펴주셨기 때문입니다. 이제부터는 모든 세

음을 돕기 위해 천사는 늙은 나이에 아이를 갖게 된 친척 엘리사벳의 사례를 알려줍니다(36절). 그러니까 "하나님께는 불가능한 일이 없다"는 사실을 받아들이라는 것입니다(37절). 결국 마리아는 "능력을 가진 분이 큰일을 하셨다"는 것을 믿게 됩니다(49절). 엘리사벳은 바로 그 믿음을 두고 마리아를 복된 여인으로 칭송합니다(45절).

대가 나를 행복하다 할 것입니다. 49 힘센 분이 나에게 큰일
을 하셨기 때문입니다. 그의 이름은 거룩하고, 50 그의 자비
하심은, 그를 두려워하는 사람들에게 대대로 있을 것입니다.
51 그는 그 팔로 권능을 행하시고 마음이 교만한 사람들을 흩
으셨으니, 52 제왕들을 왕좌에서 끌어내리시고 비천한 사람
을 높이셨습니다. 53 주린 사람들을 좋은 것으로 배부르게 하
시고, 부한 사람들을 빈손으로 떠나보내셨습니다. 54 그는 자
비를 기억하셔서, 자기의 종 이스라엘을 도우셨습니다. 55 우
리 조상들에게 말씀하신 대로, 그 자비는 아브라함과 그 자손
에게 영원토록 있을 것입니다."
56 ○ 마리아는 엘리사벳과 함께 석 달쯤 있다가 자기 집으로
돌아갔다.

세례자 요한의 출생

57 ○ 엘리사벳은 해산할 달이 차서, 아들을 낳았다. 58 이웃
사람들과 친척들은, 주님께서 큰 자비를 그에게 베푸셨다는

마리아의 찬가는 신앙고백처럼 느껴집니다. 이런 찬가를 지어 부르는 것이 그 시대 사람들에겐 자연스러운 일이었나요? 유대인들이라면 하나님을 찬양하는 데 익숙했을 것입니다. 구약성경의 시편들은 모두 그런 찬양의 문화를 반영합니다. 당시에도 신실한 유대인들은 시편으로 하나님을 찬양했고, 또 새로운 노래를 지어 찬양하기도 했습니다. 마리아의 노래는 오래전 사무엘 선지자의 어머니 한나가 늙은 나이에 사무엘을 잉태하고 불렀던 노래를 떠올리게 합니다. 마리아가 부른 찬양에는 매우 깊은 신학적 사색이 담겨 있습니다. 그녀는 아기의 탄생을 사적인 복으로 노래하면서 동시에 이 사건을 이스라엘의 긴 역사 속에서 조망하며 자기 민족을 위한 하나님의 오랜 약속의 성취로 이해합니다. 사회의 권력 구조가 역전되는 급진적 사고가 드러나기도 합니다. 새롭기도 하고, 익숙하기도 한 노래인 셈입니다.

말을 듣고서, 그와 함께 기뻐하였다.
59 ○ 아기가 태어난 지 여드레째 되는 날에, 그들은 아기에
게 할례를 행하러 와서, 그의 아버지의 이름을 따서, 그를 사
가랴라 하고자 하였다. 60 그러나 아기 어머니가 말하였다.
"안 됩니다. 요한이라고 해야 합니다." 61 사람들이 말하였
다. "당신의 친척 가운데는 아무도 이런 이름을 가진 사람이
없습니다." 62 그들은 그 아버지에게 아기의 이름을 무엇으
로 하려는지 손짓으로 물어보았다. 63 그가 서판을 달라 하
여 "그의 이름은 요한이다" 하고 쓰니, 모두들 이상히 여겼
다. 64 그런데 그의 입이 곧 열리고 혀가 풀려서, 말을 하며
하나님을 찬양하였다. 65 이웃 사람들은 모두 두려워하였
다. 이 모든 이야기는 유대 온 산골에 두루 퍼졌다. 66 이 말
을 들은 사람들은 모두 이 사실을 그들의 마음에 두고 "이 아
기가 대체 어떤 사람이 될 것인가?" 하고 말하였다. 주님의
보살피는 손길이 그 아기와 함께하시는 것이 분명했기 때문
이다.

"주님께서 큰 자비를 그에게 베푸셨다"(58절)는 표현에는 어떤 의미가 담겨 있나요?

표현 자체는 일반적이어서 다양한 상황에 사용될 수 있습니다. 하나님의 자비가 다양한 상황에 다양한 모습으로 드러나기 때문입니다. 요즘 신자들이 '하나님의 은혜'라고 말할 때와 거의 비슷합니다. 불가능하거나, 자격이 없거나, 다양한 이유로 기대하지 않았던 어떤 일이 이루어졌을 때, 하나님의 자비를 말하며 그분께 감사합니다. 하나님을 믿지 않는다면 다행이나 요행으로 여기겠지만, 신자라면 당연히 하나님의 자비를 찬양할 것입니다. 여기서는 늙은 사가랴와 엘리사벳 부부에게 아이가 생긴 일을 두고 하나님을 칭송하는 표현으로 사용되었습니다. '큰 자비'라는 것은 그만큼 불가능하다 생각했던 일을 이루셨기 때문입니다. 앞서 마리아 역시 하나님께서 자신을 하나님 아들의 어머니로 선택하신 것을 두고 하나님을 두려워하며 섬기는 이들에게 내리시는 하나님의 자비로움을 노래합니다(50절).

사가랴의 예언

67 ○ 요한의 아버지 사가랴가 성령으로 충만하여, 이렇게
예언하였다. 68 "주 이스라엘의 하나님은 찬양받으실 분이
시다. 그는 자기 백성을 돌보아 속량하시고, 69 우리를 위하
여 능력 있는 구원자를 자기의 종 다윗의 집에 일으키셨다.
70 예로부터 자기의 거룩한 예언자들의 입으로 주님께서 말
씀하신 대로 71 우리를 원수들에게서 구원하시고, 우리를 미
워하는 모든 사람들의 손에서 건져내셨다. 72 주님께서 우리
조상에게 자비를 베푸시고, 자기의 거룩한 언약을 기억하셨
다. 73 이것은 주님께서 우리에게 주시려고 우리 조상 아브
라함에게 하신 맹세이니, 74 우리를 원수들의 손에서 건져주
셔서 두려움이 없이 주님을 섬기게 하시고, 75 우리가 평생
동안 주님 앞에서 거룩하고 의롭게 살아가게 하셨다. 76 아
가야, 너는 더없이 높으신 분의 예언자라 불릴 것이니, 주님
보다 앞서 가서 그의 길을 예비하고, 77 죄 사함을 받아서 구
원을 얻는 지식을 그의 백성에게 가르쳐줄 것이다. 78 이것
은 우리 하나님의 자비로운 심정에서 오는 것이다. 그는 해

성령으로 충만하다(67절)는 것은 어떤 상태를 말하는 건가요? '영'과 관련된 용어나 표현을 정확하게 묘사하는 것은 쉽지 않습니다. 영은 사람의 영일 수도, 하나님의 영일 수도 있는데, 하나님의 영을 구별하기 위해 '거룩한 영', 곧 성령이라고 표현합니다. 하나님께서 인간과 함께하고 돌보시는 것을 표현하는 방식의 하나입니다. 가령 하나님께서 예수님께 성령과 능력으로 기름을 부어주셨다는 말은 하나님께서 예수님과 함께하셨다는 말과 연결됩니다(행 10:38). 물론 이는 예수님께서 수행하신 놀라운 일들의 원천이 됩니다. 그러니까 성령이 충만하다는 것은 하나님께서 그만큼 직접적으로 혹은 강력하게 그 사람을 돌보신다는 것을 의미합니다. 이

를 하늘 높이 뜨게 하셔서, 79 어둠 속과 죽음의 그늘 아래
에 앉아 있는 사람들에게 빛을 비추게 하시고, 우리의 발을
평화의 길로 인도하실 것이다."
80 ○ 아기는 자라서, 심령이 굳세어졌다. 그는 이스라엘 백
성 앞에 나타나는 날까지 광야에서 살았다.

돌보심을 보다 구체적으로 표현하기 위해 성령과 믿음, 성령과 지혜, 성령과 능력 등 다른 개념과 결합되기도 합니다(행 6:5, 10; 11:24). 그래서 성령에 대한 언급은 어떤 일이 인간들만의 일이 아니라 하나님께서 직접 하신 일이라는 것을 강조할 때도 자주 나타납니다. 성령이 주어로 나오는 경우도 많은데, 이는 사실상 하나님께서 무언가를 하셨다는 말과 같은 의미가 됩니다.

{ 제2장 }

예수의 탄생(마 1:18–25)

1 그때에 아우구스투스 황제가 칙령을 내려 온 세계가 호적 등
록을 하게 되었는데, 2 이 첫 번째 호적 등록은 구레뇨가 시리
아의 총독으로 있을 때에 시행한 것이다. 3 모든 사람이 호적
등록을 하러 저마다 자기 고향으로 갔다. 4 요셉은 다윗 가문
의 자손이므로, 갈릴리의 나사렛 동네에서 유대에 있는 베들
레헴이라는 다윗의 동네로, 5 자기의 약혼자인 마리아와 함께
등록하러 올라갔다. 그때에 마리아는 임신 중이었는데, 6 그
들이 거기에 머물러 있는 동안에, 마리아가 해산할 날이 되었
다. 7 마리아가 첫아들을 낳아서, 포대기에 싸서 구유에 눕혀
두었다. 여관에는 그들이 들어갈 방이 없었기 때문이다.

목자들이 예수 탄생의 소식을 듣다

8 ○ 그 지역에서 목자들이 밤에 들에서 지내며 그들의 양 떼를

1–2절 내용은 매우 구체적입니다. 누가가 이런 이야기를 하는 이유는 무엇인가요?
네 복음서(마태/마가/누가/요한복음서) 중 누가복음서는 예수님 사건의 역사적 맥락에 가장 많은 관심을 보입니다. 예수님 사건은 어느 막연한 시간과 장소에서 일어난 비밀스러운 일이 아니라, 실제 사람들의 일상 속에서 일어난 객관적이고 실제적인 사건입니다. 그래서 누가는 예수님과 관련된 사건을 보도하면서, 그 시점과 정황을 구체적으로 묘사합니다. 이 두 구절은 예수님의 탄생이 당시의 어떤 역사적 정황과 연결되는지를 보여줍니다. 우선 큰 역사적 흐름 속에서 어떤 시점이었는지를 말해줍니다(아우구스투스 황제 시절이며, 구레뇨 곧 퀴리니우스가 팔레스타

지키고 있었다. 9 그런데 주님의 한 천사가 그들에게 나타나고,
주님의 영광이 그들을 두루 비추니, 그들은 몹시 두려워하였다.
10 천사가 그들에게 말하였다. "두려워하지 말아라. 나는 온 백
성에게 큰 기쁨이 될 소식을 너희에게 전하여준다. 11 오늘 다윗
의 동네에서 너희에게 구주가 나셨으니, 그는 곧 그리스도 주님
이시다. 12 너희는 한 갓난아기가 포대기에 싸여, 구유에 뉘어
있는 것을 볼 터인데, 이것이 너희에게 주는 표징이다." 13 갑
자기 그 천사와 더불어 많은 하늘 군대가 나타나서, 하나님을
찬양하여 말하였다. 14 "더없이 높은 곳에서는 하나님께 영광
이요, 땅에서는 주님께서 좋아하시는 사람들에게 평화로다."
15 ○ 천사들이 목자들에게서 떠나 하늘로 올라간 뒤에, 목자
들이 서로 말하였다. "베들레헴으로 가서, 주님께서 우리에게
알려주신 바, 일어난 그 일을 봅시다." 16 그리고 그들은 급히
달려가서, 마리아와 요셉과 구유에 누워 있는 아기를 찾아냈
다. 17 그들은 이것을 보고 나서, 이 아기에 관하여 자기들이
들은 말을 사람들에게 알려주었다. 18 이것을 들은 사람들은
모두 목자들이 그들에게 전해준 말을 이상히 여겼다. 19 마리
아는 이 모든 말을 고이 간직하고, 마음속에 곰곰이 되새겼다.

인을 관장하는 시리아 속주의 총독일 때). 동시에 예수님의 부모가 모두 나사렛 출신인데 어떤 경위로 예수님이 베들레헴에서 태어났는지 설명해주기도 합니다. 간혹 다른 역사적 자료가 누가의 기록과 상이할 때도 있어 논란이 생기기도 하지만, 적어도 누가의 의도는 매우 분명해 보입니다. 이 역사적 확실성은 누가가 데오빌로 같은 독자들이 깨닫기를 바랐던 복음의 '확실함'의 중요한 부분 중 하나입니다.

20 목자들은 자기들이 듣고 본 모든 일이 자기들에게 일러주
신 그대로임을 알고, 돌아가면서 하나님께 영광을 돌리며 그
를 찬미하였다.
21 ○ 여드레가 차서, 아기에게 할례를 행할 때에, 그 이름을
예수라고 하였다. 그것은, 아기가 수태되기 전에, 천사가 일러
준 이름이다.

아기 예수의 정결예식

22 ○ 모세의 법대로 그들이 정결하게 되는 날이 차서, 그들은
아기를 주님께 드리려고 예루살렘으로 데리고 올라갔다. 23 그
것은 주님의 율법에 기록된 바 "어머니의 태를 처음 여는 사내
아이마다, 주님의 거룩한 사람으로 불릴 것이다" 한 대로 한
것이요, 24 또 주님의 율법에 이르신 바 "산비둘기 한 쌍이나,
어린 집비둘기 두 마리를 드려야 한다" 한 대로, 희생제물을
드리기 위한 것이었다.

목자들에게 천사가 나타나 예수 탄생의 소식을 알려주었는데요. 그 목자들은 어떤 특별한 사람들이었기에 그들이 선택된 거죠? 소위 '주변인'에 해당하는 이들에게 상대적으로 많은 관심을 드러내는 누가복음서 전체의 분위기를 고려하면, 목자들이 기쁜 소식의 첫 수신자이자 복된 사건의 유일한 목격자로 선택된 것은 그야말로 그들이 '한지에서 지내며 양을 치던' 목자였다는 사실 외에는 아무런 이유가 없어 보입니다. 당시 목자는 천대받는 직업의 하나였고, 종교적으로 철저하기 어렵다는 이유 때문에 경건한 사람들에게는 부정한 직업으로 여겨지기도 했습니다. 왕의 탄생이 부각되는 마태복음서와 달리, 누가복음서에서 예수님의 탄생은 평범하고 낮은 사람들이 살아가는 삶의 이야기처럼 그려집니다. 그리고 이렇게 태어난 예수님의 공적 활동은 영적 건강을 자부하는 사람들이 아니라, 영적으로 아픈 사람들에게 치유와 회개의 기회를 제공하려는 노력으로 이루어집니다.

25 ○ 그런데 마침 예루살렘에 시므온이라는 사람이 있었는
데, 그 사람은 의롭고 경건한 사람이므로, 이스라엘이 받을 위
로를 기다리고 있었고, 또 성령이 그에게 임하여 계셨다. 26 그
는 주님께서 세우신 그리스도를 보기 전에는 죽지 아니할 것
이라는 성령의 지시를 받은 사람이었다. 27 그가 성령의 인도
로 성전에 들어갔을 때에, 마침 아기의 부모가 율법이 정한 대
로 행하고자 하여, 아기 예수를 데리고 들어왔다. 28 시므온
이 아기를 자기 팔로 받아서 안고, 하나님을 찬양하여 말하였
다. 29 "주님, 이제 주님께서는 주님의 말씀을 따라, 이 종을
세상에서 평안히 떠나가게 해주십니다. 30 내 눈이 주님의 구
원을 보았습니다. 31 주님께서 이것을 모든 백성 앞에 마련하
셨으니, 32 이는 이방 사람들에게는 계시하시는 빛이요, 주님
의 백성 이스라엘에게는 영광입니다."
33 ○ 아기의 아버지와 어머니는, 시므온이 아기에 대하여 하
는 이 말을 듣고서, 이상하게 여겼다. 34 시므온이 그들을 축
복한 뒤에, 아기의 어머니 마리아에게 말하였다. "보십시오,

모세의 법은 무엇이며, 정결하게 된다는 것은 무엇인가요?(22절) 모세의 법은 유대인들이 이집트를 탈출해 시내산에서 하나님과 언약을 맺을 때 주어진 법령입니다. 모세오경(구약성경의 첫 다섯 권인 창세기, 출애굽기, 레위기, 민수기, 신명기) 중에서 출애굽 이후의 이야기를 다루는 뒤의 네 권에 들어 있습니다. 하나님의 백성으로서 어떻게 살아야 하는지를 규정한 법입니다. 여기에는 도덕적 규정뿐 아니라, 소위 '의식법'(ritual law)에 속하는 규정도 많습니다. 출생 후 8일 만에 할례를 행하는 것(눅 2:21), 산모가 아들 출산 후 일주일(딸은 이주일) 동안 '부정'하며 한 달(딸은 두 달)이 지나야 완전히 정결해진다(레 12장)는 규정이 모두 그런 사례입니다. 정결해진 후 성전에 올라가 아이를 위한 예물을 드리는 것도 마찬가지입니다(눅 2:22-24; 출 13:1-2, 14-15). 본문은 예수님의 부모가 비록 가난했지만 하나님의 계명을 잘 지키는 사람이었다는 인상을 심어줍니다. 비둘기는 가난한 이들의 예물이었습니다.

이 아기는 이스라엘 가운데 많은 사람을 넘어지게도 하고 일
어서게도 하려고 세우심을 받았으며, 비방받는 표징이 되게
하려고 세우심을 받았습니다. 35 -그리고 칼이 당신의 마음
을 찌를 것입니다.- 그리하여 많은 사람의 마음속 생각들이
드러나게 될 것입니다."
36 ○ 아셀 지파에 속하는 바누엘의 딸로 안나라는 여예언자
가 있었는데, 나이가 많았다. 그는 처녀 시절을 끝내고 일곱
해를 남편과 함께 살고, 37 과부가 되어서, 여든네 살이 되도
록 성전을 떠나지 않고, 밤낮으로 금식과 기도로 하나님을 섬
겨왔다. 38 바로 이때에 그가 다가서서 하나님께 감사를 드리
고, 예루살렘의 구원을 기다리는 모든 사람에게 이 아기에 대
하여 말하였다.

나사렛으로 돌아오다

39 ○ 아기의 부모는 주님의 율법에 규정된 모든 일을 마친 뒤

이스라엘이 받을 위로(25절)는 무슨 의미인가요? 이는 현재 이스라엘이 고난의 상황에 놓여 있다는 생각을 전제로 합니다. 구약성경의 이사야서(사 40:1-2; 49:13; 52:9)에는 바빌론의 포로 신세인 이스라엘에게 행하신 하나님의 특별한 위로가 노래로 나오는데, 지금도 같은 상황입니다. 여기서 위로는 약속하신 메시아를 통해 하나님의 백성을 구원하시는 것을 말합니다. 자기 백성을 불쌍히 여기고 도우셨다(눅 1:54), 또는 다윗의 후손으로 오실 메시아를 통해 원수들로부터 자기 백성을 건져주고 구원하신다(눅 1:68-75)는 말과 같습니다. 하나님께 잘못해서 벌을 받지만, 하나님께서는 자기 백성이 당하는 고통을 내려다보시고, 그들의 신음에 귀를 기울이시며, 결국 그들을 구원으로 이끄시는 분입니다(출 3:7-10). 당시의 맥락에서 이 열망은 로마의 압제로부터의 구원이겠지만, 결국 이는 보다 궁극적인 압제인 죄로부터 벗어나(용서) 새로운 하나님 백성으로서 그분을 섬기는 구원의 삶으로 확대됩니다.

에, 갈릴리의 자기네 고향 동네 나사렛에 돌아왔다. 40 아기
는 자라나면서 튼튼해지고, 지혜로 가득 차게 되었고, 또 하나
님의 은혜가 그와 함께하였다.

소년 시절의 예수

41 ○ 예수의 부모는 해마다 유월절에 예루살렘으로 갔다.
42 예수가 열두 살이 되는 해에도, 그들은 절기 관습을 따라
유월절을 지키러 예루살렘에 올라갔다. 43 그런데 그들이 절
기를 마치고 돌아올 때에, 소년 예수는 예루살렘에 그대로 머
물러 있었다. 그의 부모는 이것을 모르고, 44 일행 가운데 있
으려니 생각하고, 하룻길을 갔다. 그 뒤에 비로소 그들의 친척
들과 친지들 가운데서 그를 찾았으나, 45 찾지 못하여, 예루
살렘으로 되돌아가서 찾아다녔다. 46 사흘 뒤에야 그들은 성
전에서 예수를 찾아냈는데, 그는 선생들 가운데 앉아서, 그들
의 말을 듣기도 하고, 그들에게 묻기도 하고 있었다. 47 그의

아기 예수가 자라가는 모습은 다른 아기들과 차이가 있었나요? 지혜로 가득했고, 하나님의 은혜가 그 위에 있었다(40절)는 표현은 성장 과정에서 예수님의 모습이 하나님께서 기뻐하시는 모습이었다는 뜻입니다. 이후의 이야기나 누가복음서의 후속작인 사도행전에는 예수님과 그분의 신실한 제자들(베드로, 스데반, 빌립, 바울 등)이 모두 그런 사람들로 묘사됩니다. 아주 '남달랐다'는 의미보다는 하나님의 뜻에 맞았다는 의미입니다. 물론 예수님의 12세 무렵의 흥미로운 일화는 성숙한 지혜나 영적 감수성 측면에서 어린 예수님의 남다른 비범함을 느끼게 해줍니다. 하지만 누가복음서의 절제된 이야기나 표현은 예수님의 어린 시절에 관한 후대의 허구적 작품들이 황당한 기적들로 가득한 것과는 좋은 대조를 이룹니다(그중 〈예수의 유년 시절에 관한 도마복음서〉라는 책이 있습니다. 더 알려진 〈도마복음서〉와는 다른 작품입니다).

말을 듣고 있던 사람들은 모두 그의 슬기와 대답에 경탄하였
다. 48 그 부모는 예수를 보고 놀라서, 어머니가 예수에게 말
하였다. "얘야, 이게 무슨 일이냐? 네 아버지와 내가 너를 찾
느라고 얼마나 애를 태웠는지 모른다." 49 예수가 부모에게
말하였다. "어찌하여 나를 찾으셨습니까? 내가 내 아버지의
집에 있어야 할 줄을 알지 못하셨습니까?" 50 그러나 부모는
예수가 자기들에게 한 그 말이 무슨 뜻인지를 깨닫지 못하였
다. 51 예수는 부모와 함께 내려가 나사렛으로 돌아가서, 그들
에게 순종하면서 지냈다. 예수의 어머니는 이 모든 일을 마음
에 간직하였다. 52 예수는 지혜와 키가 자라고, 하나님과 사
람에게 더욱 사랑을 받았다.

예루살렘에서 선생들과 대화하던 소년 예수는 자신이 어떤 존재인지 이미 알고 있었던 건가요? 당시 맥락에서 예수님은 매우 모범적이고 탁월한 학생으로 그려집니다(46–47절). 하지만 그리스도인 독자의 입장에서 보면 여기서도 이미 메시아로 활동하실 분으로서의 면모를 읽어낼 수 있습니다. 예수님께서는 성전에서 "내가 내 아버지의 집에 있어야 한다"고 말합니다. 이 말은 "내가 내 아버지의 일을 해야 한다"로 풀이할 수도 있습니다. 랍비들의 가르침을 통해 장차 자신이 해야 할 '아버지의 일들'에 대해 깊이 생각하고 배우는 모습입니다. 물론 예수님의 부모는 이 말의 진의를 이해하지 못했습니다(50절). 처음부터 모든 것을 알고 있었고, 예수님의 이런 모습을 마음 깊이 간직하고 있는 마리아도 마찬가지입니다(51절). 이후의 모습 역시 모범적이지만 평범한 아이의 성장 과정입니다(51–52절). 이 일화에서 예수님의 메시아적 자의식을 말하는 것은 다소 무리입니다. 예수님께서 언제부터 자신을 메시아로 인식하셨는지는 지금 우리로서는 답하기 불가능한 물음일 것입니다.

{ 제3장 }

세례자 요한의 전도(마 3:1–12; 막 1:1–8; 요 1:19–28)

1 디베료 황제가 왕위에 오른 지 열다섯째 해에, 곧 본디오 빌
라도가 총독으로 유대를 통치하고, 헤롯이 분봉왕으로 갈릴
리를 다스리고, 그의 동생 빌립이 분봉왕으로 이두래와 드라
고닛 지방을 다스리고, 루사니아가 분봉왕으로 아빌레네를
다스리고, 2 안나스와 가야바가 대제사장으로 있을 때에, 하
나님의 말씀이 광야에 있는 사가랴의 아들 요한에게 내렸다.
3 요한은 요단강 주변 온 지역을 찾아가서, 죄 사함을 받게 하
는 회개의 세례를 선포하였다. 4 그것은 이사야의 예언서에
적혀 있는 대로였다. "광야에서 외치는 이의 소리가 있다. 너
희는 주님의 길을 예비하고, 그 길을 곧게 하여라. 5 모든 골
짜기는 메우고, 모든 산과 언덕은 평평하게 하고, 굽은 것은
곧게 하고, 험한 길은 평탄하게 해야 할 것이니, 6 모든 사람

"죄 사함을 받게 하는 회개의 세례"(3절)라는 건 무엇인가요? '죄 용서'는 구원의 핵심 요소 혹은 과정 중 하나입니다. 이 용서의 절차는 '회개'에서 시작합니다. 회개는 죄, 곧 지난날의 잘못된 삶을 버리고, 하나님의 뜻에 맞는 올바른 삶으로 '돌아서는' 것입니다. 세례 요한은 이스라엘 백성에게 이 회개의 필요성을 강조했습니다. 아브라함의 후손이요, 언약의 백성이라는 신념이 그 자체로 구원의 그물이 될 수 없다고 설파하며, 회개의 모습을 보이는 사람들만이 다가오는 하나님나라에 들어갈 수 있다고 가르쳤습니다. 그는 백성들에게 세례를 받게 했습니다. 요단강 물속에 몸을 담갔다 나오는 세례는 요한이 촉구했던 변화, 곧 회개하겠다는 결단의 표현이자 상징이었습니다. 하나님께서는 진실된 회개에 용서로 응답하실 것입니다. 물론 용서의 메시지는 물이 아니라 '성령과 불로' 세례를 주실 분, 곧 메시아이신 예수님의 역할로 이어집니다(16절).

이 하나님의 구원을 보게 될 것이다."
7 ○ 요한은 자기에게 세례를 받으러 나오는 무리에게 말하였
다. "독사의 자식들아, 누가 너희에게 닥쳐올 진노를 피하라
고 일러주더냐? 8 회개에 알맞은 열매를 맺어라. 너희는 속으
로 '아브라함은 우리의 조상이다' 하고 말하지 말아라. 내가 너
희에게 말한다. 하나님께서는 이 돌들로도 아브라함의 자손을
만드실 수 있다. 9 도끼를 이미 나무뿌리에 갖다 놓으셨다. 그
러므로 좋은 열매를 맺지 않는 나무는 다 찍어서 불 속에 던지
신다."
10 ○ 무리가 요한에게 물었다. "그러면 우리는 무엇을 해야
합니까?" 11 요한이 그들에게 대답하였다. "속옷을 두 벌 가
진 사람은 없는 사람에게 나누어주고, 먹을 것을 가진 사람
도 그렇게 하여라." 12 세리들도 세례를 받으러 와서, 그에게
물었다. "선생님, 우리는 무엇을 해야 하겠습니까?" 13 요한
은 그들에게 대답하였다. "너희에게 정해준 것보다 더 받지
말아라." 14 또 군인들도 그에게 물었다. "그러면 우리들은

요한이 말한 회개에 알맞은 열매(8절)란 무엇을 말하나요? 진정으로 하나님을 향해 돌아섰다는 것을 알게 해주는 삶의 결과물들을 말합니다. 한마디로 죄인으로서의 삶과 구별되는, 올바른 삶이라는 열매입니다. 다른 복음서에 비해 누가복음서는 이 부분을 좀 더 현실적으로 묘사합니다. 가령 세금을 걷는 세리들이 권력을 이용해 과한 세금을 걷어 부를 쌓던 관행을 버리고 '부과된 것만 징수하는 것', 군인들이 주어진 힘을 이용해 남의 것을 강탈하거나 거짓 고발로 사적 이익을 추구하지 않고 '받는 월급에 만족하는 것'이 이런 열매에 해당합니다. 특히 누가복음서는 물질적 소유에 대한 태도를 하나님을 향한 영성의 핵심 척도 중 하나로 강조합니다. 그래서 삭개오 이야기에서처럼 "회개는 곧 회계다"라는 말을 하기도 합니다. 어리석은 부자(눅 12:13–21), 불의한 청지기(눅 16:1–13), 부자와 거지 나사로(눅 16:19–31), 세리 삭개오(눅 19:1–10) 등은 누가복음서에만 나오는 돈과 관련된 이야기들입니다.

무엇을 해야 하겠습니까?" 요한이 그들에게 대답하였다. "아
무에게도 협박하여 억지로 빼앗거나, 거짓 고소를 하여 빼앗
거나, 속여서 빼앗지 말고, 너희의 봉급으로 만족하게 여겨
라."
15 ○ 백성이 그리스도를 고대하고 있던 터에, 모두들 마음
속으로 요한에 대하여 생각하기를, 그가 그리스도가 아닐까
하였다. 16 그래서 요한은 모든 사람에게 대답하였다. "나는
여러분에게 물로 세례를 주지만, 나보다 더 능력 있는 분이
오실 터인데, 나는 그의 신발 끈을 풀어드릴 자격도 없소. 그
는 여러분에게 성령과 불로 세례를 주실 것이오. 17 그는 자
기의 타작마당을 깨끗이 하려고, 손에 키를 들었으니, 알곡
은 곳간에 모아들이고, 쭉정이는 꺼지지 않는 불에 태우실
것이오."
18 ○ 요한은 그 밖에도, 많은 일을 권면하면서, 백성에게 기
쁜 소식을 전하였다. 19 그러나 분봉왕 헤롯은 자기 동생의
아내 헤로디아와 관련된 일과 또 자기가 행한 모든 악한 일

백성들은 왜 그리스도를 고대하고 있었나요? 그들에게 그리스도란 어떤 의미가 있나요? 바빌론 포로기 이후 유대인들은 주변 열강에 종속된 포로의 삶을 살았습니다. 마카비혁명 이후 잠시 독립 왕조를 세웠지만, 이 불완전한 독립도 로마제국의 속국이 되는 것으로 끝났습니다. 이런 역사의 굴곡 속에서 유대인들은 다윗의 후손으로 왕을 세우고 그 왕권을 영원하게 하겠다는 하나님의 약속을 되새겼습니다(삼하 7:12). 이런 기다림에는 모세 같은 선지자 혹은 엘리야가 오리라는 약속도 포함됩니다(신 18:18–19; 말 4:1, 5–6). 천사의 수태 고지나 마리아와 사가랴의 노래에도 이런 전통적 열망이 여실히 드러납니다(눅 1장). 하나님의 나라인 이스라엘이 이방의 압제로부터 벗어나 자유로이 하나님을 섬기는 나라가 되는 희망입니다. 많은 사람이 비범한 세례 요한에게서 메시아의 모습을 읽어낸 것은 자연스럽지만, 결과적으로 성급한 생각이었습니다. 그는 메시아를 준비하는 사람일 뿐, 메시아는 아니었기 때문입니다.

때문에, 요한에게 책망을 받았고, 20 거기에다가 또 다른 악
행을 보태었으니, 요한을 옥에 가둔 것이다.

예수께서 세례를 받으시다(마 3:13–17; 막 1:9–11)

21 ○ 백성이 모두 세례를 받았다. 예수께서도 세례를 받으시
고, 기도하시는데, 하늘이 열리고, 22 성령이 비둘기 같은 형
체로 예수 위에 내려오셨다. 그리고 하늘에서 이런 소리가 울
려왔다. "너는 내 사랑하는 아들이요, 나는 너를 좋아한다."

예수의 계보(마 1:1–17)

23 ○ 예수께서 활동을 시작하실 때에, 그는 서른 살쯤이었
다. 그는 사람들이 생각하기로는 요셉의 아들이었다. 요셉
은 엘리의 아들이요, 24 그 윗대로 거슬러 올라가면 맛닷,
레위, 멜기, 얀나, 요셉, 25 맛다디아, 아모스, 나훔, 에슬리,
낙개, 26 마앗, 맛다디아, 세메인, 요섹, 요다, 27 요아난, 레
사, 스룹바벨, 스알디엘, 네리, 28 멜기, 앗디, 고삼, 엘마담,

갑자기 예수의 계보가 등장하고, 아담은 하나님의 아들이라고 나옵니다. 아담은 하나님의 아들이었나요? 인간적 출생과는 다르지만, 하나님께서 처음 만드신 존재로서 하나님의 아들이라 불릴 수 있습니다. 마태복음서와 달리, 누가복음서는 예수님의 족보를 아래서부터 시작합니다. 그리고 아브라함 이전으로 거슬러 올라가 아담까지 가고, 급기야 아담의 아버지로 제시된 하나님까지 이어집니다. 우선 이는 아브라함의 후손 곧 유대인들의 경계를 넘어, 모든 인류를 위한 구원자 예수님의 모습을 보여줍니다. 흥미롭게도 '하나님의 아들'이자 인류의 대표인 아담은 족보 시작 직전 '하나님의 아들'로 선포되었던 예수님의 모습과 겹칩니다. 하나님의 아들이

에르, 29 예수, 엘리에제르, 요림, 맛닷, 레위, 30 시므온,
유다, 요셉, 요남, 엘리야김, 31 멜레아, 멘나, 맛다다, 나단,
다윗, 32 이새, 오벳, 보아스, 살라, 나손, 33 아미나답, 아
드민, 아르니, 헤스론, 베레스, 유다, 34 야곱, 이삭, 아브라
함, 데라, 나홀, 35 스룩, 르우, 벨렉, 에벨, 살라, 36 가이
난, 아박삿, 셈, 노아, 레멕, 37 므두셀라, 에녹, 야렛, 마할
랄렐, 가이난, 38 에노스, 셋, 아담에게 이르는데, 아담은 하
나님의 아들이다.

자 아담의 아들로서 예수님께서는 모든 인류에게 하나님의 구원을 가져다주실 것입니다. 참고로 "사람들이 생각하기로는"(23절)이라는 표현은 성령으로 잉태된 '하나님의 아들'이라는 비밀을 염두에 둔 것일 뿐, 예수님이 인간적으로 요셉의 아들이라거나, 그래서 이 족보가 마리아의 족보라는 말은 전혀 아닙니다.

{ 제4장 }

시험을 받으시다(마 4:1–11; 막 1:12–13)

1 예수께서 성령으로 가득하여 요단강에서 돌아오셨다. 그
리고 그는 성령에 이끌려 광야로 가셔서, 2 사십 일 동안 악
마에게 시험을 받으셨다. 그동안 아무것도 잡수시지 않아서,
그 기간이 다하였을 때에는 시장하셨다. 3 악마가 예수께 말
하였다. "네가 하나님의 아들이거든, 이 돌더러 빵이 되라고
말해보아라." 4 예수께서 악마에게 대답하셨다. "성경에 기
록하기를 '사람은 빵만 먹고 사는 것이 아니다' 하였다." 5 그
랬더니 악마는 예수를 높은 데로 이끌고 가서, 순식간에 세
계 모든 나라를 그에게 보여주었다. 6 그러고 나서 악마는 그
에게 말하였다. "내가 이 모든 권세와 그 영광을 너에게 주

예수는 40일 동안 악마에게 시험을 받았다고 하는데, 왜 이런 과정이 필요했던 건가요? 예수님의 시험은 인간이 자기 속에서 직면하는 가장 근원적인 욕망과의 싸움입니다. 이런 욕망들은 인간 존재를 사로잡는 죄와 죽음의 교두보입니다. 그런 점에서 하나님을 향한 절대적 순종의 자태 속에서 인간을 그 죄로부터 구원할 메시아가 이런 욕망과 직면하고 그 유혹을 이기는 절차는 중요합니다. 구약성경에서 40은 상징적인 숫자입니다. 광야라는 장소도 마찬가지입니다. 내밀하게 하나님을 만나는 시공간이기도 하고, '광야 40년'처럼 하나님과의 관계가 시험대에 오르는 검증의 공간이기도 합니다. 실제 사탄과 예수님의 대화는 거의 대부분 광야 이스라엘과 하나님의 '시험' 이야기를 배경으로 합니다. 물론 예수님의 시험은 인간의 내면적 갈등과 극복 이야기를 넘어, 하나님의 성령의 능력으로 사탄의 지배를 이기는 이야기로 제시됩니다. 그래서 예수님의 시험은 '성령으로 가득한' 모습으로, '성령에 이끌리며' 진행된 일이었습니다(1절). 이 대결 이후 마귀는 '잠시' 예수님과 거리를 둡니다(13절). 하지만 다른 모습으로 다시 그분에게 도전할 것입니다.

겠다. 이것은 나에게 넘어온 것이니, 내가 주고 싶은 사람에
게 준다. 7 그러므로 네가 내 앞에 엎드려 절하면, 이 모든
것을 너에게 주겠다." 8 예수께서 악마에게 대답하셨다. "성
경에 기록하기를 '주 너의 하나님께 경배하고, 그분만을 섬
겨라' 하였다." 9 그래서 악마는 예수를 예루살렘으로 이끌
고 가서, 성전 꼭대기에 세우고, 그에게 말하였다. "네가 하
나님의 아들이거든, 여기에서 뛰어내려 보아라. 10 성경에
기록하기를 '하나님이 너를 위하여 자기 천사들에게 명해서,
너를 지키게 하실 것이다' 하였고 11 또한 '그들이 손으로 너
를 떠받쳐서, 너의 발이 돌에 부딪히지 않게 할 것이다' 하였
다." 12 예수께서 악마에게 대답하셨다. "성경에 기록하기를
'주 너의 하나님을 시험하지 말아라' 하였다." 13 악마는 모든
시험을 끝마치고 물러가서, 어느 때가 되기까지 예수에게서
떠나 있었다.

악마는 성경을 인용하며 예수를 시험하고, 예수도 성경으로 대응합니다. 그렇다면 악마도 틀린 말을 하는 건 아닌가요? 악마의 출발점은 맞습니다. 그렇지 않다면 애초에 그의 도전 자체가 성립되지 않았을 겁니다. 그런데 옳은 전제에서 끌어낸 추론은 하나님의 뜻이 아닌 인간의 욕망에 기댄 것입니다. 예수님은 분명 하나님의 아들이지만, 그분에게 부여된 성령의 능력은 자신의 배고픔 해결이 아니라 하나님의 뜻을 실현하기 위한 것입니다. 예수님의 답변에서는 순종하는 아들을 보호하실 하나님을 향한 믿음이 묻어납니다. 당시 세계관에서는 사탄이 현재 세상의 지배자인 것도, 그에게 굴복하면 부와 영예를 소유할 수 있는 것도 사실입니다. 그러나 이는 추구할 해결책이 아니라 오히려 문제의 원인입니다. 참된 삶의 길은 하나님을 섬기며 하나님께 순종하는 것입니다. 악마는 성경도 인용하지만, 그 맥락을 왜곡합니다. 하나님의 보호에 대한 신실한 믿음의 고백을 내 욕망 충족을 위해 하나님을 이용하는 불경의 구호로 바꾼 것입니다. 예수님께서는 광야 이스라엘의 시험을 떠올리며, 시종일관 순종을 강조하는 말씀을 인용하는 것으로 대응하십니다(신 6–8장).

갈릴리에서 활동하시다(마 4:12-17; 막 1:14-15)

14 ○ 예수께서 성령의 능력을 입고 갈릴리로 돌아오셨다. 예
수의 소문이 사방의 온 지역에 두루 퍼졌다. 15 그는 유대 사
람의 여러 회당에서 가르치셨으며, 모든 사람에게서 영광을
받으셨다.

나사렛에서 배척을 받으시다(마 13:53-58; 막 6:1-6)

16 ○ 예수께서는, 자기가 자라나신 나사렛에 오셔서, 늘 하
시던 대로 안식일에 회당에 들어가셨다. 그는 성경을 읽으
려고 일어서서 17 예언자 이사야의 두루마리를 건네받아서,
그것을 펴시어, 이런 말씀이 있는 데를 찾으셨다. 18 "주님
의 영이 내게 내리셨다. 주님께서 내게 기름을 부으셔서, 가
난한 사람에게 기쁜 소식을 전하게 하셨다. 주님께서 나를
보내셔서, 포로 된 사람들에게 해방을 선포하고, 눈먼 사람
들에게 눈 뜸을 선포하고, 억눌린 사람들을 풀어주고, 19 주
님의 은혜의 해를 선포하게 하셨다." 20 예수께서 두루마리

예수가 나사렛에서 특별히 예언자 이사야의 이야기를 읽은 이유가 있나요? 누가복음서에서 예수님의 활동의 출발점에서 이루어진 이 설교는 말하자면 '메시아 취임 연설'과 같습니다. 마태복음서나 마가복음서와 달리, 나사렛 방문 이야기를 활동의 제일 앞에 배치한 것이 그런 이유일 겁니다. 여기서 예수님께서는 이사야의 말씀을 들어 자신의 역할을 규정하십니다. 죄의 위력과 그에 휘둘리는 사회 구조 아래, 약자이자 희생자로 살아가는 사람들에게 삶다운 삶을 되찾아주는 역할입니다. '주의 은혜의 해'는 구약성경에 나오는 희년, 곧 모든 것이 본래의 건강한 상태로 돌아가는 용서와 회복의 시간입니다. 메시아 예수님께서는 이사야가 노래한 대로,

를 말아서, 시중드는 사람에게 되돌려주시고, 앉으셨다. 회
당에 있는 모든 사람의 눈은 예수께로 쏠렸다. 21 예수께서
그들에게 말씀하셨다. "이 성경 말씀이 너희가 듣는 가운데
서 오늘 이루어졌다." 22 사람들은 모두 감탄하고, 그의 입
에서 나오는 그 은혜로운 말씀에 놀라서 "이 사람은 요셉의
아들이 아닌가?" 하고 말하였다. 23 그래서 예수께서 그들
에게 말씀하셨다. "너희는 틀림없이 '의사야, 네 병이나 고쳐
라' 하는 속담을 내게다 끌어대면서, '우리가 들은 대로 당신
이 가버나움에서 했다는 모든 일을, 여기 당신의 고향에서
도 해보시오' 하고 말하려고 한다." 24 예수께서 또 말씀하
셨다. "내가 진정으로 너희에게 말한다. 아무 예언자도 자기
고향에서는 환영을 받지 못한다. 25 내가 진정으로 너희에
게 말한다. 엘리야 시대에 삼 년 육 개월 동안 하늘이 닫혀서
온 땅에 기근이 심했을 때에, 이스라엘에 과부들이 많이 있
었지만, 26 하나님이 엘리야를 그 많은 과부 가운데서 다른
아무에게도 보내지 않으시고, 오직 시돈에 있는 사렙다 마을
의 한 과부에게만 보내셨다. 27 또 예언자 엘리사 시대에 이
스라엘에 나병 환자가 많이 있었지만, 그들 가운데서 아무

바로 이런 역할을 하실 것입니다. 그분은 이를 위해 하나님의 선택을 받았고, 하나님의 성령으로 기름 부음을 받으셨습니다. 실제로 누가복음서는 사회적, 경제적, 종교적 약자에 대해 깊은 관심을 보여줍니다. 물론 이는 보다 궁극적인 의미의 해방, 곧 죄로부터의 해방과 연결됩니다. 현실 사회에서의 해방 활동은 포괄적인 구원의 일부이면서 또한 그에 대한 '표적'이 되는 셈입니다.

도 고침을 받지 못하고, 오직 시리아 사람 나아만만이 고침
을 받았다." 28 회당에 모인 사람들은 이 말씀을 듣고서, 모
두 화가 잔뜩 났다. 29 그래서 그들은 들고일어나 예수를 동
네 밖으로 내쫓았다. 그들의 동네가 산 위에 있으므로, 그들
은 예수를 산벼랑까지 끌고 가서, 거기에서 밀쳐 떨어뜨리려
고 하였다. 30 그러나 예수께서는 그들의 한가운데를 지나
서 떠나가셨다.

더러운 귀신이 들린 사람을 고치시다(막 1:21-28)

31 ○ 예수께서 갈릴리의 가버나움 동네로 내려가셔서, 안식
일에 사람들을 가르치셨다. 32 그런데 사람들은 그의 가르침
에 놀랐으니, 그의 말씀이 권위가 있었기 때문이다. 33 그때
에 그 회당에 악한 귀신의 영이 들린 사람이 하나 있었는데,

회당에서 말한 예수의 말씀 중 사람들은 어떤 부분 때문에 화를 낸 건가요? 어린 시절을 다 아는 청중 앞에서 멋진 말로 설교하는 건 참 어렵습니다. 하지만 처음의 호의적인 반응이 섬뜩할 정도의 살의로 급변하는 양상은 놀랍습니다. 그 배후에는 청중들의 자연스러운 기대감, 곧 주변 여러 도시에서 그렇게 놀라운 치유와 기적들을 행했다면 자신이 '자란 곳'에서는 얼마나 대단한 일을 행할까 하는 기대감이 놓여 있습니다(23절). 소위 "우리가 남이가?" 하는 의식입니다. 하지만 예수님께서는 이런 사적 유대를 거부하십니다(24절). 그뿐만 아니라 고향 사람들의 사적 '우리' 의식을 유대인들의 민족적 '우리' 의식으로 확대해 비판하십니다. 그리고 하나님께서 유대인 대신 이방 사람을 편애하신 성경의 사례를 들어 청중들의 "우리가 남이가" 정서를 이중으로 배격하십니다(25-27절). 이에 청중들은 격분해서 어릴 적부터 잘 아는 예수님을 제거하려 합니다(28-29절). 누가복음서의 흐름은 이 사건이 하나의 사례를 넘어, 예수님의 사역 전체에 대한 하나의 패러다임이라는 사실을 보여줍니다.

그가 큰 소리로 이렇게 외쳤다. 34 "아, 나사렛 예수님, 왜 우
리를 간섭하십니까? 우리를 없애려고 오셨습니까? 나는 당
신이 누구인지 압니다. 하나님께서 보내신 거룩한 분입니다."
35 예수께서 그를 꾸짖어 말씀하셨다. "입을 닥치고, 그 사람
에게서 나가라!" 그러자 귀신이 그를 사람들 한가운데다가 쓰
러뜨려놓고 그에게서 떠나갔는데, 그에게 상처는 입히지 않
았다. 36 사람들이 모두 놀라서 서로 말하였다. "이 말이 대체
무엇이냐? 그가 권위와 능력을 가지고 악한 귀신들에게 명하
니, 그들이 떠나가는구나." 37 그리하여 예수의 소문이 그 근
처 모든 곳에 퍼졌다.

많은 사람을 고치시다(마 8:14-17; 막 1:29-34)

38 ○ 예수께서 회당을 떠나서, 시몬의 집으로 들어가셨다. 그
런데 시몬의 장모가 심한 열병으로 앓고 있어서, 사람들이 그
여자를 두고 예수께 청하였다. 39 예수께서 그 여자에게 다가

예수와 귀신은 서로가 어떤 존재인지 알아본 건가요?(33-35절) 하나님의 천사들처럼 귀신 역시 초월적인 존재입니다. 그래서 사람들은 알 수 없었던 예수님의 초월적 정체를 알아봅니다. 고수가 고수를 알아보는 것과 같은 이야기입니다. 사탄의 세력을 대표하는 존재로서 이들은 성령에 이끌린 예수님의 적대 세력입니다. 그래서 예수님께서는 인간의 삶에서 귀신을 쫓아내십니다. 이들이 예수님을 알아보고 예수님의 정체를 외치는 것도 긍정적인 인정이나 고백과는 무관합니다. 오히려 상대의 정체를 파악하고 있다는 사실을 보임으로써("내가 너를 아는데…") 그에게 맞서고 그를 제압하려는 시도였을 것입니다. 예수님께서 귀신의 이 외침을 막은 것은 그런 시도에 넘어가지 않는다는 표현일 것입니다. 더 나아가 자신이 수행해야 할 메시아적 과업이 대중의 기대와 많이 어긋나는 상황에서, 자신의 정체가 성급하게 노출되지 않도록 하려는 의도도 있었을 것입니다.

서서 굽어보시고, 열병을 꾸짖으셨다. 그러자 열병이 물러가
고, 그 여자는 곧 일어나서 그들에게 시중을 들었다. 40 해가
질 때에 사람들이 온갖 병으로 앓는 사람들을 다 예수께로
데려왔다. 예수께서는 한 사람 한 사람에게 손을 얹어서, 고
쳐주셨다. 41 또 귀신들도 많은 사람에게서 떠나가며, 소리
를 질렀다. "당신은 하나님의 아들입니다." 그러나 예수께서
는 꾸짖으시며, 귀신들이 말하는 것을 허락하지 않으셨다.
그들이 그가 그리스도임을 알았기 때문이다.

전도 여행을 떠나시다(막 1:35-39)

42 ○ 날이 새니, 예수께서 나가셔서, 외딴곳으로 가셨다. 무
리가 예수를 찾아다니다가, 그에게 와서, 자기들에게서 떠나
가지 못하시게, 자기네 곁에 모셔두려고 하였다. 43 그러나
예수께서 그들에게 말씀하셨다. "나는 다른 동네에서도 하나
님나라의 복음을 전해야 한다. 나는 이 일을 위하여 보내심을

온갖 병을 앓는 사람들을 고치고 귀신을 내쫓는 예수의 행적이 나옵니다. 이런 기적들이 의미하는 것은 무엇인가요? 나사렛 회당에서 이사야서 61장의 말씀을 읽으신 것과 같이, 예수님의 활동은 대부분 치유와 회복에 초점이 있습니다. 삶의 여러 영역에서 드러나는 왜곡을 바로잡고, 이를 본래의 평화로운 삶, 애초의 '샬롬'으로 회복하는 일입니다. 사도행전에서는 예수님의 이런 활동을 '선행'이라는 말로 표현합니다. 물론 이 선행은 사람들끼리의 이야기로 끝나지 않습니다. 오히려 인간의 삶은 사탄의 지배와 하나님의 통치 사이에 있습니다. 귀신을 쫓아내고, 악한 귀신 들린 사람을 치유하는 것은 바로 이런 초월적 왜곡을 바로잡는 일입니다. 사탄의 악한 통치에서 벗어나 하나님의 선한 통치를 누리라는 초대입니다. 그래서 이 초대는 (물질에 대한 이기적 욕망처럼) 악한 통치가 우리 삶에 드러내는 증상들을 포기하라는 요구이기도 합니다. 이것이 회개입니다.

받았기 때문이다." 44 그리고 예수께서는 유대의 여러 회당에
서 복음을 선포하셨다.

예수는 하나님나라의 복음을 전하는 것이 자신이 보내심을 받은 이유라고 말합니다. 하나님나라의 복음이란 무엇인가요? 마태복음서, 마가복음서, 누가복음서는 예수님께서 선포하신 메시지의 핵심이 하나님나라라고 말합니다. 이 선포에서 하나님나라는 청중들이 이미 잘 아는 것으로 전제됩니다. 그래서 하나님나라 자체에 대한 설명은 거의 없습니다. 원래는 이스라엘 '나라'의 회복으로 이해되었지만(가령 눅 1:33), 복음서에서는 모든 민족, 모든 사람을 위한 나라가 되면서 동시에 미래의 구원을 나타내는 말로 확장됩니다. 그 핵심은 "하나님나라가 가까이 왔다"는 것입니다. 그러니까 하나님나라의 복음은 무엇보다 "이제 곧 하나님나라가 온다"는 기쁜 소식에 대한 선포입니다. 물론 이는 "그냥 그렇게 알고 있어라" 하는 말이 아니라, "그러니 회개하라"라는 절박한 요구입니다. 그래서 예수님의 선포는 대부분 하나님나라가 오는 모습이나 시기 혹은 그 나라에 들어가기 위해 갖춰야 할 태도에 관한 것들입니다. 듣고 올바른 태도로 응답해야 할 복음, 곧 우리가 마음을 다해 추구해야 할 목표로서의 하나님나라입니다(눅 12:31).

{ 제5장 }

어부들을 제자로 부르시다(마 4:18–22; 막 1:16–20)

1 예수께서 게네사렛 호숫가에 서계셨다. 그때에 무리가 예수
께 밀려와 하나님의 말씀을 들었다. 2 예수께서 보시니, 배 두
척이 호숫가에 대어 있고, 어부들은 배에서 내려서, 그물을 씻
고 있었다. 3 예수께서 그 배 가운데 하나인 시몬의 배에 올라
서, 그에게 배를 뭍에서 조금 떼어놓으라고 하신 다음에, 배에
앉으시어 무리를 가르치셨다. 4 예수께서 말씀을 그치시고, 시
몬에게 말씀하셨다. "깊은 데로 나가, 그물을 내려서, 고기를
잡아라." 5 시몬이 대답하였다. "선생님, 우리가 밤새도록 애
를 썼으나, 아무것도 잡지 못했습니다. 그러나 선생님의 말씀
을 따라 그물을 내리겠습니다." 6 그런 다음에, 그대로 하니,
많은 고기 떼가 걸려들어서, 그물이 찢어질 지경이었다. 7 그

갈릴리 호수에서 고기를 잡던 어부 셋이 모든 것을 버려두고 예수를 따라나섭니다. 기적을 경험해서 그런 선택이 쉬웠던 건가요? 누가복음서는 첫 제자를 부르시는 장면에 기적적인 고기잡이 이야기를 덧붙입니다. 여기서 기적 같은 고기잡이 경험을 통해 시몬은 자신이 범상치 않은 존재 앞에 있다는 사실을 통찰합니다. 소위 일상의 영역을 넘어 '거룩함'의 차원, 일상과 맞닿아 있지만 전혀 다른 초월과 마주하는 경험입니다. 이는 또한 죄인으로서 자신의 본질에 대한 통찰로 이어집니다(사 6:5). 이런 절대적 경험 속에서 들리는 하나님의 음성을 거부하기는 어렵습니다(사 6:8). 기적 자체 때문이 아니라, 그 기적을 가능하게 하는 예수님의 초월적 아우라 때문입니다. 마태와 마가는 이런 정황은 생략한 채 예수님의 부름 자체에 집중합니다. 반면 요한복음서에는 시몬 베드로와 예수님의 만남이 또 다른 모습으로 그려져 있습니다(요 1:40–42). 메시아 예수님의 절대적 부름에 응답하는 모습은 같지만, 구체적인 양상은 다양한 방식으로 설명될 수 있었던 것 같습니다.

래서 그들은 다른 배에 있는 동료들에게 손짓하여, 와서 자기
들을 도와달라고 하였다. 그들이 와서, 고기를 두 배에 가득
히 채우니, 배가 가라앉을 지경이 되었다. 8 시몬 베드로가 이
것을 보고, 예수의 무릎 앞에 엎드려서 말하였다. "주님, 나에
게서 떠나주십시오. 나는 죄인입니다." 9 베드로 및 그와 함께
있는 모든 사람은, 그들이 잡은 고기가 엄청나게 많은 것에 놀
랐던 것이다. 10 또한 세베대의 아들들로서 시몬의 동료인 야
고보와 요한도 놀랐다. 예수께서 시몬에게 말씀하셨다. "두려
워하지 말아라. 이제부터 너는 사람을 낚을 것이다." 11 그들
은 배를 뭍에 댄 뒤에, 모든 것을 버려두고 예수를 따라갔다.

나병 환자를 깨끗하게 하시다(마 8:1-4; 막 1:40-45)

12 ○ 예수께서 어떤 동네에 계실 때에, 온몸에 나병이 든 사
람이 찾아왔다. 그는 예수를 보고서, 얼굴을 땅에 대고 엎드려
간청하였다. "주님, 하고자 하시면, 나를 깨끗하게 해주실 수

예수가 외딴 데로 물러가 기도한 일은 어떤 의미가 있나요? 예수님께서는 마을에서 사람들과 어울리기도 하지만, 자주 조용한 곳으로 물러나 지내시기도 했습니다. 번잡함을 피해 휴식을 취하기 위해서일 때도 있고, 여러 이유로 몰린 군중과 거리를 두기 위해서일 때도 있습니다. 어쩌면 기도를 위해 일부러 그런 곳을 찾으신 것일 수도 있습니다. 여기서는 두 가지 상황이 함께 얽힌 것처럼 보입니다. 누가복음서는 결정적인 순간에 기도하는 예수님의 모습을 그리곤 합니다. 세례 후 물에서 올라와 하늘의 음성을 듣는 장면도 누가복음서는 예수님께서 기도하시던 중 일어난 일로 묘사합니다(눅 3:21). 열두 제자들을 공식적으로 부르기 전에는 산으로 올라가 밤새 기도하셨습니다(눅 6:12). 산에서 영광스러운 모습으로 바뀔 때도 기도하시는 모습으로 그려집니다(눅 9:29). 성령의 능력으로 일하시는 예수님께서 철저히 아버지 하나님께 의지하며, 그분의 뜻을 이루시려고 하는 모습을 강조하는 것입니다.

있습니다." 13 예수께서 손을 내밀어서, 그에게 대시고 "그렇
게 해주마. 깨끗하게 되어라" 하고 말씀하시니, 곧 나병이 그
에게서 떠나갔다. 14 예수께서 그 사람에게 아무에게도 말하
지 말라고 명하시고, 이렇게 말씀하셨다. "가서, 제사장에게
네 몸을 보이고, 네가 깨끗하게 된 것에 대하여 모세가 명한
대로 예물을 드려서 사람들에게 증거로 삼아라." 15 그러나 예
수의 소문이 더욱더 퍼지니, 큰 무리가 그의 말씀도 듣고, 또
자기들의 병도 고치고자 하여 모여들었다. 16 그러나 예수께
서는 외딴 데로 물러가서 기도하셨다.

중풍병자를 고치시다(마 9:1-8; 막 2:1-12)

17 ○ 어느 날 예수께서 가르치시는데, 갈릴리 및 유대의 모든
마을과 예루살렘에서 온 바리새파 사람들과 율법교사들이 둘
러앉아 있었다. 주님의 능력이 함께하시므로, 예수께서는 병
을 고치셨다. 18 그런데 사람들이 중풍병에 걸린 사람을 침상
에 눕힌 채로 데려와서는, 안으로 들여서, 예수 앞에 놓으려
고 하였다. 19 그러나 무리 때문에 그를 안으로 들여놓을 길이

율법학자와 바리새파 사람들은 누구이며, 이들이 "네 죄가 용서받았다"는 예수의 말을 의아하게 생각한 이유는 무엇인가요? 율법학자는 글자 그대로 율법에 대한 전문적 교육을 받고 이를 가르치는 사람들입니다. 바리새인은 율법과 그 해석의 전통을 소중히 여기며 이를 삶에 실천하려고 노력했던 이들입니다. 물론 좋은 의도가 왜곡되면 이런 열정은 도리어 율법 실천을 명분으로 삼아 자신의 욕망을 챙기는 위선으로 변할 수 있습니다. 실제 예수님께서는 바로 이런 부작용을 끊임없이 경고하며 이들과 각을 세우셨습니다. 여기서 이들이 놀란 것은 한 인간에 불과한 예수님께서 하나님의 배타적 권한인 죄 용서를 선언하신다는 사실 때문입니다. 한마디로

없어서, 지붕으로 올라가서, 기와를 벗겨 그 자리를 뚫고, 그
병자를 침상에 누인 채, 무리 한가운데로 예수 앞에 달아 내
렸다. 20 예수께서 그들의 믿음을 보시고 말씀하셨다. "이 사
람아, 네 죄가 용서받았다." 21 그래서 율법학자들과 바리새
파 사람들이 말하기를 "하나님을 모독하는 말을 하다니, 이 사
람은 누구인가? 하나님 한 분밖에, 누가 죄를 용서할 수 있는
가?" 하면서, 의아하게 생각하기 시작하였다. 22 예수께서는
그들의 생각을 알아채시고 말씀하셨다. "어찌하여 너희는 마
음속으로 의아하게 생각하느냐? 23 '네 죄가 용서받았다' 하고
말하는 것과 '일어나서 걸어가거라' 하고 말하는 것 가운데서
어느 쪽이 더 말하기가 쉬우냐? 24 그러나 너희는 인자가 땅
에서 죄를 용서하는 권세를 가지고 있음을 알아야 한다." 그리
고 예수께서 중풍병 환자에게 말씀하셨다. "내가 너에게 말한
다. 일어나서 네 침상을 치워 들고 네 집으로 가거라." 25 그
러자 곧 그는 사람들 앞에서 일어나, 자기가 누웠던 침상을 거
두어 들고, 하나님을 찬양하면서, 집으로 갔다. 26 사람들은
모두 놀라서, 하나님을 찬양하였으며, 두려움에 차서 말하였
다. "우리는 오늘 신기한 일을 보았다."

'신성모독'의 죄를 저질렀다는 것입니다(눅 5:21). 물론 예수님의 이런 선언은 의도적입니다. '인자' 곧 예수님 자신이 하나님의 아들로서 죄를 용서하는 권한을 가졌다는 사실을 선언하시는 것입니다(눅 5:24). 용서와 더불어 치유를 경험한 사람과 이를 목격한 대중은 모두 하나님을 칭송하며 놀라워합니다(눅 5:25-26). 그러나 율법학자와 바리새파 사람들은 곧 예수님을 제거할 계획을 세웁니다(눅 6:11).

레위를 부르시다(마 9:9–13; 막 2:13–17)

27 ○ 그 뒤에 예수께서 나가셔서, 레위라는 세리가 세관에 앉
아 있는 것을 보시고 그에게 말씀하셨다. “나를 따라오너라.”
28 레위는 모든 것을 버려두고, 일어나서 예수를 따라갔다.
29 레위가 자기 집에서 예수에게 큰 잔치를 베풀었는데, 많은
세리와 그 밖의 사람들이 큰 무리를 이루어서, 그들과 한자리
에 앉아서 먹고 있었다. 30 바리새파 사람들과 그들의 율법학
자들이 예수의 제자들에게 불평하면서 말하였다. “어찌하여 당
신들은 세리들과 죄인들과 어울려서 먹고 마시는 거요?” 31 예
수께서 그들에게 대답하셨다. “건강한 사람에게는 의사가 필
요하지 않으나, 병든 사람에게는 필요하다. 32 나는 의인을
부르러 온 것이 아니라, 죄인을 불러서 회개시키러 왔다.”

금식 문제(마 9:14–17; 막 2:18–22)

33 ○ 사람들이 예수께 말하였다. “요한의 제자들은 자주 금

세리들과 함께 밥 먹는 일이 무슨 대수라고 바리새파와 율법학자들은 이를 문제 삼는 건가요? 바리새파와 율법학자들이 추구한 거룩함 혹은 정결(淨潔)에 대한 여러 규례의 핵심은 깨끗하지 못한 존재와의 분리입니다. 그런데 통치자의 하수인으로 세금 징수를 수행했던 세리들은 이 권리를 남용해 서민의 돈을 착복하는 경우가 많아 ‘죄인’의 가장 대표적 부류로 여겨졌습니다. 경건한 사람들로서는 피해야 할 대상 0순위인 셈입니다. 그러나 예수님께서는 이런 부정한 사람들과 마음대로 어울리며, 이들과 함께 식사 자리를 갖습니다. 스스로 더러워지는 행동을 하는 것입니다. 예수님께서 실천하신 원리는 경계 짓기와 차별이 아니라, 다가감과 포용이었고, 이를 통해 그들을 새로운 삶으로 회복시키는 것이었습니다.

식하며 기도하고, 바리새파 사람의 제자들도 그렇게 하는데,
당신의 제자들은 먹고 마시는군요." 34 예수께서 그들에게
말씀하셨다. "너희는 혼인 잔치의 손님들을, 신랑이 그들과
함께 있는 동안에 금식하게 할 수 있겠느냐? 35 그러나 신랑
을 빼앗길 날이 올 터인데, 그날에는 그들이 금식할 것이다."
36 예수께서는 그들에게 또 비유를 말씀하셨다. "새 옷에서
한 조각을 떼어내서, 낡은 옷에다가 대고 깁는 사람은 없다.
그렇게 하면, 그 새 옷은 찢어져서 못 쓰게 되고, 또 새 옷에
서 떼어낸 조각은 낡은 옷에 어울리지도 않을 것이다. 37 새
포도주를 낡은 가죽부대에다가 넣는 사람은 없다. 그렇게 하
면, 새 포도주가 그 가죽부대를 터뜨릴 것이며, 그래서 포도
주는 쏟아지고 가죽부대는 못 쓰게 될 것이다. 38 새 포도주
는 새 부대에 넣어야 한다. 39 묵은 포도주를 마시고 나서,
새 포도주를 원하는 사람은 없다. 묵은 포도주를 마신 사람은
묵은 것이 좋다고 한다."

당시에는 금식과 기도가 보편적인 신앙 행위였나요? 어려운 사람에게 베푸는 자선과 더불어, 금식과 기도는 당시 유대인들이 가장 중요하게 생각했던 경건의 덕목입니다. 금식과 기도는 함께 언급되는 경우가 많습니다. 예수님의 반대자들은 예수님의 제자들이 금식을 소홀히 한다고 비판하는데, 오히려 예수님께서는 이를 메시아인 자신과 함께 있는 복된 상황에 어울리는 태도라고 두둔하십니다. 금식은 본래 고통이나 절박한 기대와 연결될 때가 많은데, 이미 신랑이 와서 그와 함께 있는 동안에는 슬퍼할 이유가 없다는 것입니다(34절). 하지만 누가복음서나 사도행전에서도 금식과 기도와 자선 자체는 매우 훌륭한 가치로 간주됩니다. 사도행전 10장의 비유대인 장교 고넬료의 경우처럼, 기도와 자선은 모범적인 경건의 증거로 반복해서 언급됩니다. 마태복음서 6장에서 예수님께서는 이 세 가지를 실천해야 할 '의로움'으로 언급하며, 남의 눈을 의식한 위선이 아니라 하나님 앞에서 진실된 모습으로 실천하라고 가르치십니다.

{ 제6장 }

안식일에 밀 이삭을 자르다(마 12:1-8; 막 2:23-28)

1 한 안식일에 예수께서 밀밭 사이로 지나가시게 되었다.
그런데 그의 제자들이 밀 이삭을 잘라, 손으로 비벼서 먹었
다. 2 그러자 몇몇 바리새파 사람이 말하였다. "어찌하여 당
신들은 안식일에 해서는 안 되는 일을 합니까?" 3 예수께서
그들에게 대답하셨다. "다윗과 그 일행이 주렸을 때에, 다
윗이 한 일을 너희는 읽어보지 못하였느냐? 4 다윗이 하나
님의 집에 들어가서, 제사장들밖에는 먹어서는 안 되는 제단
빵을 집어서 먹고, 자기 일행에게도 주지 않았느냐?" 5 그리
고 예수께서 그들에게 말씀하셨다. "인자는 안식일의 주인
이다."

'인자'는 누구를 말하는 것이며, '안식일의 주인'(5절)이라는 예수님의 대답이 의미하는 바는 무엇인가요? '인자'(人子)는 '사람의 아들'이라는 뜻으로, 구약성경에서는 하나님과 대조되는 창조물로서의 인간 존재를 가리킬 때 사용되곤 했습니다(시 8:4). 하나님께서 예언자를 부르실 때도 사용됐습니다(겔 2:1 등). 다니엘서에는 천상의 존재로 '인자 같은 이'가 등장하기도 합니다. 신약성경의 복음서에서 예수님께서는 이 표현을 자기 자신을 가리키는 말로 사용하셨는데, 다니엘서를 염두에 둔 것으로 보는 사람들도 많습니다. 길을 내기 위해 밀을 잘랐던 마태복음서와는 달리, '배고픔'이 부각되는 누가복음서의 이 일화는 율법에 대한 순종은 인간의 시급한 필요조차 무시하게 만드는 방식이어서는 안 된다는 메시지를 전달합니다. 동시에 이 해석은 예수님 자신이 '인식일의 주님'이라는 주장과 결부됩니다. 율법에 대한 새로운 견해를 제시하는 것이 아니라, 자신을 안식일 규정에 대한 참 해석자로 내세우는 움직임입니다. 땅에서 죄를 용서하는 권세를 주장하듯, 하나님의 뜻을 담은 율법에 대해서도 동일한 권위를 주장하는 것입니다.

손이 오그라든 사람을 고치시다(마 12:9–14; 막 3:1–6)

6 ○ 또 다른 안식일에 예수께서 회당에 들어가서 가르치시는
데, 거기에는 오른손이 오그라든 사람이 있었다. 7 율법학자
들과 바리새파 사람들은 예수를 고발할 구실을 찾으려고, 예
수가 안식일에 병을 고치시는지 엿보고 있었다. 8 예수께서
그들의 생각을 아시고, 손이 오그라든 사람에게 말씀하셨다.
"일어나서, 가운데 서라." 그래서 그는 일어나서 섰다. 9 예수
께서 그들에게 말씀하셨다. "너희에게 물어보겠다. 안식일에
착한 일을 하는 것이 옳으냐? 악한 일을 하는 것이 옳으냐?
목숨을 건지는 것이 옳으냐? 죽이는 것이 옳으냐?" 10 예수
께서 그들을 모두 둘러보시고서, 그 사람에게 명하셨다. "네
손을 내밀어라." 그 사람이 그렇게 하니, 그의 손이 회복되
었다. 11 그들은 화가 잔뜩 나서, 예수를 어떻게 할까 하고
서로 의논하였다.

당시엔 안식일에 병을 고치는 것이 고발당할 사유가 되는 규정이라도 있었나요?
"안식일을 어기지 말라"는 규정의 핵심은 "일을 하지 말라"는 것입니다. 모든 법령이 그렇듯, 이 규정은 매우 포괄적이어서 일상의 상황에서는 온갖 종류의 '시행세칙'이 필요합니다. 이에 대한 권위 있는 해석이 오래 쌓여 생긴 것이 '장로들의 전통'인데, 율법의 명령을 구체화한 것인 만큼 사실상 율법 자체와 같은 권위로 받아들여졌습니다. 이 세칙에 따르면 밀밭을 지나며 조금이라도 '추수'하는 행위나 생명이 위급하지 않은 치유 행위도 일에 해당합니다. 마가복음서에는 반대자들이 예수님의 치유를 예상하며 엿보고, 마태복음서에는 안식일 치유에 관한 질문으로 예수님의 치유 행동을 유발하는 반면, 누가복음서에서는 예수님께서 그들의 생각을 미리 알고 선제적 행동을 취하면서 '서기관과 바리새인들'에게 도전적 질문을 던지십니다. 율법을 어기지 않으려는 열심은 정당하지만, 이것이 옳은 일을 행하는 것조차 방해하는(또는 회피하는) 수단이 되어서는 안 된다는 사실을 지적하신 것입니다.

열두 제자를 택하시다(마 10:1-4; 막 3:13-19)

12 ○ 그 무렵에 예수께서 기도하려고 산으로 떠나가서, 밤을
새우면서 하나님께 기도하셨다. 13 날이 밝을 때에, 예수께서
자기의 제자들을 부르시고, 그 가운데서 열둘을 뽑으셨다. 그
는 그들을 사도라고도 부르셨는데, 14 열둘은 베드로라고도
이름을 주신 시몬과 그의 동생 안드레, 그리고 야고보와 요한
과 빌립과 바돌로매와 15 마태와 도마와 알패오의 아들 야고
보와 열심당원이라고도 하는 시몬과 16 야고보의 아들 유다와
배반자가 된 가룟 유다이다.

사방에서 사람들이 모여들다(마 4:23-25)

17 ○ 예수께서 그들과 함께 산에서 내려오셔서, 평지에 서셨

예수의 제자로 선택된 사람이 열둘입니다. 핵심 참모치고는 제법 많은 수인데, 굳이 12명이 된 이유가 있을까요? 예수님은 당시 사람들에게는 전형적인 혹은 파격적인 '선생'(랍비)으로 보이기도 했을 것입니다. 랍비가 제자를 거느리는 것은 자연스럽습니다. 12는 전통적으로 열두 지파로 구성된 야곱의 후손, 곧 이스라엘 민족 전체를 나타내는 상징적 숫자입니다. 아마도 예수님께서는 자신과 대립하는 이스라엘의 전통적 지도자들과 대조되는 의미에서 열두 제자들을 선택하셨을 것입니다. 사도행전에서 배신자 유다를 대신할 사도를 선발해 열둘을 채운 것도 그런 의도로 보입니다(행 1:15-26). 마가와 달리 누가는 예수님께서 부르신 많은 제자들 중에 열두 명을 '선택해서' 이들을 "사도라 부르셨다"는 설명을 더합니다(13절). 성경에서 이들은 통상 '열둘'로 불리고, 우리말로는 '열두 제자'로 번역합니다. 기도라는 주제를 강조하는 누가는 예수님께서 밤새 기도하신 후 이들을 선택하셨다고 말합니다. 중요한 결정이라는 의미겠지만, (적어도 사후적으로 보면) 남다른 인물들을 선별한 것은 아닌 것 같습니다.

다. 거기에 그의 제자들이 큰 무리를 이루고, 또 온 유대와 예
루살렘과 두로 및 시돈 해안 지방에서 모여든 많은 백성이 큰
무리를 이루었다. 18 그들은 예수의 말씀도 듣고, 또 자기들의
병도 고치고자 하여 몰려온 사람들이다. 악한 귀신에게 고통
을 당하던 사람들은 고침을 받았다. 19 온 무리가 예수에게 손
이라도 대보려고 애를 썼다. 예수에게서 능력이 나와서 그들
을 모두 낫게 하였기 때문이다.

복과 화를 선포하시다(마 5:1–12)

20 ○ 예수께서 눈을 들어 제자들을 보시고 말씀하셨다. "너
희 가난한 사람들은 복이 있다. 하나님의 나라가 너희의 것이
다. 21 너희 지금 굶주리는 사람들은 복이 있다. 너희가 배부
르게 될 것이다. 너희 지금 슬피 우는 사람들은 복이 있다. 너

"복이 있다"와 "화가 있다"는 내용을 보면 선뜻 동의하기 어려운 이유들입니다. 가난한 사람들이 복이 있고, 위안을 받고 있기 때문에 화가 있다니요. 무슨 말인가요?
우리말 성경의 약점 중 하나가 원문의 접속사를 자주 생략하는 것입니다. 여기서는 '왜냐하면'(because)으로 해석해야 할 접속사를 누락시켜 흐름이 모호해졌습니다. (지금) 가난한 사람들은 복이 있습니다. '왜냐하면' 미래의 "하나님나라가 너희들의 것이기 때문"입니다. 20절에는 원론적으로 표현되었지만, '지금'이 명시된 21절과 그 이후부터는 미래형 동사가 일관되게 사용되면서 '지금'의 고통과 신실함이 미래에 보상된다는 사실이 분명히 표현됩니다(눅 6:21–23). 저주의 선언도 마찬가지입니다. '지금' 배부르고 웃으며 대중의 호감을 사는 이들은 현재 '이미' 받은 복이 전부이며, 미래엔 비탄과 고통이 기다릴 것입니다(눅 6:24–26). 마리아가 노래했던 것처럼, 예수님께서 가져오실 이런 대역전(the Great Reversal)은 누가복음서의 핵심 주제 중 하나입니다(눅 1:51–52). '어리석은 부자'나 '부자와 거지 나사로' 비유들은 이 메시지를 선명한 이야기 형태로 보여줍니다(눅 12:13–21; 16:19–31).

희가 웃게 될 것이다.
22 ○ 사람들이 너희를 미워하고, 인자 때문에 너희를 배척하
고, 욕하고, 너희의 이름을 악하다고 내칠 때에는, 너희는 복
이 있다. 23 그날에 기뻐하고 뛰놀아라. 보아라, 하늘에서 받
을 너희의 상이 크다. 그들의 조상들이 예언자들에게 이와 같
이 행하였다. 24 그러나 너희, 부요한 사람들은 화가 있다. 너
희가 너희의 위안을 받고 있기 때문이다. 25 너희, 지금 배부
른 사람들은 화가 있다. 너희가 굶주리게 될 것이기 때문이다.
너희, 지금 웃는 사람들은 화가 있다. 너희가 슬퍼하며 울 것
이기 때문이다.
26 ○ 모든 사람이 너희를 좋게 말할 때에, 너희는 화가 있다.
그들의 조상들이 거짓 예언자들에게 이와 같이 행하였다.

원수를 사랑하여라(마 5:38–48; 7:12상반)

27 ○ 그러나 내 말을 듣고 있는 너희에게 내가 말한다. 너희
의 원수를 사랑하여라. 너희를 미워하는 사람들에게 잘해주
고, 28 너희를 저주하는 사람들을 축복하고, 너희를 모욕하

"원수를 사랑하라"로 시작되는 예수의 메시지는 성인군자나 실천할 수 있는 내용들 같습니다. 기준이 너무 높은 거 아닌가요? 마태복음서의 산상 설교(마 5–7장)와 병행을 이루는 가르침들입니다. 이 명령의 '고난도' 때문에 그 실질적 의도에 관한 논란이 많았습니다. 구체적 실천보다는 지향해야 할 궁극적 목표라 보기도 하고, 곧 다시 오실 예수님을 기다리는 동안 임시로 주어진 지침이라고도 하지만, 대부분은 제자들의 삶을 위해 주어진 실질적인 명령이라는 사실을 인정합니다. 사회 분위기를 생각하면 매우 급진적이지만, 그 원칙은 매우 중요합니다. 상대방의 행동에 따라 상대적으로 대응하는 것은 '죄인들'도 하는 일입니다. 반면 천국의 제자들

는 사람들을 위하여 기도하여라. 29 네 뺨을 치는 사람에게
는 다른 쪽 뺨도 돌려대고, 네 겉옷을 빼앗는 사람에게는 속
옷도 거절하지 말아라. 30 너에게 달라는 사람에게는 주고,
네 것을 가져가는 사람에게서 도로 찾으려고 하지 말아라.
31 너희는 남에게 대접을 받고자 하는 대로 남을 대접하여라.
32 너희가 너희를 사랑하는 사람들만 사랑하면, 그것이 너희
에게 무슨 장한 일이 되겠느냐? 죄인들도 자기네를 사랑하
는 사람들을 사랑한다. 33 너희를 좋게 대하여주는 사람들에
게만 너희가 좋게 대하면, 그것이 너희에게 무슨 장한 일이
되겠느냐? 죄인들도 그만한 일은 한다. 34 도로 받을 생각으
로 남에게 꾸어주면, 그것이 너희에게 무슨 장한 일이 되겠느
냐? 죄인들도 고스란히 되받을 요량으로 죄인들에게 꾸어준
다. 35 그러나 너희는 너희 원수를 사랑하고, 좋게 대하여주
고, 또 아무것도 바라지 말고 꾸어주어라. 그리하면 너희는
큰 상을 받을 것이요, 더없이 높으신 분의 아들이 될 것이다.
그분은 은혜를 모르는 사람들과 악한 사람들에게도 인자하시
다. 36 너희의 아버지께서 자비로우신 것같이, 너희도 자비
로운 사람이 되어라.

은 상대가 어떻게 나오든 제자 본연의 자태를 견지해야 합니다. 소극적으로는 상대방의 악에 보복하지 않는 것이고, 적극적으로는 원수조차 사랑의 태도로 대하는 것입니다. 이것이 바로 하늘 아버지의 자비로움을 닮은 행동이며, 이렇게 아버지를 닮은 삶을 살아가는 사람이 '지극히 높으신 분의 자녀'라 불릴 것입니다(눅 6:35-36). 바울도 이것을 그리스도인의 삶의 자태로 매우 강조했습니다(롬 12:14-21; 13:10).

남을 심판하지 말아라(마 7:1–5)

37 ○ 남을 심판하지 말아라. 그리하면 하나님께서도 너희를
심판하지 않으실 것이다. 남을 정죄하지 말아라. 그리하면 하
나님께서도 너희를 정죄하지 않으실 것이다. 남을 용서하여
라. 그리하면 하나님께서도 너희를 용서하실 것이다. 38 남에
게 주어라. 그리하면 하나님께서도 너희에게 주실 것이니, 되
를 누르고 흔들어서, 넘치도록 후하게 되어서, 너희 품에 안겨
주실 것이다. 너희가 되질하여주는 그 되로 너희에게 도로 되
어서 주실 것이다."
39 ○ 예수께서 그들에게 또 비유 하나를 말씀하셨다. "눈먼
사람이 눈먼 사람을 인도할 수 있느냐? 둘이 다 구덩이에 빠
지지 않겠느냐? 40 제자는 스승보다 높지 않다. 그러나 누구
든지 다 배우고 나면, 자기의 스승과 같이 될 것이다. 41 어찌
하여 너는 남의 눈 속에 있는 티는 보면서, 네 눈 속에 있는
들보는 깨닫지 못하느냐? 42 너는 네 눈 속에 있는 들보를 보
지 못하면서, 어떻게 남에게 '친구야, 내가 네 눈 속에 있는
티를 빼내줄 테니 가만히 있어라' 하고 말할 수 있겠느냐? 위

'그리하면 하나님께서도'(37–38절)라는 선행 조건에 마음이 불편합니다. 우리의 실천 여부에 따라 하나님의 결정도 달라지는 건가요? 때로 우리는 하나님의 은혜와 응답하는 인간의 순종, 이 둘의 '순서'에 과민 반응을 보입니다. 하지만 이는 복음과의 만남을 너무 단순하게 생각하는 것입니다. 하나님의 무조건적 은총이 '선행'하는 것은 맞습니다. 그러나 동시에 그 은총은 그에 어울리는 순종에 대한 하나님의 의지를 내포합니다. 이렇게 하나님의 은총은 늘 새로운 삶을 살라는 거룩한 의무와 함께 다가옵니다. 이 의무는 절대적인 요구입니다. 하지만 우리의 경험이 잘 말해주듯, 은혜에서 순종으로의 이행 과정은 자동적이지도, 쉽지도 않습니다. 우리

선자야, 먼저 네 눈에서 들보를 빼내어라. 그리해야 그때에 네가 똑똑히 보게 되어서, 남의 눈 속에 있는 티를 빼줄 수 있을 것이다

열매로 나무를 안다(마 7:17–20; 12:34하반–35)

43 ○ 좋은 나무가 나쁜 열매를 맺지 않고, 또 나쁜 나무가
좋은 열매를 맺지 않는다. 44 나무는 각각 그 열매를 보면 안
다. 가시나무에서 무화과를 거두어들이지 못하고, 가시덤불
에서 포도를 따지 못한다. 45 선한 사람은 그 마음속에 갈무
리해놓은 선 더미에서 선한 것을 내고, 악한 사람은 그 마음
속에 갈무리해놓은 악 더미에서 악한 것을 낸다. 마음에 가득
찬 것을 입으로 말하는 법이다.

말씀을 듣고 행하는 사람과 행하지 않는 사람(마 7:24–27)

46 ○ 어찌하여 너희는 나더러 '주님, 주님!' 하면서도, 내가
말하는 것은 행하지 않느냐? 47 내게 와서 내 말을 듣고 그

가 본래 이기적이고 악한 존재이기 때문입니다. 그래서 그런 우리에게 은총이 주어지는 방식은 때로 우리의 순종을 조건처럼 보이게 합니다(마 6:12, 14–15). 교리적으로 그렇다기보다는, 이기적인 인간이 은총을 수용하는 모습이 그렇다는 것입니다. 그래서 실제 가르침에서 은총과 순종의 순서는 왔다 갔다 합니다. 순서보다는 은혜와 순종 두 진리의 견고한 결합을 숙고하는 것이 지혜로운 태도입니다.

대로 행하는 사람이 어떤 사람과 같은지를 너희에게 보여주
겠다. 48 그는 땅을 깊이 파고, 반석 위에다 기초를 놓고 집
을 짓는 사람과 같다. 홍수가 나서 물살이 그 집에 들이쳐도,
그 집은 흔들리지도 않는다. 잘 지은 집이기 때문이다. 49 그
러나 내 말을 듣고서도 그대로 행하지 않는 사람은, 기초 없이
맨 흙 위에다가 집을 지은 사람과 같다. 물살이 그 집에 들이
치니, 그 집은 곧 무너져버렸고, 그 집의 무너짐이 엄청났다."

예수가 말한 메시지(45–49절)의 주제는 인과응보인가요? 죄로 타락한 인간을 향한 메시지는 하나님의 무조건적 은총에서 시작할 수밖에 없습니다. 그러나 이는 인간을 새롭게 하여 구원하는 메시지입니다. 그래서 복음은 늘 "죄인을 불러 회개하게 하는 것"에서부터 시작됩니다(눅 5:32). 회개, 곧 변화된 삶 없이는 의로우신 하나님과 관계를 맺을 수 없기 때문입니다. 따라서 이 땅에서 제자들을 향한 메시지는 대부분 하나님나라에 합당한 삶, 혹은 그 나라에 들어가도록 우리를 부르시는 하나님의 부르심에 합당한 삶을 살라는 말로 요약됩니다(마 5:17–20; 7:21; 살전 2:12; 엡 4:1). 그런 점에서 우리의 삶에는 인과응보의 원칙이 적용됩니다. 하나님께서는 우리가 행한 대로 갚으시는 공평한 재판장이기 때문입니다(롬 2:6–11; 갈 6:7–8). 삶은 생명 혹은 파멸이라는 궁극적 목표를 향한 선택의 여정입니다(마 7:13–14). 우리가 일생 동안 걸었던 여정과 반대되는 목적지를 기대하는 것은 '믿음'이 아니라 신학적 '도둑놈 심보'요, 우리 삶을 무의미하다 말하는 신앙적 자살 행위입니다.

{ 제7장 }

백부장의 종을 낫게 하시다(마 8:5-13; 요 4:43-54)

1 예수께서 자기의 모든 말씀을 백성들에게 들려주신 뒤에, 가
버나움으로 가셨다. 2 어떤 백부장의 종이 병들어 거의 죽게
되었는데, 그는 주인에게 소중한 종이었다. 3 그 백부장이 예
수의 소문을 듣고, 유대 사람들의 장로들을 예수께로 보내어
그에게 청하기를, 와서 자기 종을 낫게 해달라고 하였다. 4 그
들이 예수께로 와서, 간곡히 탄원하기를 "그는 선생님에게서
은혜를 받을 만한 사람입니다. 5 그는 우리 민족을 사랑하는
사람이고, 우리에게 회당을 지어주었습니다" 하였다. 6 예수
께서 그들과 함께 가셨다. 예수께서 백부장의 집에서 그리 멀
지 않은 곳에 이르렀을 때에, 백부장은 친구들을 보내어, 예

아끼는 종을 살리기 위해 예수에게 사람을 거푸 보낸 백부장은 어떤 생각을 가진 인물인가요? 로마 군대의 이 백인대장(百人隊長)은 개인적으로 자기 수하의 종을 사랑하고, 그 종을 위해 무엇이라도 할 만큼 자애롭습니다. 또 유대 원로들이 증언하듯 그는 로마 정복지의 신민들을 위해 회당을 지을 정도로 유대 민족을 사랑했습니다. 사람됨 자체에 사랑이 배어 있다는 인상을 줍니다. 예수님을 향한 태도는 겸손한 믿음의 표본입니다. '치유자' 예수님에 대한 소문을 들었지만, 그는 비유대인(이방인)이라는 자신의 입장을 생각해서 유대인의 원로들을 통해 도움을 요청합니다. 그의 집이 멀지 않아 예수님께서는 그의 종을 치유하러 가시지만, 백부장은 자신의 '친구들'을 보내 직접 오시지 말라고 만류합니다. 자신과 자신의 집은 감히 예수님의 존재를 감당할 만한 수준이 못 된다는 겸허함의 표현입니다. 원로나 친구처럼 중요한 인물들을 보내는 것도 마찬가지입니다. 그러나 가장 놀라운 것은 예수님께서 오시지 않아도 말씀만으로 치유하실 수 있다는 믿음입니다. 자신이 속한 군대에서처럼 주님의 절대적인 명령에 병이 순종할 것이라 믿었습니다. 그야말로 "이스라엘 중에서도 찾아보기 힘든" 놀라운 믿음의 소유자였던 것입니다.

수께 이렇게 아뢰게 하였다. "주님, 더 수고하실 것 없습니다.
저는 주님을 내 집에 모셔 들일 만한 자격이 없습니다. 7 그래
서 내가 주님께로 나아올 엄두도 못 냈습니다. 그저 말씀만 하
셔서, 내 종을 낫게 해주십시오. 8 나도 상관을 모시는 사람이
고, 내 밑에도 병사들이 있어서, 내가 이 사람더러 가라고 하
면 가고, 저 사람더러 오라고 하면 옵니다. 또 내 종더러 이것
을 하라고 하면 합니다." 9 예수께서 이 말을 들으시고, 그를
놀랍게 여기시어, 돌아서서, 자기를 따라오는 무리에게 말씀
하셨다. "내가 너희에게 말한다. 나는 이스라엘 사람 가운데서
는, 아직 이런 믿음을 본 일이 없다." 10 심부름 왔던 사람들이
집에 돌아가서 보니, 종은 나아 있었다.

과부의 아들을 살리시다

11 ○ 그 뒤에 곧 예수께서 나인이라는 성읍으로 가시게 되

예수는 아픈 사람을 낫게 하고 죽은 사람을 살립니다. 예수에게는 정말 그런 능력이 있었나요? 하나님나라에 관한 가르침과 아픈 사람의 치유는 나사렛 예수님의 활동을 지탱하는 두 개의 기둥입니다. 네 복음서는 모두 예수님의 치유 이야기로 가득합니다. 죽은 사람을 살리는 이야기 역시 종종 나타납니다. 네 복음서는 모두 예수님의 활동 중에 이런 일들이 발생했고, 사람들은 놀라움을 금할 수 없었다고 말합니다. 많은 대중이 예수님을 따랐던 이유도 바로 여기 있습니다. 예수님을 통해 하나님의 창조적 능력이 나타난다고 생각한 것입니다. 신약성경은 예수님의 치유를 종교적 상징이 아니라, 일상 속의 실제 사건으로 묘사합니다. 치유의 사실성 혹은 역사성을 강조하는 것은 그때나 지금이나 이런 치유가 일상적 기대치로는 '믿을 수 없는' 일들이기 때문입니다. 그런 점에서 이 사건들은 사람을 위한 자비의 행동이면서 동시에 예수님의 특별한 권위를 뒷받침하는 표적입니다. 놀라운 치유는 "저 사람이 도대체 누구인가?"라는 물음으로 이어지면서, 예수님과의 만남을 가능하게 하는 매개가 됩니다.

었는데, 제자들과 큰 무리가 그와 동행하였다. 12 예수께서
성문에 가까이 이르셨을 때에, 사람들이 한 죽은 사람을 메
고 나오고 있었다. 그 죽은 사람은 그의 어머니의 외아들이
고, 그 여자는 과부였다. 그런데 그 성의 많은 사람이 그 여
자와 함께 따라오고 있었다. 13 주님께서 그 여자를 보시고,
가엾게 여기셔서 말씀하셨다. "울지 말아라." 14 그리고 앞
으로 나아가서, 관에 손을 대시니, 메고 가는 사람들이 멈추
어 섰다. 예수께서 말씀하셨다. "젊은이야, 내가 네게 말한
다. 일어나라." 15 그러자 죽은 사람이 일어나 앉아서, 말을
하기 시작하였다. 예수께서 그를 그 어머니에게 돌려주셨다.
16 그래서 모두 두려움에 사로잡혀서, 하나님을 찬양하면서
말하기를 "우리에게 큰 예언자가 나타났다" 하고, 또 "하나
님께서 자기 백성을 돌보아주셨다" 하였다. 17 예수의 이 이
야기가 온 유대와 그 주위에 있는 모든 지역에 퍼졌다.

요한의 질문에 나오는 '오실 그분'(19절)이란 누구를 말하나요? 당시 많은 유대인들에게는 한 가지 간절한 '기다림'이 있었습니다. 하나님께서 메시아를 보내주셔서 나라를 회복하고, 그들을 자유롭게 하고, 모든 것을 바로잡으시리라는 기대입니다. 이는 메시아를 통해 하나님나라가 올 것이라는 기대와 연결됩니다. 이 기대는 다양한 형태로 표현되었습니다. 모세와 같은 선지자 혹은 엘리야 선지자를 다시 보내실 것이라는 기대로 표현되기도 했고, 왕 혹은 선지자의 역할과 겹치는 메시아에 대한 기대로 나타나기도 했습니다. 구체적인 이해는 달라도, '오실 분'에 대한 기대 자체는 당시의 보편적인 분위기였던 셈입니다. 당시 사람들처럼 요한 역시 '오실 분'에 대한 강한 기대를 갖고 있었습니다. 물론 요한의 기대는 당시 대중들의 기대와는 사뭇 달랐습니다. 그는 곧 도래할 하나님나라를 선포하면서, 하나님의 백성 이스라엘에게도 철저한 회개가 필요하다고 가르쳤습니다. 그가 베풀었던 세례가 이런 회개를 상징합니다.

세례자 요한이 보낸 사람들에게 답변하시다(마 11:2-19)

18 ○ 요한의 제자들이 이 모든 일을 요한에게 알렸다. 요한은
자기 제자 가운데서 두 사람을 불러, 19 주님께로 보내어 "선
생님이 오실 그분입니까? 그렇지 않으면, 우리가 다른 분을
기다려야 합니까?" 하고 물어보게 하였다. 20 그 사람들이 예
수께 와서 말하였다. "세례자 요한이 우리를 선생님께로 보내
어 '선생님이 오실 그분입니까? 그렇지 않으면, 우리가 다른
분을 기다려야 합니까?' 하고 물어보라고 하였습니다." 21 그
때에 예수께서는 질병과 고통과 악령으로 시달리는 사람을
많이 고쳐주시고, 또 눈먼 많은 사람을 볼 수 있게 해주셨다.
22 예수께서 그들에게 이렇게 대답하셨다. "너희가 보고 들
은 것을, 가서 요한에게 알려라. 눈먼 사람이 다시 보고, 다리
저는 사람이 걷고, 나병 환자가 깨끗해지고, 귀먹은 사람이
듣고, 죽은 사람이 살아나고, 가난한 사람이 복음을 듣는다.
23 나에게 걸려 넘어지지 않는 사람은 복이 있다."
24 ○ 요한의 심부름꾼들이 떠난 뒤에, 예수께서 요한에 대
하여 무리에게 말씀하셨다. "너희는 무엇을 보러 광야에 나

"나에게 걸려 넘어지지 않는 사람은 복이 있다"(23절)는 말은 무슨 뜻인가요? 회개를 강조했던 요한은 하나님나라를 '심판'의 차원에서 바라봅니다. 그래서 회개가 절박합니다. 하나님나라가 다가왔고, 심판의 도끼는 이미 나무뿌리에 닿은 위기 상황이기 때문입니다. 요한은 예수님께서 바로 그 '오실 자'라는 사실을 알았습니다. 예수님을 통해 하나님나라가 도래하고, 그래서 그분이 종말론적 심판을 수행하실 것이라 기대했습니다. 그런데 실제 예수님의 활동은 치유와 회복에 치중됐고, 자신이 기대한 심판과는 거리가 멀었습니다. 투옥된 요한은 예수님에 대한 이 기대와 현실의 괴리로 인해 혼란스러워합니다. 예수님이 과연 메시아가 맞나 하는 의문입니다.

갔더냐? 바람에 흔들리는 갈대냐? 25 아니면, 무엇을 보러
나갔더냐? 비단옷을 입은 사람이냐? 화려한 옷을 입고 호사
스럽게 사는 사람은 왕궁에 있다. 26 아니면, 무엇을 보러
나갔더냐? 예언자를 보려고 나갔더냐? 그렇다. 내가 너희에
게 말한다. 그는 예언자보다 더 위대한 인물이다. 27 이 사
람에 대하여 성경에 기록하기를 '보아라. 내가 내 심부름꾼
을 너보다 앞서 보낸다. 그가 네 앞에서 네 길을 닦을 것이
다' 하였다. 28 내가 너희에게 말한다. 여자가 낳은 사람 가
운데서, 세례자 요한보다 더 큰 인물이 없다. 그러나 하나님
나라에서는 가장 작은 자라도 요한보다 더 크다." 29 (모든
백성과 심지어는 세리들까지도 요한의 설교를 듣고, 그의 세
례를 받았다. 이렇게 하여 그들은 하나님의 옳으심을 드러냈
다. 30 그러나 바리새파 사람들과 율법학자들은 요한에게서
세례를 받지 않음으로써 자기들에 대한 하나님의 계획을 물
리쳤다.)
31 ○ "그러니, 이 세대 사람을 무엇에 비길까? 그들은 무엇
과 같은가? 32 그들은 마치 어린이들이 장터에 앉아서, 서로
부르며 말하기를 '우리가 너희에게 피리를 불어도, 너희는 춤

이에 예수님께서는 이사야 선지자의 말씀을 인용하며 자신의 치유 활동이 오히려 도래할 하나님나라의 핵심임을 강조하십니다. 물론 심판은 있을 것입니다. 그러나 요한의 생각처럼 당장은 아닙니다. 먼저 치유와 회복의 메시지가 선포되어야 하기 때문입니다. 23절은 요한의 그 오해를 지적하는 말씀입니다.

추지 않았고, 우리가 애곡을 하여도 너희는 울지 않았다' 하는
것과 같다. 33 세례자 요한이 와서, 빵도 먹지 않고 포도주도
마시지 않으니, 너희가 말하기를 '그는 귀신이 들렸다' 하고,
34 인자는 와서, 먹기도 하고 마시기도 하니, 너희가 말하기
를 '보아라, 저 사람은 마구 먹어대는 자요, 포도주를 마시는
자요, 세리와 죄인의 친구다' 한다. 35 그러나 지혜의 자녀들
이 결국 지혜가 옳다는 것을 드러냈다."

죄인인 한 여인이 예수께 향유를 붓다

36 ○ 바리새파 사람 가운데에서 어떤 사람이 예수께 청하여,
자기와 함께 음식을 먹자고 하였다. 그래서 예수께서는 그 바
리새파 사람의 집에 들어가셔서, 상에 앉으셨다. 37 그런데 그
동네에 죄인인 한 여자가 있었는데, 예수께서 바리새파 사람

세례 요한의 이야기를 하더니 결론처럼 나온 "지혜의 자녀들이 결국 지혜가 옳다는 것을 드러냈다"(35절)는 이 말은 무슨 이야기인가요? 세례 요한과 예수님은 모두 하나님나라를 선포했습니다. 금욕주의자 요한은 심판을 예고했고, 삶의 향유자 예수님께서는 치유와 회복을 선포하셨습니다. 흥미롭게도 사람들은 요한과 예수님 모두를 거부했습니다. 심판이든 회복이든, 다가올 하나님나라는 기존 질서를 뒤흔듭니다. 그래서 이 나라에 대한 올바른 응답은 회개입니다. 사람들은 이를 원하지 않았습니다. 특히 종교적 기득권자였던 '바리새인과 율법교사들'이 보기에 두 사람의 상반된 행보는 모두 정상을 벗어나는 극단적인 행태였습니다. 그래서 요한이 요구한 회개의 세례도, 예수님께서 선포하신 치유와 포용과 회복의 메시지도 거부했습니다. 32절의 비유적 말씀은 그들의 이런 무감각을 지적합니다. 하지만 요한과 예수님의 피리에 춤을 추고 곡소리에 가슴을 치는 이들이 있습니다. 이 사람들은 '지혜가 낳은 자녀들'입니다. 선포되는 말씀에 응답하는 이들이 요한과 예수님의 메시지가 참 지혜라는 사실을 드러낼 것입니다.

의 집에서 음식을 잡숫고 계신 것을 알고서, 향유가 담긴 옥합
을 가지고 와서, 38 예수의 등 뒤에 발 곁에 서더니, 울면서,
눈물로 그 발을 적시고, 자기 머리털로 닦고, 그 발에 입을 맞
추고, 향유를 발랐다. 39 예수를 초대한 바리새파 사람이 이
것을 보고, 혼자 중얼거렸다. "이 사람이 예언자라면, 자기를
만지는 저 여자가 누구이며, 어떠한 여자인지 알았을 터인데!
그 여자는 죄인인데!" 40 예수께서 그에게 말씀하셨다. "시몬
아, 네게 할 말이 있다." 시몬이 말했다. "선생님, 말씀하십시
오." 예수께서 말씀하셨다. 41 "어떤 돈놀이꾼에게 빚진 사람
둘이 있었는데, 한 사람은 오백 데나리온을 빚지고, 또 한 사
람은 오십 데나리온을 빚졌다. 42 둘이 다 갚을 길이 없으므
로, 돈놀이꾼은 둘에게 빚을 없애주었다. 그러면 그 두 사람
가운데서 누가 그를 더 사랑하겠느냐?" 43 시몬이 대답하였
다. "더 많이 빚을 없애준 사람이라고 생각합니다." 예수께서

눈물로 예수의 발을 적시는 것부터 향유를 바르기까지(38절) 여자의 행동은 예사롭지 않습니다. 그런데도 바리새파 사람은 여자의 행동보다 신분에 주목합니다. 여자의 행동은 당시에 평범한 것이었나요? 당시 가옥 구조로 볼 때 여인의 등장은 물리적으로는 간단한 일이지만 관행적으로는 매우 이례적입니다. 경건의 화신인 바리새인들에게는 부정한 사람이나 대상과의 분리가 매우 중요합니다. 그런 장소에 죄인으로 알려진 여인이 식사 자리에 들어와 예수님과 접촉합니다. 식사 자리, 그리고 무엇보다 예수님의 제의적 정결함이 훼손되는 상황입니다. 바리새인인 시몬은 예수님에게 이 심각한 상황에 어울리는 반응을 기대했지만, 예수님께서는 여인의 행동을 받아들이십니다. 그는 예수님이 이 여인의 제의적 신분(죄인)을 모른다고 넘겨짚고, 이를 근거로 예수님이 예언자일 리가 없다고 추론합니다. 반면 예수님께서는 여인의 따뜻한 환대와 바리새인 주인의 결례를 대조하십니다. 그리고 그 배후에 놓인 차이, 곧 많은 죄를 용서받은 여인의 상태와 용서의 경험이 없는 시몬의 상태를 대조하십니다. 동일한 상황을 바라보는 전혀 다른 두 시선이 엇갈리는 상황입니다.

그에게 말씀하셨다. "네 판단이 옳다." **44** 그런 다음에, 그 여
자에게로 돌아서서, 시몬에게 말씀하셨다. "너는 이 여자를
보고 있는 거지? 내가 네 집에 들어왔을 때에, 너는 내게 발
씻을 물도 주지 않았다. 그러나 이 여자는 눈물로 내 발을 적
시고, 자기 머리털로 닦았다. **45** 너는 내게 입을 맞추지 않았
으나, 이 여자는 들어와서부터 줄곧 내 발에 입을 맞추었다.
46 너는 내 머리에 기름을 발라주지 않았으나, 이 여자는 내
발에 향유를 발랐다. **47** 그러므로 내가 네게 말한다. 이 여자
는 그 많은 죄를 용서받았다. 그것은 그가 많이 사랑하였기 때
문이다. 용서받는 것이 적은 사람은 적게 사랑한다." **48** 그리
고 예수께서 그 여자에게 말씀하셨다. "네 죄가 용서받았다."
49 그러자 상에 함께 앉아 있는 사람들이 속으로 수군거리기
를 "이 사람이 누구이기에 죄까지도 용서하여준다는 말인가?"
하였다. **50** 그러나 예수께서는 그 여자에게 말씀하셨다. "네
믿음이 너를 구원하였다. 평안히 가거라."

예수는 여자의 행동을 인정한 것인가요, 믿음을 인정한 것인가요? 예수님께서는 여자의 행동을 사랑의 표현으로 간주하십니다. 이 사랑은 많은 죄를 용서받은 사실에 대한 여자의 자연스러운 반응입니다. 기름을 붓는 행동이 용서를 유발한 것이 아니라, 이미 받은 용서에 대한 감사와 기쁨을 표현하기 위해 기름을 부은 것입니다(47절). 이는 예수님을 손님으로 초대하고도 제대로 환대하지 않았던 시몬의 무례한 태도와 극명한 대조를 이룹니다. 손님에 대한 결례를 넘어, 그가 용서받지 못한 사람임을 보여주는 증거이기도 합니다. 예수님께서는 명시적 용서의 선언을 통해 이 사실을 객관화하면서, 죄 용서를 그녀의 믿음과 연결하십니다. 여기서 그녀의 행동과 죄 용서, 그리고 믿음은 인과관계를 파악하기 어려울 정도로 얽혀 있습니다. 믿음으로 용서받고 예수님께 사랑을 표현했다고 말할 수도 있지만, 믿음을 드러내는 그녀의 사랑이 명시적 용서의 선언으로 이어진 것처럼 보이기도 합니다. 중요한 것은 무엇이 먼저냐가 아니라 이들의 긴밀한 얽힘 자체입니다.

{ 제8장 }

여인들이 예수의 활동을 돕다

1 그 뒤에 예수께서 고을과 마을을 두루 다니시면서, 하나님의
나라를 선포하며 그 기쁜 소식을 전하셨다. 열두 제자가 예수
와 동행하였다. 2 그리고 악령과 질병에서 고침을 받은 몇몇
여자들도 동행하였는데, 일곱 귀신이 떨어져나간 막달라라고
하는 마리아와 3 헤롯의 청지기인 구사의 아내 요안나와 수산
나와 그 밖에 여러 다른 여자들이었다. 그들은 자기들의 재산
으로 예수의 일행을 섬겼다.

씨 뿌리는 사람의 비유(마 13:1-9; 막 4:1-9)

4 ○ 무리가 많이 모여들고, 각 고을에서 사람들이 예수께로 나
아오니, 예수께서 비유를 들어 말씀하셨다. 5 "씨 뿌리는 사람이

예수와 동행한 여인들이 자기 재산으로 예수와 제자들을 섬겼다고 나오는데, 당시 여자들의 신분은 재산을 소유하고 쓸 정도로 사회적 위치가 좋았나요? 지금도 그렇지만, 당시에도 남자나 여자가 사는 형편은 제각각이었습니다. 예수님의 추종자 중에서도 예수님의 활동을 뒷받침할 만한 경제적 여력이 있는 사람들도 꽤 있었던 것으로 보입니다. 가령 여기 언급된 요안나는 헤롯의 청지기인 구사의 아내입니다. 청지기는 왕가의 집안 살림을 맡아 하는 사람으로, 헤롯의 최측근입니다. 그러니까 구사의 집안 역시 상당히 부유했다고 추정할 수 있습니다. 다른 여인들의 경우는 자세한 사정을 알 길이 없지만, 이름을 따로 언급할 정도로 많은 기여를 한 것으로 보입니다. 여인들의 위상이나 활동 범위 역시 개인이나 각 가정의 상황에 따라 달랐고, 아내가 실질적인 가장 노릇을 하는 경우도 있었습니다. 가정 밖에서 비중 있게 활동하는 여인들 이야기도 어렵지 않게 찾아볼 수 있습니다.

씨를 뿌리러 나갔다. 그가 씨를 뿌리는데, 더러는 길가에 떨어
지니, 발에 밟히기도 하고, 하늘의 새들이 쪼아 먹기도 하였다.
6 또 더러는 돌짝밭에 떨어지니, 싹이 돋아났다가 물기가 없어
서 말라버렸다. 7 또 더러는 가시덤불 속에 떨어지니, 가시덤불
이 함께 자라서, 그 기운을 막았다. 8 그런데 더러는 좋은 땅에
떨어져서 자라나, 백 배의 열매를 맺었다." 이 말씀을 하시고, 예
수께서는 "들을 귀가 있는 사람은 들어라" 하고 외치셨다.

비유로 말씀하신 목적(마 13:10–17; 막 4:10–12)

9 ○ 예수의 제자들이, 이 비유가 무슨 뜻인지를 그에게 물었
다. 10 예수께서 대답하셨다. "너희에게는 하나님나라의 비밀
을 아는 것을 허락해주셨다. 그러나 다른 사람들에게는 비유
로 말하였으니, 그것은 '그들이 보아도 보지 못하고, 들어도

대중을 상대로 말하는 사람은 대중이 잘 알아듣게 말하는 것이 당연하지 않나요? 예수는 왜 알아듣지 못하게 비유로 말하는 것인가요? 예수의 심사가 궁금합니다. 대화의 목적은 소통이지만, 소통하려는 의도에 따라 구체적 방법은 달라집니다. 쉬운 산문으로 정확하게 말할 때도 있다면, 품이 많이 들어야 이해할 수 있는 시를 쓰기도 합니다. 적극적이고 공감적인 개입을 위해 독자를 해석의 과정으로 보다 깊이 끌어들이는 방식입니다. 예수님의 말씀은 구약성경 이사야 선지자의 말을 인용한 것입니다. 표면적으로는 소통 단절의 선언처럼 들리지만, 원래는 불순종하는 사람들에 대한 심판 선고입니다. 예수님께서는 이사야 선지자가 겪었던 상황이 자신에게도 그대로 적용된다고 생각하신 것으로 보입니다. 물론 청중의 이해를 막는 것이 궁극적인 목표일 리는 없습니다. 예수님의 의도는 섣부른 이해, 곧 몸이 따르지 않는 피상적인 이해의 위험을 염려하신 것이라 할 수 있습니다. 그래서 때로는 내부자의 언어, 곧 몸으로 예수님을 따르는 사람들만 이해할 수 있는 언어를 사용해 경계를 선명하게 만듭니다. 헌신 없는 믿음의 허상을 걷어내고, 진정한 깨우침과 순종을 이끌어내기 위한 시도입니다.

깨닫지 못하게 하려는 것'이다."

씨 뿌리는 사람의 비유 해설(마 13:18-23; 막 4:13-20)

11 ○ "그 비유의 뜻은 이러하다. 씨는 하나님의 말씀이다.
12 길가에 떨어진 것들은, 말씀을 듣기는 하였으나, 그 뒤에 악
마가 와서, 그들의 마음에서 말씀을 빼앗아가므로, 믿지 못하
고 구원을 받지 못하게 되는 사람들이다. 13 돌짝밭에 떨어진
것들은, 들을 때에는 그 말씀을 기쁘게 받아들이지만, 뿌리가
없으므로 잠시 동안 믿다가, 시련의 때가 오면 떨어져나가는
사람들이다. 14 가시덤불에 떨어진 것들은, 말씀을 들었으나,
살아가는 동안에 근심과 재물과 인생의 향락에 사로잡혀서,
열매를 맺는 데에 이르지 못하는 사람들이다. 15 그리고 좋은
땅에 떨어진 것들은, 바르고 착한 마음으로 말씀을 듣고서, 그
것을 굳게 간직하여 견디는 가운데 열매를 맺는 사람들이다."

말씀을 들어도 근심과 재물과 인생의 향락에 사로잡혀 열매를 맺는 데 이르지 못한다는 것은 무슨 의미인가요? 복음은 다가올 하나님나라를 기대하며, 하나님의 뜻을 따라 살도록 요구합니다. 제대로 된 삶에 대한 비전은 누구에게나 가슴 벅찬 일이라, 그 말씀에 공감하며 길을 나서는 이들은 많습니다. 그러나 올바른 길일수록 힘겨울 때가 많습니다. 그래서 중도에 포기하는 경우도 허다합니다. 또 살면서 생기는 온갖 걱정거리에 사로잡혀 방향 감각을 잃거나, 돈에 대한 욕심이 점점 커지면서 신앙적 비전이 흐려지거나, 인생의 이런저런 향락에 맛을 들여 올바른 삶에 대한 열정을 잃기도 합니다. 처음엔 잘 믿고 시작했지만, 다양한 '현실'의 무게로 인해 신앙적 삶을 포기하는 경우들입니다. 믿는 사람처럼 보이지만, 실제 삶은 세상의 흐름을 따라가는 경우들입니다. 이런 경우에는 그 사람 속에 심겨진 복음의 씨앗이 제대로 자라지 못하고, 결국 아무런 변화도 생겨나지 않습니다. 그러니까 씨는 잘 심었지만, 제대로 자라나지 못해 결국 '열매를 맺지 못하는' 상황이 된 것입니다.

비밀은 드러난다(막 4:21-25)

16 ○ "아무도 등불을 켜서, 그릇으로 덮거나, 침대 아래에다
놓지 않고, 등경 위에다가 올려놓아서, 들어오는 사람들이 그
빛을 보게 한다. 17 숨겨둔 것은 드러나고, 감추어둔 것은 알
려져서 환히 나타나기 마련이다. 18 그러므로 너희는 조심하
여 들어라. 가진 사람은 더 받을 것이요, 가지지 못한 사람은
가진 줄로 생각하는 것마저 빼앗길 것이다."

예수의 어머니와 형제들(마 12:46-50; 막 3:31-35)

19 ○ 예수의 어머니와 형제들이 예수께로 왔으나, 무리 때문
에 만날 수 없었다. 20 그래서 사람들이 예수께 전하였다. "선
생님의 어머니와 형제들이 밖에 서서, 선생님을 만나고 싶어
합니다." 21 예수께서 그들에게 말씀하셨다. "하나님의 말씀을

예수가 말하고자 하는 나의 어머니와 형제에 담긴 뜻은 무엇인가요?(21절) 구원은 하나님과 새로운 관계를 맺는 것입니다. 이렇게 맺어지는 믿음의 관계는 다양한 방식으로 묘사될 수 있습니다. 하나님께서 왕으로 다스리는 하나님나라를 말할 수도 있고, 여기서처럼 하나님을 아버지로 맺어진 한 가족으로 묘사할 수도 있습니다. 남다른 유대로 맺어진 가족은 나를 존재하게 하고 내 삶을 지탱하는 삶의 토대입니다. 그래서 가족은 구원 공동체를 설명하는 비유로도 자주 사용됩니다. "나의 어머니요 나의 형제"라는 말은 '내 식구'라는 말이고, 이는 곧 구원 공동체의 일원이라는 선언과 같습니다. 씨 뿌리는 사람에 관한 비유에서도 알 수 있는 것처럼, 예수님의 주된 관심사 중 하나는 말과 삶이 일치하는 신앙, 고백하는 대로 실천하는 신앙입니다(눅 8:15). 6장에서도 주님을 말로 고백하면서 실천하지 않는 사람들을 향한 경고가 나옵니다(눅 6:46-49). 말이 아니라 구체적인 실천이 우리를 하나님의 가족, 곧 구원 공동체의 일원으로 만든다는 교훈입니다.

듣고 행하는 이 사람들이 나의 어머니요, 나의 형제들이다."

풍랑을 잔잔하게 하시다(마 8:23-27; 막 4:35-41)

22 ○ 어느 날 예수께서 제자들과 함께 배에 오르셔서, 그들
에게 말씀하셨다. "호수 저쪽으로 건너가자." 그들이 출발하
여 23 배를 저어가고 있을 때에 예수께서는 잠이 드셨다. 그런
데 사나운 바람이 호수로 내리 불어서, 배에 물이 차고, 그들
은 위태롭게 되었다. 24 그래서 제자들이 다가가서 예수를 깨
우고서 말하였다. "선생님, 선생님, 우리가 죽게 되었습니다."
예수께서 깨어나서, 바람과 성난 물결을 꾸짖으시니, 바람과
물결이 곧 그치고 잔잔해졌다. 25 예수께서 그들에게 말씀하
셨다. "너희의 믿음이 어디에 있느냐?" 그들은 두려워하였고,
놀라서 서로 말하였다. "이분이 도대체 누구시기에 바람과 물
을 호령하시니, 바람과 물조차도 그에게 복종하는가?"

바람과 물을 잔잔케 한 예수는 왜 다짜고짜 제자들에게 '믿음'에 대해 추궁한 건가요? 복음서의 이야기는 예수님께서 자신을 드러내는 과정입니다. 특별히 제자들에게는 더욱 그렇습니다. 제자들은 예수님의 말씀과 행적을 통해 그분에 대한 올바른 깨달음을 얻고, 그분을 향한 믿음을 토대로 사는 법을 배워야 했습니다. 그런 점에서 삶에서 마주치는 다양한 상황들은 제자들의 믿음을 확인하고 성장하게 하는 계기이기도 합니다. 갈릴리 호수에서 마주친 거센 풍랑도 그중 하나입니다. 배가 침몰할 위기 상황에서 다급한 제자들은 예수님께 도움을 요청하고, 예수님께서는 바람과 거센 파도를 꾸짖어 호수를 잔잔하게 만드십니다. 그리고 제자들의 행동에 '믿음'이 보이지 않는다고 지적하십니다. 그들은 "이분이 도대체 누구시기에?" 하며 놀라지만, 어쩌면 그들은 이미 예수님께서 바람과 파도를 호령할 수 있는 분임을 알아야 했습니다. 그냥 따라다니지만 말고, 제대로 보고 깨우치며, 예수님을 확실하게 신뢰하는 좋은 제자로 성장하라는 의도가 담긴 꾸지람입니다.

귀신 들린 사람을 고치시다(마 8:28-34; 막 5:1-20)

26 ○ 그들은 갈릴리 맞은편에 있는 거라사 지방에 닿았다.
27 예수께서 뭍에 내리시니, 그 마을 출신으로서 귀신 들린 사
람 하나가 예수를 만났다. 그는 오랫동안 옷을 입지 않은 채,
집에서 살지 않고, 무덤에서 지내고 있었다. 28 그가 예수를
보고, 소리를 지르고서, 그 앞에 엎드려서, 큰 소리로 말하였
다. "더없이 높으신 하나님의 아들 예수님, 당신이 나와 무슨
상관이 있습니까? 제발 나를 괴롭히지 마십시오." 29 예수께
서 이미 악한 귀신더러 그 사람에게서 나가라고 명하셨던 것
이다. 귀신이 여러 번 그 사람을 붙잡았기 때문에, 사람들이
그를 쇠사슬과 쇠고랑으로 묶어서 감시하였으나, 그는 그것을
끊고, 귀신에게 몰려서 광야로 뛰쳐나가곤 하였다. 30 예수께
서 그에게 물으셨다. "네 이름이 무엇이냐?" 그가 대답하였다.
"군대입니다." 많은 귀신이 그 사람 속에 들어가 있었기 때문
이다. 31 귀신들은 자기들을 지옥에 보내지 말아 달라고 예수
께 간청하였다.
32 ○ 마침 그곳 산기슭에, 놓아기르는 큰 돼지 떼가 있었다.

군대라는 귀신들, 귀신 들린 사람, 돼지들의 죽음 등으로 이루어지는 이야기가 다소 길게 소개되어 있습니다. 그만큼 이 이야기는 중요했나요? 귀신은 하나님의 통치를 거부하는 악한 세력입니다. 귀신 들린 사람은 삶의 토대인 집을 벗어나 황무지로 뛰쳐나가고, 정상적인 삶의 상징인 옷을 벗은 채 죽음의 장소인 무덤가를 배회합니다(27, 29절). 사람이 통제할 수 없는 무서운 세력입니다(29절). '군대'라는 이름은 '많은 귀신', 곧 더없이 강력한 세력을 나타냅니다(30절). 그러나 예수님께서는 '더없이 높으신 하나님의 아들'의 힘으로 귀신을 제압하고 그 사람에게서 귀신을 쫓아내서 정상적인 삶을 회복하게 하십니다. 쫓겨난 귀신들은 돼지의 몸을 빌

귀신들은 자기들을 그 돼지들 속으로 들어가게 허락해달라고
예수께 간청하였다. 예수께서 허락하시니, 33 귀신들이 그 사
람에게서 나와서, 돼지들 속으로 들어갔다. 그래서 그 돼지 떼
는 비탈을 내리달아서 호수에 빠져서 죽었다. 34 돼지를 치던
사람들이 이 일을 보고, 도망가서 읍내와 촌에 알렸다. 35 그
래서 사람들이 일어난 그 일을 보러 나왔다. 그들은 예수께로
와서, 귀신들이 나가버린 그 사람이 옷을 입고 제정신이 들어
서 예수의 발 앞에 앉아 있는 것을 보고, 두려워하였다. 36 처
음부터 지켜본 사람들이, 귀신 들렸던 사람이 어떻게 해서 낫
게 되었는가를 그들에게 알려주었다. 37 그러자 거라사 주위
의 고을 주민들은 모두 예수께, 자기들에게서 떠나달라고 간
청하였다. 그들이 큰 두려움에 사로잡혔기 때문이다. 그래서
예수께서는 배에 올라 되돌아가시는데, 38 귀신이 나간 그 사
람이 예수와 함께 있게 해달라고 애원하였으나, 예수께서는
그를 돌려보내시며 이렇게 말씀하셨다. 39 "네 집으로 돌아가
서, 하나님께서 네게 하신 일을 다 이야기하여라." 그 사람이
떠나가서, 예수께서 자기에게 하신 일을 낱낱이 온 읍내에 알
렸다.

려 호수에 빠져 몰사합니다. 아직 최종 멸망(지옥)의 때는 아니지만, 예수님의 능력 앞에서 귀신의 세력은 이미 파멸하는 중이며, 치유된 사람은 '집'으로 돌아가 정상적인 삶을 회복합니다(38-39절). 반면 마을 사람들은 생명을 회복하시는 예수님이 무서워 오히려 떠나달라고 요청합니다(37절). 하지만 예수님의 이야기는 이를 경험하고 목격한 사람들을 통해 더 널리 전해질 것입니다(36, 39절). 비유대인 거주지에서 일어난 일 중 하나입니다.

하혈하는 여자를 낫게 하시고 야이로의 딸을 살리시다

(마 9:18–26; 막 5:21–43)

40 ○ 예수께서 돌아오시니, 무리가 그를 환영하였다. 그들은
모두 예수를 기다리고 있었던 것이다. 41 그때에 야이로라는
사람이 왔다. 이 사람은 회당장이었다. 그가 예수의 발 앞에 엎
드려서, 자기 집으로 가시자고 간청하였다. 42 그에게 열두 살
쯤 된 외동딸이 있는데, 그 딸이 죽어가고 있었기 때문이다. 예
수께서 야이로의 집으로 가시는데, 무리가 예수를 밀어댔다.
43 무리 가운데 열두 해 동안 혈루증으로 앓는 여자가 있었는
데 [의사에게 재산을 모두 다 탕진했지만] 아무도 이 여자를 고
쳐주지 못하였다. 44 이 여자가 뒤에서 다가와서는 예수의 옷
술에 손을 대니, 곧 출혈이 그쳤다. 45 예수께서 물으셨다. "내
게 손을 댄 사람이 누구냐?" 사람들이 모두 부인하는데, 베드
로가 말하였다. "선생님, 무리가 선생님을 에워싸서 밀치고 있

야이로라는 회당장은 어떤 일을 하는 사람인가요? 정결함과 거리가 먼 비유대인 지역을 다니시던 예수님께서 다시 유대인 공동체로 돌아오십니다. 회당장은 회당의 관리와 운영을 맡은 사람입니다. 회당에서의 예배와 율법을 읽고 가르치는 일이 제대로 유지되도록 하는 책임이 있습니다. 사람들이 율법의 계명을 제대로 준수하도록 하는 것도 그의 역할 중 하나였습니다. 예수님을 향한 적대적 분위기가 강한 당시 상황에서, 회당장이 예수님의 발 앞에 엎드려 도움을 청하는 일은 쉽지 않았을 것입니다. 예수님께서 나사렛 회당에서 쫓겨나 살해 위협을 당했던 사건과 비교하면, 역설적이면서도 의미심장한 장면이기도 합니다. 야이로의 집으로 가던 중 딸의 죽음이 알려지지만, 예수님께서는 그에게 "두려워하지 말고 믿기만 하라"고, "그러면 딸이 나을 것이라"고 말씀하십니다(50절). 그리고 예수님을 비웃는 사람들 앞에서 아이를 살려내십니다. 이처럼 예수님께서는 사람들 사이의 온갖 경계를 넘나들며 하나님의 능력을 드러내십니다.

습니다." 46 그러자 예수께서 말씀하셨다. "누군가가 내게 손
을 댔다. 나는 내게서 능력이 빠져나간 것을 알고 있다." 47 그
여자는 더 이상 숨길 수 없음을 알고서, 떨면서 나아와 예수께
엎드려서, 그에게 손을 댄 이유와 또 곧 낫게 된 경위를 모든
백성 앞에 알렸다. 48 그러자 예수께서 그 여자에게 말씀하셨
다. "딸아, 네 믿음이 너를 구원하였다. 평안히 가거라."
49 ○ 예수께서 아직 말씀을 계속하시는데, 회당장의 집에서
사람이 와서 말하였다. "따님이 죽었습니다. 선생님을 더 괴
롭히지 마십시오." 50 예수께서 들으시고 나서, 회당장에게
말씀하셨다. "두려워하지 말고, 믿기만 하여라. 딸이 나을 것
이다." 51 그리고 그 집에 이르러서, 베드로와 요한과 야고보
와 그 아이의 부모밖에는, 아무도 함께 들어가는 것을 허락하
지 않으셨다. 52 사람들은 모두 울며 그 아이에 대해 슬퍼하
고 있었다. 예수께서 말씀하셨다. "울지 말아라. 아이가 죽은
것이 아니라, 자고 있다." 53 그들은 아이가 죽었음을 알고 있

예수는 의사도 못 고친 여자의 병을 고치고, 죽은 소녀를 살려내는 기적을 계속 보여줍니다. 그의 능력은 어디에서 온 것인가요? 풍랑을 잠잠하게 하신 사건에서 제자들은 "이분이 도대체 누구시기에?" 하고 자문합니다. 이후 귀신 들린 사람을 치유하는 장면에서 군대 귀신들은 예수님이 바로 '지극히 높으신 하나님의 아들'이라는 사실을 알아챕니다. 물론 이는 복음서 처음부터 분명히 드러난 사실이기도 합니다(눅 1:32, 35). 예수님은 시종일관 하나님의 뜻을 이 땅에 펼치는 하나님의 아들로 그려집니다. 그래서 그분에게는 '주의 성령'이 주어집니다. 예수님께서는 언제나 하나님의 성령에 이끌리십니다. 하나님의 능력으로 사람들을 가르치고 아픈 사람을 치유하며, 심지어 죽은 사람을 살려내십니다. 이런 일들을 통해 멀리 있던 사람들이 다시 돌아와 하나님의 통치에 복종하도록 만드십니다. 그래서 예수님께서는 사람들에게 믿음을 요구하십니다. 예수님을 통해 하나님의 통치가 구현된다는 사실을 받아들이는 믿음이며, 그 믿음으로 하나님께 순종하는 믿음입니다.

으므로, 예수를 비웃었다. 54 예수께서 아이의 손을 잡으시
고 말씀하셨다. "아이야, 일어나라." 55 그러자 그 아이의 영
이 돌아와서, 아이가 곧 일어났다. 예수께서는 먹을 것을 아이
에게 주라고 지시하셨다. 56 아이의 부모는 놀랐다. 예수께서
이 일을 아무에게도 말하지 말라고 그들에게 명하셨다.

{ 제9장 }

열두 제자를 선교에 파송하다(마 10:5-15; 막 6:7-13)

1 예수께서 그 열둘을 한자리에 불러놓으시고, 모든 귀신을 제
어하고 병을 고치는 능력과 권능을 주시고, 2 하나님나라를
선포하며 병든 사람을 고쳐주게 하시려고 그들을 내보내시며
3 그들에게 말씀하셨다. "길을 떠나는 데는, 아무것도 가지고

제자들을 보내며 능력과 권능을 주지만, 그들에게 주는 예수의 당부는 어딘가 좀 달라 보입니다. 무슨 속뜻이 있는 건가요? 제자들은 예수님으로부터 배우면서 또한 하나님나라를 선포하는 예수님의 활동에 동참합니다. 예수님처럼 그들의 선포 역시 귀신을 이기고 병을 치유하는 능력을 드러냅니다. 복음 선포를 위해 길을 떠나는 제자들에게 예수님께서 내리신 명령은 지나친 행장을 하지 말라는 것이 아닙니다. 오히려 경비를 위한 지갑이나 안전을 위해 휴대하는 지팡이처럼 여행에 필요한 최소한의 대비책조차 갖추지 말라는 요구입니다. 영적인 능력으로 무장한 모습이 물질적 간소함과 좋은 대조를 이룹니다. 복음 선포자들은 구걸이나 다른 수단 대신, 어느 집을 가든 그 가정의 환대에 의존해야 합니다. 당시 문화와 종교에서는 나그네나 방문자를 환대하는 것이 매우 중요한 덕목의 하나로 여겨졌습니다. 물론 이 환대는 복음을 환영하고 받아들인다는 뜻입니다. 거부하는 이들에게 '화'가 미치는 것이 바로 그런 이유입니다.

가지 말아라. 지팡이도 자루도 빵도 은화도 가지고 가지 말고,
속옷도 두 벌씩은 가지고 가지 말아라. 4 어느 집에 들어가든
지, 거기에 머물다가, 거기에서 떠나거라. 5 어디에서든지 사
람들이 너희를 영접하지 않거든, 그 고을을 떠날 때에 너희 발
에 묻은 먼지를 떨어버려서, 그들을 거스르는 증거물로 삼아
라." 6 제자들은 나가서, 여러 마을을 두루 다니면서, 곳곳에
서 복음을 전하며, 병을 고쳤다.

헤롯이 불안에 사로잡히다(마 14:1-12; 막 6:14-29)

7 ○ 분봉왕 헤롯은 이 모든 일을 듣고서 당황하였다. 왜냐하
면, 어떤 사람들은 요한이 죽은 사람들 가운데서 살아났다고
하고, 8 또 어떤 사람들은 엘리야가 나타났다고 하고, 또 어떤
사람들은 옛 예언자 가운데 한 사람이 살아났다고 말하기 때
문이었다. 9 그러나 헤롯은 이렇게 말하였다. "요한은 내가 목

헤롯은 왜 불안을 느낀 건가요? 그는 예수를 만났나요? 헤롯에게는 세례 요한 같은 예언자의 하나님나라 선포와 이에 대한 대중의 열광적 지지가 매우 위험한 정치적 위협으로 받아들여졌습니다. 그래서 결국 헤롯은 요한을 처형했습니다. 그런데 예수라는 사람이 나타났고, 그는 요한보다 더 광범위한 행보를 이어갑니다. 아예 자기 제자들을 조직적으로 파송해 자신의 메시지를 퍼뜨리기도 합니다. 많은 사람들은 이런 예수님의 행보에서 환생한 세례 요한의 모습을 보았습니다. 혹은 마지막 때 나타날 것으로 기대되는 선지자들의 이름이 사람들의 입에 오르내립니다. 새로운 시대에 대한 대중의 기대는 헤롯으로서는 정치적 파멸을 의미합니다. 그래서 그는 당황하고, 이 예수라는 존재를 만나고 싶어 합니다. 그분의 실체를 파악하고 정치적 위협을 제거하고 싶었기 때문입니다. 이후 예수님께서 체포된 후 마침 예루살렘에 와 있던 헤롯 앞에서 신문을 받으시는데, 이때 예수님의 '무기력함'을 확인한 헤롯은 그분을 조롱하는 것으로 사건을 종결하고, 빌라도와 한패가 됩니다(눅 23:6-12).

을 베어 죽였는데, 내게 이런 소문이 파다하게 들리는 사람은 누구인가?" 그는 예수를 만나고 싶어 하였다.

오천 명을 먹이시다(마 14:13–21; 막 6:30–44; 요 6:1–14)

10 ○ 사도들이 돌아와서, 자기들이 한 모든 일을 예수께 이야
기하였다. 예수께서는 그들을 데리고, 따로 벳새다라고 하는
고을로 물러가셨다. 11 그러나 무리가 그것을 알고서, 그를 따
라갔다. 예수께서는 그들을 맞이하셔서, 하나님나라를 말씀해
주시고, 또 병 고침을 받아야 할 사람들을 고쳐주셨다.
12 ○ 그런데 날이 저물기 시작하니, 열두 제자가 다가와서,
예수께 말씀드렸다. "무리를 헤쳐 보내어, 주위의 마을과 농가
로 찾아가서 잠자리도 구하고 먹을 것도 구하게 하십시오. 우
리가 있는 여기는 빈 들입니다." 13 그러나 예수께서는 그들에
게 말씀하셨다. "너희가 그들에게 먹을 것을 주어라." 그들이

5천 명에게 음식을 나눠주기 전에 손을 들고 하늘을 우러러 쳐다보고 축복하는 등 예수가 했던 행동들은 의식 같은 건가요? 하늘은 하나님을 가리키는 간접적 표현이었다는 점을 생각하면, '하늘을 우러러' 보는 행위가 하나님 앞에 서는 마음가짐을 나타낼 수 있습니다(욥 22:26). 그런 점에서 '하늘을 우러러' 기도하는 행동 역시 매우 자연스럽습니다. 하지만 이런 행동 자체가 어떤 필수적인 의식으로 정착된 건 아니었습니다. 사실 경우에 따라서는 '하늘을 우러러보는' 행위가 하나님 대신 하늘에 있는 해와 달과 별들에 대한 우상숭배의 몸짓일 수도 있습니다(신 4:19). 중요한 것은 하늘을 우러르는 행위가 아니라, 하나님을 향한 감사와 축복의 마음입니다. 여기 활용된 동사들, 곧 떡을 '들고' '축복하시고' '떼어' 제자들에게 '주시는' 모습은 최후의 만찬 이야기에서도 그대로 재현됩니다. 바울 역시 그 전승을 알고 소개합니다(고전 11:23–27). 그래서 당시 신자들은 '하늘을 우러러'라는 대목보다는, 이 기적적인 사건과 성찬과의 유사함을 의식하며 이 이야기를 읽었을 가능성이 높습니다.

말하였다. "우리에게는 빵 다섯 개와 물고기 두 마리밖에 없습
니다. 우리가 나가서, 이 모든 사람이 다 먹을 수 있을 만큼 먹
을 것을 사지 않으면, 안 되겠습니다." 14 거기에는 남자만도
약 오천 명이 있었다. 예수께서 제자들에게 말씀하셨다. "사람
들을 한 오십 명씩 떼를 지어서 앉게 하여라." 15 제자들이 그
대로 하여, 모두 다 앉게 하였다. 16 예수께서 빵 다섯 개와 물
고기 두 마리를 손에 들고, 하늘을 우러러 쳐다보시고 그것들
을 축복하신 다음에, 떼어서 제자들에게 주시고, 무리 앞에 놓
게 하셨다. 17 그들은 모두 배불리 먹었다. 그리고 남은 부스
러기를 주워 모으니, 열두 광주리나 되었다.

베드로가 예수를 그리스도로 고백하다(마 16:13-19; 막 8:27-29)

18 ○ 예수께서 혼자 기도하고 계실 때에, 제자들이 그와 함께
있었다. 예수께서 제자들에게 물으셨다. "사람들이 나를 누구

베드로의 대답을 들은 후 예수가 함구령을 내린 까닭은 무엇인가요? 4장에서 예수님께서는 귀신들이 말하는 것을 금하셨습니다. "그들이 그가 메시아/그리스도라는 사실을 알았기 때문"이었습니다(눅 4:40-41). 정황은 다르지만, 예수님께서는 제자들의 올바른 고백이 아직은 매우 부분적인 지식에 기반을 둔 것이고, 그래서 위험한 오해를 야기할 수 있는 상태라고 생각하셨을 가능성이 큽니다. 금지 명령 바로 뒤에는 처음으로 예수님께서 자신의 수난을 예고하는 이야기가 이어집니다. 물론 '고난받는 메시아'는 당시 유대인들의 기대를 완전히 벗어나는 급진적인 발상입니다. 누가복음서에는 생략되었지만, 같은 장면을 보도하는 마태와 마가의 기록에는 제자들이 예수님의 수난 예고에 강하게 저항하는 이야기가 수록되어 있습니다. 누가는 그 저항 장면을 생략하는 대신, 제자들이 아직은 예수님의 메시아 됨을 아무에게도 말할 수 없는 상태로 소개합니다. 명시적인 것은 아니지만, 그들의 메시아 고백이 예수님의 수난까지 포함하는 성숙한 고백이 아니었음을 짐작하게 합니다.

라고 하느냐?" 19 그들이 대답하였다. "세례자 요한이라고 합
니다. 그러나 엘리야라고 하는 사람들도 있고, 옛 예언자 가운
데 한 사람이 살아났다고 하는 사람들도 있습니다." 20 예수
께서 그들에게 물으셨다. "그러면 너희는 나를 누구라고 하느
냐?" 베드로가 대답하였다. "하나님의 그리스도이십니다."

예수께서 자기의 죽음과 부활을 예고하시다

(마 16:20-28; 막 8:30-9:1)

21 ○ 그런데 예수께서는 그들에게 엄중히 경고하셔서, 이것을
아무에게도 말하지 말라고 명하시고, 22 말씀하셨다. "인자가
반드시 많은 고난을 받고, 장로들과 대제사장들과 율법학자들
에게 배척을 받아 죽임을 당하고서, 사흘날에 살아나야 한다."
23 ○ 그리고 예수께서 모든 사람에게 말씀하셨다. "나를 따
라오려는 사람은, 자기를 부인하고, 날마다 자기 십자가를 지
고, 나를 따라오너라. 24 누구든지 제 목숨을 구하려고 하는
사람은 잃을 것이요, 누구든지 나를 위하여 제 목숨을 잃는 사
람은 목숨을 구할 것이다. 25 사람이 온 세상을 얻고도 자기를

23-27절에서 예수가 말한 내용들엔선 자못 비장함이 느껴집니다. 이 이야기의 본뜻은 무엇인가요? 신앙이란 메시아이신 예수님의 뒤를 따르는 삶을 의미합니다. 예수님을 따르겠다는 이 결정적 선택은 동시에 그와 양립할 수 없는 삶의 태도를 포기하겠다는 결단이기도 합니다. 여기에는 '자신을 부정하는' 행위, 그러니까 '날마다 자신의 십자가를 메는' 모습이 요구됩니다. 십자가는 치욕스러운 사형 도구입니다. 죽음을 각오하라는 말씀이지만, 다른 복음서와 달리 누가는 여기에 '날마다'라는 수식을 덧붙입니다. 그러니까 매일 '죽을 각오로' 예수님을 따르라는 것입니다. 이렇게 자기를 부정하는 삶은 이 땅에서 우리의 관심을 지배하는 이기적인 욕

잃거나 빼앗기면, 무슨 이득이 있겠느냐? 26 누구든지 나와
내 말을 부끄럽게 여기면, 인자도 자기의 영광과 아버지와 거
룩한 천사들의 영광에 싸여 올 때에, 그 사람을 부끄럽게 여길
것이다. 27 내가 진정으로 너희에게 말한다. 여기에 서 있는
사람 가운데는, 죽기 전에 하나님나라를 볼 사람들이 있다."

영광스러운 모습으로 변모하시다(마 17:1-8; 막 9:2-8)

28 ○ 이 말씀을 하신 뒤에, 여드레쯤 되어서, 예수께서는 베
드로와 요한과 야고보를 데리고, 기도하러 산에 올라가셨다.
29 예수께서 기도하고 계시는데, 그 얼굴 모습이 변하고, 그
옷이 눈부시게 희어지고 빛이 났다. 30 그런데 갑자기 두 사
람이 나타나 예수와 더불어 말을 하고 있었다. 그들은 모세와
엘리야였다. 31 그들은 영광에 싸여 나타나서, 예수께서 예루
살렘에서 이루실 일 곧 그의 떠나가심에 대하여 말하고 있었
다. 32 베드로와 그 일행은 잠을 이기지 못해서 졸다가, 깨어
나서 예수의 영광을 보고, 또 그와 함께 서 있는 그 두 사람을
보았다. 33 그 두 사람이 예수에게서 막 떠나가려고 할 때에,

망을 포기하는 삶입니다. 이것이 인자 예수님께서 아버지와 거룩한 천사들의 영광으로 오실 때 영광을 획득하는 일, 곧 궁극적 의미에서 자신의 목숨을 구하는 선택이 됩니다. 어리석은 부자처럼(눅 12:16-21), 혹은 비유 속의 탐욕스러운 부자처럼(눅 16:19-31), 자신을 위해 재산을 잔뜩 쌓으면서 하나님께서 원하시는 삶에서는 빈약하기 짝이 없었던 사람들은 결국 자신의 영원한 목숨을 상실하게 됩니다.

베드로가 예수께 말하였다. "선생님, 우리가 여기서 지내는
것이 좋겠습니다. 우리가 초막 셋을 지어서, 하나에는 선생님
을, 하나에는 모세를, 하나에는 엘리야를 모시겠습니다." 베
드로는 자기가 무슨 말을 하는지도 모르고, 그렇게 말하였다.
34 그가 이렇게 말하고 있는데, 구름이 일어나서 그 세 사람
을 휩쌌다. 그들이 구름 속으로 들어가니, 제자들은 두려움에
사로잡혔다. 35 그리고 구름 속에서 소리가 났다. "이는 내 아
들이요, 내가 택한 자다. 너희는 그의 말을 들어라." 36 그 소
리가 끝났을 때에, 예수만이 거기에 계셨다. 제자들은 입을 다
물고, 그들이 본 것을 얼마 동안 아무에게도 알리지 않았다.

귀신 들린 소년을 고치시다(마 17:14-18; 막 9:14-27)

37 ○ 다음 날 그들이 산에서 내려오니, 큰 무리가 예수를 맞

산 위에서 벌어진 특별한 광경은 지금까지의 이야기들과 전혀 다른 분위기의 내용입니다. 난데없어 보이는 이 이야기의 의미는 무엇인가요? 평소 예수님의 메시아적 영광은 그분의 가르침과 놀라운 행적을 통해 간접적으로 드러났습니다. 그런데 이 흥미로운 이야기에서는 메시아의 영광이 보다 직설적인 모습으로 드러납니다. 이 영광스러운 모습은 자칫 잊기 쉬운 사실, 곧 예수님께서 하나님의 선택을 받은 하나님의 사랑하는 아들이라는 사실, 그리고 예수님은 우리가 절대 복종하며 따라야 할 분이라는 사실을 일깨워줍니다. 흥미롭게도 예수님의 영광이 가장 선명하게 드러나는 이 순간, 예수님께서는 구약성경의 대표적 선지자인 모세, 엘리야와 더불어 자신이 장차 예루살렘에서 수행해야 할 결정적 임무, 곧 자신의 '떠나감'(헬라어로 엑소도스, 영어로 엑소더스)에 관해 대화를 나누십니다. '엑소도스'는 이스라엘의 이집트 탈출을 가리키는 말이기도 합니다. 예수님의 죽음이 자기 백성을 죄로부터 건져내는 제2의 '출애굽'이라는 해석이 가능한 대목입니다. 제자들의 졸음과 정신없는 말은 그들이 메시아의 영광을 아직은 깨닫지 못하고 있음을 보여줍니다.

이하였다. 38 그런데 무리 가운데서 한 사람이 소리를 크게
내서 말하였다. "선생님, 내 아들을 보아주십시오. 그 아이는
내 외아들입니다. 39 귀신이 그 아이를 사로잡으면, 그 아이
는 갑자기 소리를 지릅니다. 또 귀신은 아이에게 경련을 일으
키고, 입에 거품을 물게 합니다. 그리고 아이를 상하게 하면
서 좀처럼 떠나지 않습니다. 40 그래서 선생님의 제자들에게
귀신을 내쫓아달라고 청하였으나, 그들은 해내지를 못했습니
다." 41 예수께서 대답하셨다. "아! 믿음이 없고, 비뚤어진 세
대여! 내가 언제까지 너희와 함께 있어야 하며 너희를 참아주
어야 하겠느냐? 네 아들을 이리로 데려오너라." 42 아이가 예
수께로 오는 도중에도, 귀신이 그 아이를 거꾸러뜨리고, 경련
을 일으키게 하였다. 예수께서는 그 악한 귀신을 꾸짖으시고,
아이를 낫게 하셔서, 그 아버지에게 돌려주셨다. 43 사람들은
모두 하나님의 위대한 능력을 보고 놀랐다.

귀신을 쫓아내지 못한 제자들에게 예수는 왜 "믿음이 없고 비뚤어진 세대"(41절)라고 말한 건가요? 예수님께서 제자들을 엄하게 혼내시는, 드문 장면입니다. 앞서 예수님께서는 제자들에게 '모든 귀신'을 쫓아내는 능력을 주셨습니다(눅 9:1). 그런데 제자들은 귀신을 쫓아내는 데 실패합니다. 이 처참한 실패는 어떤 모습으로든 불신앙에 해당하는 태도가 있었음을 시사합니다. 예수님께서는 그들을 "믿음이 없고 비뚤어진 세대"라 꾸짖으십니다. 이 표현은 '신실하신'(faithful) 하나님과 달리, '비틀리고 비뚤어진 세대'처럼 굴던 광야 이스라엘을 가리키는 표현입니다(신 32:4-5). 다양한 상황에서 애매하게 행동하던 제자들이 여기서는 아예 믿음이 없는 것처럼 그려집니다. 예수님의 활동을 공유해야 할 제자라는 점에서, 이 불신앙은 치명적입니다. 예수님의 분노는 주어진 능력과 그 능력을 드러내지 못하는 불신앙 사이의 역설적 격차를 겨냥합니다. 예수님의 수난에 관한 그들의 계속된 무지와 두려움도 이런 상황과 무관치 않아 보입니다(눅 9:21-22). 예수님을 따르지 않으면서도 예수님의 이름으로 귀신을 쫓는 사람의 존재는 이들의 실패를 더욱 뼈아프게 만듭니다(눅 9:49-50).

자신의 죽음을 예고하시다(마 17:22-23; 막 9:30-32)

○ 사람들이 모두 예수께서 하신 모든 일을 보고, 놀라서 감탄
하고 있을 때에, 예수께서 제자들에게 말씀하셨다. 44 "너희
는 이 말을 귀담아들어라. 인자는 사람들의 손으로 넘어갈 것
이다." 45 그러나 제자들은 이 말씀을 깨닫지 못하였다. 그들
이 그 말씀을 이해하지 못하도록 그 뜻이 숨겨져 있었다. 또한
그들은 그 말씀에 관하여 그에게 묻기조차 두려워하였다.

누가 크냐?(마 18:1-5; 막 9:33-37)

46 ○ 제자들 사이에서는, 자기들 가운데서 누가 가장 큰 사
람이냐 하는 문제로 다툼이 일어났다. 47 예수께서 그들 마음

누가 크냐고 다투는 제자들에게 어린아이 하나를 세우고 예수는 "이 어린이를 영접하면 나를 영접하는 것"이라고 말합니다. 다툼, 어린이, 영접은 서로 무슨 상관이 있는 건가요? 예수님께서는 죽음의 자리인 예루살렘을 향해 가면서, 제자들에게 자기를 부정하고 날마다 자기 십자가를 지고 뒤를 따르라고 가르치십니다. 이런 예수님의 요구는 계속해서 "누가 크냐?"라고 물으며 다투는 제자들의 모습과 극명한 대조를 이룹니다. 안타깝게도 제자들의 이런 모습은 예수님의 체포 시점까지 계속됩니다(눅 22:24). 여기서 제자들의 모습은 예수님의 반대자들의 모습과 유사합니다. 지금 제자들의 모습은 사회적 위상과 명예에 집착하던 당시 사회의 분위기를 그대로 반영합니다. 물론 예수님께서는 그런 관심사의 가치를 근본적으로 부정하십니다. 제자들은 자신을 부정해야 하며, 세상에서의 명예 대신 날마다 십자가를 지는 치욕스러운 희생의 태도를 견지해야 합니다. '어린이'는 당시 사회적 계단의 최하위에 자리합니다. 예수님께서는 그런 어린이를 자신의 옆자리로, 곧 가장 영예로운 자리에 세우십니다. '내 이름으로' 어린이를 영접하라는 말씀은 영예를 폭력적 군림이 아닌 희생적 섬김으로 뒤엎는 가르침입니다. 어린이는 이런 제자도를 가르치기 위한 하나의 실물 교육인 셈입니다.

속의 생각을 아시고, 어린이 하나를 데려다가, 곁에 세우시고,
48 그들에게 말씀하셨다. "누구든지 내 이름으로 이 어린이를
영접하면 나를 영접하는 것이요, 누구든지 나를 영접하면 나
를 보내신 분을 영접하는 것이다. 너희 가운데에서 가장 작은
사람이 큰 사람이다."

너희를 반대하지 않는 사람은 너희의 편이다(막 9:38-40)

49 ○ 요한이 대답하였다. "선생님, 어떤 사람이 선생님의 이
름으로 귀신을 내쫓는 것을 우리가 보았습니다. 그런데 그 사
람은 우리를 따르는 사람이 아니므로, 우리는 그가 그런 일을
하지 못하게 막았습니다." 50 그러나 예수께서는 그에게 말씀
하셨다. "막지 말아라. 너희를 반대하지 않는 사람은 너희를
지지하는 사람이다."

사마리아 사람들이 예수를 맞아들이지 않은 이유는 무엇인가요? 유대인과 사마리아인 사이에는 오랜 세월 축적된 적대감이 자리합니다. 다윗 왕조 이후 남북 왕국의 분리, 북왕국 사마리아의 멸망과 비유대 민족의 유입, 귀환 이후 성전과 예루살렘 재건 과정에서 드러난 유대 세력과 사마리아 세력 간의 갈등, 이후 유다 하스모니안 왕조의 사마리아 박해 및 그리심산 성전 파괴 등의 이야기는 이 두 그룹 사이의 적대감을 잘 설명해줍니다. 유대인은 사마리아인을 이방인 내지는 언약의 주변인처럼 여겼습니다. 사마리아인 역시 유대인의 예루살렘 중심 역사관을 부정하며, 자기들 나름의 신앙 전통과 관행을 고수했습니다. 그래서 사마리아인들이 예루살렘 중심의 신학을 견지한 예수님과 제자 무리를 거부한 것은 일견 자연스럽습니다. 오히려 통상적인 우회로 대신 사마리아를 관통하기로 한 예수님의 결정이 특이해 보입니다. 제자들은 예언자 엘리야가 했던 것처럼 '거룩한 진노'의 응징을 원했지만, 예수님께서는 그들의 태도를 꾸짖으십니다. 예수님의 행보는 그와는 다른 것이기 때문입니다.

사마리아의 동네가 예수를 영접하지 아니하다

51 ○ 예수께서 하늘에 올라가실 날이 다 되었다. 그래서 예수
께서는 예루살렘에 가시기로 마음을 굳히시고 52 심부름꾼들
을 앞서 보내셨다. 그들이 길을 떠나서 예수를 모실 준비를 하
려고 사마리아 사람의 한 마을에 들어갔다. 53 그러나 그 마을
사람들은 예수가 예루살렘으로 가시는 도중이므로, 예수를 맞
아들이지 않았다. 54 그래서 제자인 야고보와 요한이 이것을
보고 말하였다. "주님, 하늘에서 불이 내려와 그들을 태워버리
라고 우리가 명령하면 어떻겠습니까?" 55 예수께서 돌아서서
그들을 꾸짖으셨다. 56 그리고 그들은 다른 마을로 갔다.

예수를 따르는 사람은 이렇게 하여야 한다(마 8:19–22)

57 ○ 그들이 길을 가고 있는데, 어떤 사람이 예수께 말하였
다. "나는 선생님이 가시는 곳이면, 어디든지 따라가겠습니
다." 58 예수께서 그에게 말씀하셨다. "여우도 굴이 있고, 하
늘을 나는 새도 보금자리가 있으나, 인자는 머리 둘 곳이 없

장례도 작별 인사도 포기해야 한다면 예수를 따르는 일은 너무 어려워 보입니다. 예수가 원한 게 그런 건가요? 본문에서 예수님의 제자가 되기를 원하는 사람은 예수님을 따르기 위해 최소한의 주변 정리를 위한 시간을 요청합니다. 구약성경 엘리야의 경우와 달리(왕상 19:19–21), 예수님께서는 이 불가피해 보이는, 오히려 바람직한 부모 공경의 절차조차 허용하지 않으십니다. 하나님나라는 통상적 관계의 재편을 야기합니다. 여기 두 사람의 사례는 통상적 관점에서의 가장 바람직한 태도와 하나님나라의 절대적 요구를 대조함으로써, 제자도의 급진적 면모를 적나라하게 드러냅니다. "죽은 자들로 하여금 죽은 이들을 매장하게 하라"라는 말씀은 예수님

다.” 59 또 예수께서 다른 사람에게 “나를 따라오너라” 하고
말씀하셨다. 그러나 그 사람이 말하였다. “[주님,] 내가 먼저
가서 아버지의 장례를 치르도록 허락하여주십시오.” 60 그러
나 예수께서는 그에게 말씀하셨다. “죽은 사람들을 장사하는
일은 죽은 사람들에게 맡겨두고, 너는 가서 하나님나라를 전
파하여라.” 61 또 다른 사람이 말하였다. “주님, 내가 주님을
따라가겠습니다. 그러나 먼저 집안 식구들에게 작별 인사를
하게 해주십시오.” 62 예수께서는 그에게 말씀하셨다. “누구
든지 손에 쟁기를 잡고 뒤를 돌아다보는 사람은 하나님나라에
합당하지 않다.”

을 따르는 일은 기존의 관계 방식을 초월하는 새로운 관계로의 진입이라는 사실을 강조합니다. 하나님나라라는 ‘쟁기’를 잡은 사람에게는 기존 인간관계의 ‘뒤를 돌아보는’ 일이 마땅치 않습니다. 물론 이 말씀이 구체적 상황 자체를 겨냥한 명령이었는지, 상황을 다소 비유적으로 활용하면서 제자도의 급진성을 강조하는 것인지는 생각해볼 여지가 있습니다.

{ 제10장 }

일흔두 사람을 파송하시다

1 이 일이 있은 뒤에, 주님께서는 다른 일흔[두] 사람을 세우
셔서, 친히 가려고 하시는 모든 고을과 모든 곳으로 둘씩 [둘
씩] 앞서 보내시며 2 그들에게 말씀하셨다. "추수할 것은 많
으나, 일꾼이 적다. 그러므로 추수하는 주인에게 추수할 일
꾼을 보내달라고 청하여라. 3 가거라, 내가 너희를 보내는 것
이 양을 이리 가운데로 보내는 것과 같다. 4 전대도 자루도
신도 가지고 가지 말고, 길에서 아무에게도 인사하지 말아
라. 5 어느 집에 들어가든지, 먼저 '이 집에 평화가 있기를 빕
니다!' 하고 말하여라. 6 거기에 평화를 바라는 사람이 있으
면, 너희가 비는 평화가 그 사람에게 내릴 것이요, 그렇지 않
으면, 그 평화가 너희에게 되돌아올 것이다. 7 너희는 한 집

앞에서 12명의 제자를 보냈는데, 이제 다시 72명을 보냅니다. 더 많은 제자를 보낼 만큼 예수의 영향력이 커진 건가요? 누가복음서의 맥락에서 열두 제자 파송 후 다시 72명의 선교사를 파송하는 장면은 예수님의 활동이 그만큼 영역을 넓혀가고 있음을 의미합니다. 영향력의 확대라기보다는 경계의 확장입니다. 성경과 유대교 전통에서 숫자 12가 전체 이스라엘을 상징하는 것처럼, 72는 온 세상의 모든 나라를 상징합니다(창 10장). 명시적이지는 않지만, 유대인의 경계를 넘어가는 보편적 선교라는 누가복음서 특유의 주제가 강하게 풍깁니다. 누가복음서에서 이 두 번째 파송 이야기는 예루살렘, 곧 사명의 절정이라 할 수 있는 거부와 수난과 죽음의 장소를 향한 여정의 시작 부분에 등장합니다. 9장 51-62절과 함께 읽으면, 예수님께서 72명의 제자를 '둘씩' 보내신 것은 수난을 향한 자신의 여정을 준비하는 의미가 있습니다. 그래서 여기서는 하나님나라의 복음 선포자에 대한 환영과 평화(구원) 혹은 거부와 저주라는 주제가 훨씬 더 부각됩니다.

에 머물러 있으면서, 거기서 주는 것을 먹고 마셔라. 일꾼이
자기 삯을 받는 것은 마땅하다. 이 집 저 집 옮겨 다니지 말
아라. 8 어느 고을에 들어가든지, 사람들이 너희를 영접하거
든, 너희에게 차려주는 음식을 먹어라. 9 그리고 거기에 있
는 병자들을 고쳐주며 '하나님나라가 너희에게 가까이 왔다'
하고 그들에게 말하여라. 10 그러나 어느 고을에 들어가든
지, 사람들이 너희를 영접하지 않거든, 그 고을 거리로 나가
서 말하기를, 11 '우리 발에 묻은 너희 고을의 먼지를 너희에
게 떨어버린다. 그러나 하나님나라가 가까이 왔다는 것을 알
아라' 하여라. 12 내가 너희에게 말한다. 그날에는 소돔이 그
고을보다 더 견디기 쉬울 것이다."

회개하지 않는 도시에 화가 있으리라(마 11:20–24)

13 ○ "고라신아, 너에게 화가 있다. 벳새다야, 너에게 화가 있

고라신, 벳새다, 가버나움 같은 도시들은 어떤 이유로 이런 저주를 받은 건가요?
구체적 지명이 나오지만, 예수님의 말씀은 '어느 고을'이든 '누구든' 명심해야 할 경고입니다. 하나님나라의 복음은 이를 거부하는 자들에게는 심판의 말씀이 됩니다. '그날'(눅 10:12)은 '심판 날'입니다(눅 10:14). 마태복음서에서 이 저주는 예수님의 능력을 거부하는 청중을 겨냥합니다(마 11:20–24). 반면 누가복음서에서 이 경고의 직접적 이유는 예수님의 제자들을 거부함으로써 다가오는 하나님나라의 복음을 거부했기 때문입니다. 제자들을 거부했다는 것은 그를 파송하신 예수님을 거부했다는 것을 의미하기 때문입니다(눅 10:16). 곧 여기서 "내가 너희에게 행한" 놀라운 일들이란 예수님께서 자기 제자들을 통해 드러내신 놀라운 능력을 가리킵니다. '소돔'은 끝내 회개를 거부하다 하나님의 심판으로 멸망한 '전설적' 사례입니다. 두로와 시돈은 이스라엘이 목격한 하나님나라의 복음을 제대로 목격할 기회가 없었던 이방 도시들입니다. 복음을 거부하는 이들의 완고함을 강조하는 비유적 화법입니다.

다. 내가 너희에게 행한 기적들을 두로와 시돈에서 행했더라
면, 그들은 벌써 베옷을 입고, 재를 뒤집어쓰고 앉아, 회개하
였을 것이다. 14 그러나 심판 날에는 두로와 시돈이 너희보다
더 견디기 쉬울 것이다. 15 가버나움아, 네가 하늘까지 치솟을
셈이냐? 지옥에까지 떨어질 것이다.
16 ○ 누구든지 너희의 말을 들으면 내 말을 듣는 것이요, 누
구든지 너희를 배척하면 나를 배척하는 것이다. 그리고 누구
든지 나를 배척하면, 나를 보내신 분을 배척하는 것이다."

일흔두 사람이 돌아오다

17 ○ 일흔[두] 사람이 기쁨에 차서, 돌아와 보고하였다. "주
님, 주님의 이름을 대면, 귀신들까지도 우리에게 복종합니
다." 18 예수께서 그들에게 말씀하셨다. "사탄이 하늘에서 번

"지혜 있는 사람들과 똑똑한 사람들에게는 감추고 철부지 어린아이들에게는 드러내주셨다"(21절)는 '이 일'은 무엇을 말하는 건가요? 21-22절은 하나님의 아들이신 예수님의 위상을 다시금 보여줍니다('아버지'라는 말이 일곱 번이나 반복됩니다). 예수님의 모든 활동은 하나님의 아들다운 행동, 곧 아버지의 뜻을 완전하게 수행하는 일입니다. 그래서 예수님의 활동은 시종일관 성령의 능력에 의해 이루어집니다(21절). 이 기도에는 기쁨의 어조가 두드러집니다. 그런 점에서 바로 앞의 72명 제자 파송 이야기와 긴밀하게 연결됩니다. 예수님과 그분의 제자들을 통해 드러나는 하나님나라는 인간적 차원에서 지혜로운 사람들이 아니라 '철부지 어린아이들'과 같은 이들에게 드러납니다. 하나님나라가 세속적 지혜와 어긋나는 것은 그 '지혜'를 지혜롭게 보이도록 만드는 통상적 기대와 욕망을 거스르기 때문입니다. 그래서 잘나가는 사람들은 통상적 기대를 뒤집는 예수님과 하나님나라의 복음을 거부하다 배척당하고, 주변인들은 그 복음을 믿고 하나님께 받아들여지는 '거대한 역전' 드라마를 만들어냅니다. 9장 46-48절에서도 드러났던 주제입니다.

갯불처럼 떨어지는 것을 내가 보았다. 19 보아라, 내가 너희에
게 뱀과 전갈을 밟고, 원수의 모든 세력을 누를 권세를 주었으
니, 아무것도 너희를 해하지 못할 것이다. 20 그러나 귀신들
이 너희에게 굴복한다고 해서 기뻐하지 말고, 너희의 이름이
하늘에 기록된 것을 기뻐하여라."

예수의 감사 기도(마 11:25–27; 13:16–17)

21 ○ 그때에 예수께서 성령으로 기쁨에 차서 이렇게 아뢰었
다. "하늘과 땅의 주님이신 아버지, 이 일을 지혜 있는 사람들
과 똑똑한 사람들에게는 감추시고, 철부지 어린아이들에게는
드러내주셨으니, 감사합니다. 그렇습니다, 아버지! 이것이 아
버지의 은혜로우신 뜻입니다. 22 아버지께서 모든 것을 내게
맡겨주셨습니다. 아버지밖에는 아들이 누구인지 아는 사람이

율법교사는 궁금한 것을 물어보면 그만이지, 어떤 의도에서 예수에게 '영생을 얻는 방법'을 물으며 시험한 것인가요? 당시 유대 사회의 지도자들에게 예수님의 하나님나라 메시지는 매우 위험한 도전이었습니다. 그래서 예수님께서는 자주 이들과 충돌하고 논쟁하며 점점 적대적 관계가 되어갑니다. 그들은 자주 예수님을 '시험'(test)하고 도전합니다(눅 17:20; 20:1–8). 예수님의 문제점을 폭로함으로써 그분의 신뢰성을 무너뜨리려는 '네거티브' 전략입니다. 율법교사는 이런 세력의 일부입니다(눅 5:17–19; 9:22). 그의 구도자적 겸허함은 사실 예수님을 책잡으려는 정치적 몸짓이었습니다. 그의 질문에 예수님께서는 매우 당연한 답변을 제시하십니다. 그런데 율법교사는 자기를 옳게 보이려고 "사랑해야 할 이웃이 누구냐?"라는 물음을 던집니다. 여기에 예수님께서는 유대 종교의 대표자들(제사장, 레위인)과 대조되는 '사마리아인'(죄인)을 비유의 주인공으로 등장시키며, '어려움을 당한 사람을 실제 도와주는 사람이 이웃'이라는 답을 내어놓으십니다. 어려운 사람을 돕는 실천이 가장 중요하다는 답변입니다("너도 가서 그렇게 하라").

없습니다. 또 아들밖에는, 그리고 아버지를 계시하여주려고
아들이 택한 사람밖에는, 아버지가 누구인지 아는 사람이 없
습니다."
23 ○ 예수께서 제자들에게 돌아서서 따로 말씀하셨다. "너희
가 보고 있는 것을 보는 눈은, 복이 있다. 24 내가 너희에게 말
한다. 많은 예언자와 왕이 너희가 지금 보고 있는 것을 보고자
하였으나 보지 못하였고, 너희가 지금 듣고 있는 것을 듣고자
하였으나 듣지 못하였다."

사마리아 사람이 좋은 모범을 보이다

25 ○ 어떤 율법교사가 일어나서, 예수를 시험하여 말하였다.
"선생님, 내가 무엇을 해야 영생을 얻겠습니까?" 26 예수께서
그에게 말씀하셨다. "율법에 무엇이라고 기록하였으며, 너는
그것을 어떻게 읽고 있느냐?" 27 그가 대답하였다. "'네 마음
을 다하고 네 목숨을 다하고 네 힘을 다하고 네 뜻을 다하여,
주 너의 하나님을 사랑하여라' 하였고, 또 '네 이웃을 네 몸같
이 사랑하여라' 하였습니다." 28 예수께서 그에게 말씀하셨다.

예수는 왜 제사장, 레위 사람, 사마리아 사람을 비교한 것인가요? 그들이 가진 대표성이 있나요? 첫 두 부류는 당시 유대 사회에서 경건의 제도적 대표자들입니다. 제사장은 성전의 예배를 담당하는 사람이며, 레위인은 제사장을 도와 성전 관련 임무를 수행하는 사람입니다. 이들은 죽어가는 사람을 보고서도 '피하여' 지나갑니다. (시체를 만지면 안 되는) 직무와 관련해 정당성이 있었을 수도 있지만, 핵심은 죽어가는 사람을 외면하는 냉혹함입니다. 반면 사마리아인은 사실상 이방인 취급을 받던 존재입니다. 그는 죽어가는 사람을 동정하며, 가까이 다가가 그를 극진히 보살핍니다. 그래서 이 이야기는 사랑을 거부할 수 있는 명분으로 전락해버린 위선적인

"네 대답이 옳다. 그대로 행하여라. 그리하면 살 것이다."
29 ○ 그런데 그 율법교사는 자기를 옳게 보이고 싶어서 예
수께 말하였다. "그러면, 내 이웃이 누구입니까?" 30 예수께
서 대답하셨다. "어떤 사람이 예루살렘에서 여리고로 내려가
다가 강도들을 만났다. 강도들이 그 옷을 벗기고 때려서, 거의
죽게 된 채로 내버려두고 갔다. 31 마침 어떤 제사장이 그 길
로 내려가다가 그 사람을 보고 피하여 지나갔다. 32 이와 같
이, 레위 사람도 그곳에 이르러 그 사람을 보고, 피하여 지나
갔다. 33 그러나 어떤 사마리아 사람은 길을 가다가, 그 사람
이 있는 곳에 이르러, 그를 보고 측은한 마음이 들어서, 34 가
까이 가서, 그 상처에 올리브기름과 포도주를 붓고 싸맨 다음
에, 자기 짐승에 태워서, 여관으로 데리고 가서 돌보아주었다.
35 다음 날, 그는 두 데나리온을 꺼내어서, 여관 주인에게 주
고, 말하기를 '이 사람을 돌보아주십시오. 비용이 더 들면, 내
가 돌아오는 길에 갚겠습니다' 하였다. 36 너는 이 세 사람 가
운데서 누가 강도 만난 사람에게 이웃이 되어주었다고 생각하
느냐?" 37 그가 대답하였다. "자비를 베푼 사람입니다." 예수
께서 그에게 말씀하셨다. "가서, 너도 이와 같이 하여라."

종교성에 대한 비판일 수 있습니다. 반면 율법교사 또한 제도적 기득권(제사장, 레위인)에 대해 비판적이었을 수 있습니다. 그렇다면 제사장/레위인 다음의 등장인물이 모범적인 바리새인/율법교사가 아니라 '사마리아 사람'인 것은 자신의 올바름에 대한 율법교사의 위선적 자부심을 겨냥한 의도적 선택일 수 있습니다. 이웃의 경계에 관한 물음에 집착하는 사람에게 실천의 중요성, 그리고 그 실천에 경계가 있을 수 없음을 각인시키는 충격적인 시나리오인 셈입니다.

마르다와 마리아

38 ○ 그들이 길을 가다가, 예수께서 어떤 마을에 들어가셨
다. 마르다라고 하는 여자가 예수를 자기 집으로 모셔 들였다.
39 이 여자에게 마리아라고 하는 동생이 있었는데, 마리아는
주님의 발 곁에 앉아서 말씀을 듣고 있었다. 40 그러나 마르
다는 여러 가지 접대하는 일로 분주하였다. 그래서 마르다가
예수께 와서 말하였다. "주님, 내 동생이 나 혼자 일하게 두는
것을 아무렇지 않게 생각하십니까? 가서 거들어주라고 내 동
생에게 말씀해주십시오." 41 그러나 주님께서는 마르다에게
대답하셨다. "마르다야, 마르다야, 너는 많은 일로 염려하며
들떠 있다. 42 그러나 주님의 일은 많지 않거나 하나뿐이다.
마리아는 좋은 몫을 택하였다. 그러니 아무도 그것을 그에게
서 빼앗지 못할 것이다."

마르다의 말은 그다지 틀린 것 같지 않은데, 예수는 마리아 편을 드는 것처럼 보입니다. 예수가 말한 이유는 무슨 뜻인가요? 오늘날 교회 주방에서 예배도 못 드린 채 교인들의 점심을 준비하는 수많은 '마르다'들을 괴롭히는 말씀입니다. 또 여유롭게 예배를 선택하는 '마리아'들의 확실한 방패가 되는 말씀이기도 합니다. 식사를 준비하는 분주한 몸짓보다 말씀 듣는 것이 더 중요하다고 말씀하시기 때문입니다. 하지만 몸으로 수고하는 섬김의 '실천'이 말씀을 듣는 '명상적' 활동보다 덜 중요하다는 의도는 분명 아닙니다. 주님과 그분의 제자를 영접하고 환대하는 것은 믿음의 증표입니다(36절). 실천이 중요하다는 것도 당연한 이야기입니다. 두 자매와 예수님의 첫 만남을 기록한 이 일화는 봉사와 예배의 상대적 가치가 아니라, 제자 됨의 본질에 관한 말씀이라 할 수 있습니다. 주님을 따를 때 중요한 것은 "많지 않거나 하나뿐"(42절)입니다. 그것은 무엇보다 '좋은 것', 곧 주님(손님)과 그분의 말씀에 주목하는 것입니다. 봉사와 예배/묵상 사이를 판정하는 것이 아니라, 주님을 영접하는 일의 본질이 무엇인가에 관한 말씀입니다.

{ 제11장 }

기도를 가르쳐주시다(마 6:9–15; 7:7–11)

1 예수께서 어떤 곳에서 기도하고 계셨는데, 기도를 마치셨을
때에 그의 제자들 가운데 한 사람이 그에게 말하였다. "주님,
요한이 자기 제자들에게 기도하는 것을 가르쳐준 것과 같이,
우리에게도 그것을 가르쳐주십시오." 2 예수께서 그들에게 말
씀하셨다. "너희는 기도할 때에, 이렇게 말하여라. '아버지, 그
이름을 거룩하게 하여주시고, 그 나라를 오게 하여주십시오.
3 날마다 우리에게 필요한 양식을 내려주십시오. 4 우리의 죄
를 용서하여주십시오. 우리에게 빚진 모든 사람을 우리가 용
서합니다. 우리를 시험에 들지 않게 하여주십시오.'"
5 ○ 예수께서 그들에게 말씀하셨다. "너희 가운데 누구에게

예수의 기도 가운데 "우리에게 빚진 모든 사람을 우리가 용서한다"(3절)는 말이 있는데, 빚과 용서는 어떤 상관이 있는 건가요? 마태복음서에서는 "우리가 우리에게 빚진 사람들을 탕감해준 것처럼 우리의 빚을 탕감해주십시오" 하고 기도하지만, 누가복음서에서는 '빚진 사람'을 탕감/용서하니까 우리의 '죄'를 용서해달라고 기도합니다. 성경에서 '빚'은 하나님 앞에서 우리가 저지른 잘못을 나타내는 일상적 그림언어의 하나입니다. 가장 친숙한 일상의 경험을 들어 하나님과의 관계를 설명하는 방식입니다. '용서'와 '탕감'으로 달리 표현했지만, 두 경우 모두 같은 동사가 사용됩니다. 죄의 책임이나 채무로부터 자유롭게 한다는 뜻입니다. 죄는 채무와 유사합니다. 빚은 내 소유와 가족을 팔아서라도 갚아야 합니다. 갚지 못하면 그에 상응하는 처벌을 받습니다. 이처럼 하나님 앞에서 죄는 심판이라는 필연적인 결과를 낳습니다. 반면 빚을 갚을 수 없어 투옥이나 노예 생활을 각오해야 할 상황에서 채권자의 자비로 그 빚을 탕감받는 때도 있습니다. 그래서 성경은 우리의 죄를 용서하시는 하나님의 자비로움에 관해 가르칩니다.

친구가 있다고 하자. 그가 밤중에 그 친구에게 찾아가서 그에
게 말하기를 '여보게, 내게 빵 세 개를 꾸어주게. 6 내 친구가
여행 중에 내게 왔는데, 그에게 내놓을 것이 없어서 그러네!'
할 때에, 7 그 사람이 안에서 대답하기를 '나를 괴롭히지 말게.
문은 이미 닫혔고, 아이들과 나는 잠자리에 누웠네. 내가 지
금 일어나서, 자네의 청을 들어줄 수 없네' 하겠느냐? 8 내가
너희에게 말한다. 그 사람의 친구라는 이유로는, 그가 일어나
서 청을 들어주지 않을지라도, 그가 졸라대는 것 때문에는, 일
어나서 필요한 만큼 줄 것이다. 9 내가 너희에게 말한다. 구하
여라, 그리하면 너희에게 주실 것이다. 찾아라, 그리하면 찾을
것이다. 문을 두드려라, 그리하면 너희에게 열어주실 것이다.
10 구하는 사람마다 받을 것이요, 찾는 사람마다 찾을 것이요,
문을 두드리는 사람에게 열어주실 것이다. 11 너희 가운데 아
버지가 된 사람으로서 아들이 생선을 달라고 하는데, 생선 대

9-13절 내용의 핵심은 필요한 것을 구하면 주신다는 것이 아니라, 성령을 구하면 주신다는 말인가요? 동일한 말씀이 마태복음서에서는 '좋은 것'을 주신다고 나오지만, 누가복음서에는 '성령'을 주신다는 말로 나옵니다. 유난히 성령의 중요성을 강조하는 누가복음서의 경향이 여기서도 드러납니다. 마태복음서의 맥락에서 우리가 추구해야 할 대상은 무엇보다 '하나님나라와 하나님의 의'입니다(마 6:33). 그러니까 하나님나라에 들어가기에 합당한 삶, 곧 하나님의 의로움에 어울리는 삶을 위해 기도하라는 뜻입니다. 누가복음서는 이 필요한 것, 그래서 하나님께 끈질기게 요구해야 할 것을 '성령'으로 규정합니다. 성령의 이끌림 속에서 하나님께서 원하시는 제자의 삶을 살 수 있기 때문입니다. 이와 관련해 '일용할' 양식에 관한 기도도 매일 "먹을 것을 달라"는 말이 아닐 수 있습니다. '일용할'이라고 번역된 단어는 정확한 의미를 알 수 없습니다. 어쩌면 '내일의' 양식, 곧 다가올 하나님나라의 양식일 수도 있습니다. 무엇을 먹을까 염려하지 말라는 말씀을 고려하면, 하나님나라와 하나님의 의를 추구하고 성령을 위해 기도하라는 말씀과 같은 말씀일 수도 있는 것입니다.

신에 뱀을 줄 사람이 어디 있으며, 12 달걀을 달라고 하는데
전갈을 줄 사람이 어디에 있겠느냐? 13 너희가 악할지라도 너
희 자녀에게 좋은 것들을 줄 줄 알거든, 하물며 하늘에 계신
아버지께서야 구하는 사람에게 성령을 주시지 않겠느냐?"

예수를 바알세불과 한편으로 모함하다(마 12:22-30; 막 3:20-27)

14 ○ 예수께서 귀신을 하나 내쫓으셨는데, [그것은] 벙어리
[귀신이었다]. 그 귀신이 나가니, 말 못 하는 사람이 말을 하게
되었다. 그래서 무리가 놀랐다. 15 그들 가운데서 더러는 이렇
게 말하였다. "그가 귀신들의 두목인 바알세불의 힘을 빌어서
귀신을 내쫓는다." 16 또 다른 사람들은 예수를 시험하여 하늘
에서 내리는 표징을 보여달라고 그에게 요구하였다. 17 그러
나 예수께서는 그들의 생각을 아시고서, 이렇게 말씀하셨다.

"하나님나라가 너희에게 이미 온 것"(20절)이라는 말은 무슨 뜻인가요? 대부분의 학자들은 하나님나라는 이미 (부분적으로) 이루어졌고, 또 장차 완성될 어떤 것이라고 생각합니다. 그리고 17장 21절과 더불어 이 구절은 하나님나라의 현재성을 증명하는 가장 중요한 근거 구절 중 하나입니다. 하지만 간단치 않습니다. 복음서에서 하나님나라는 대부분 아직 와야 할 나라, 내지는 우리가 미래에 들어갈 곳입니다. 본문에서 예수님의 자기 변호는 바리새인들 역시 귀신을 쫓아낸다는 사실에 근거합니다. 그들의 활동이 바알세불과 무관하듯, 예수님의 활동도 마찬가지라는 주장입니다. 따라서 예수님의 활동이 하나님나라의 현존을 의미한다면, 이는 그보다 먼저 귀신을 쫓아내고 있던 바리새인들을 통해 하나님나라가 이미 와 있었다는 말이 됩니다. 물론 그건 예수님의 의도가 아닙니다. 예수님의 논점은 자신의 활동이 '바알세불/귀신'의 세력이 아닌 '하나님'의 능력을 드러낸다는 것입니다. 하나님나라가 "이미 왔다"는 의도라기보다는 자신의 활동이 '그만큼 확실하게' 하나님나라의 가까움을 드러낸다는 의미라 할 수 있습니다.

"어느 나라든지 갈라져서 서로 싸우면 망하고, 또 가정도 서
로 싸우면 무너진다. 18 그러니 사탄이 갈라져서 서로 싸우
면, 그 나라가 어떻게 서 있겠느냐? 너희는 내가 바알세불을
힘입어 귀신을 내쫓는다고 하는데, 19 내가 바알세불을 힘입
어 귀신을 내쫓는다면 너희의 추종자들은 누구를 힘입어 귀
신을 내쫓는다는 말이냐? 그러므로 그들이야말로 너희의 재
판관이 될 것이다. 20 그러나 내가 하나님의 능력을 힘입어
귀신들을 내쫓으면, 하나님나라가 너희에게 이미 온 것이다.
21 힘센 사람이 완전히 무장하고 자기 집을 지키고 있는 동안
에는, 그의 소유는 안전하다. 22 그러나 그보다 더 힘센 사람
이 달려들어서 그를 이기면, 그가 의지하는 무장을 모두 해제
시키고, 자기가 노략한 것을 나누어준다. 23 나와 함께하지
않는 사람은 나를 반대하는 사람이요, 나와 함께 모으지 않는
사람은 헤치는 사람이다."

나온 집으로 다시 되돌아온 귀신 이야기(24-26절)가 의미하는 바는 무엇인가요?

이 흥미로운 가르침에 의하면 귀신은 쫓겨날 수 있지만, 또한 다시 들어올 수 있습니다. 쫓겨나 쉴 곳을 찾아 방황하는 귀신은 언제나 '나온 집으로 되돌아가려는' 속성을 갖고 있습니다. 귀신의 속성에 대한 이런 묘사는 청중에 대한 경고로 이해할 수 있습니다. 정신 차리지 않으면 언제라도 귀신의 휘둘림에 종속될 수 있기 때문입니다. 귀신은 '말끔히 치워지고 잘 정돈된' 집을 보고, 자기뿐 아니라 다른 귀신 일곱까지 데리고 옵니다. 귀신이 나간 후 제대로 정비된 상태일수록 귀신에게는 더 매력적인 점령지가 될 수 있다는 의미입니다. 귀신이 나갔다는 사실이 최종적 해결이 아니라, 그 후 자신의 집(영적 상태)을 제대로 관리하며 귀신의 침입에 대비하는 일이 중요하다는 말씀일 것입니다. 또한 이 흥미로운 비유적 가르침은 귀신을 쫓아내는 것이 하나님나라의 현재성을 나타낸다는 해석을 멋쩍게 만들기도 합니다. 귀신이 쫓겨났다가 다른 귀신들을 데리고 다시 들어오는 이야기는 하나님나라가 왔다가 다시 처음보다 더 나쁜 상태가 될 수 있다는 말이 될 것이기 때문입니다.

방비가 없으면 귀신이 되돌아온다(마 12:43-45)

24 ○ "악한 귀신이 어떤 사람에게서 나온다고 하면, 그 귀신
은 쉴 곳을 찾느라고 물 없는 곳을 헤맨다. 그러나 그 귀신은
찾지 못하고 말하기를 '내가 나온 집으로 되돌아가겠다' 한다.
25 그런데 와서 보니, 집은 말끔히 치워져 있고, 잘 정돈되어
있었다. 26 그래서 그 귀신은 가서, 자기보다 더 악한 딴 귀신
일곱을 데리고 와서, 그 집에 들어가 자리를 잡고 산다. 그러
면 그 사람의 나중 형편이 처음보다 더 비참하게 된다."

참된 행복

27 ○ 예수께서 이 말씀을 하고 계실 때에, 무리 가운데서 한
여자가 목소리를 높여 그에게 말하였다. "당신을 밴 태와 당신

요나는 누구이며, 요나의 표징은 무엇을 말하는 건가요? 요나는 구약성경 요나서의 주인공입니다. 그는 앗시리아의 수도 니느웨로 가서 심판을 경고하라는 하나님의 명령을 받습니다. 하지만 민족주의자 요나는 이를 거부하고 도망가다 사흘 동안 큰 물고기 뱃속에 갇힙니다. 이후 마지못해 니느웨로 가서 말씀을 전하지만, 정작 온 도시가 회개해 심판을 면하자 그는 분을 삭이지 못합니다. 본문에서도 니느웨 사람들은 이방인이나 선지자를 통해 전해진 하나님의 경고에 회개했던 이들로 등장합니다. 솔로몬의 지혜를 듣기 위해 먼 길을 달려왔던 남방 여인 역시 비슷한 존재입니다. 그들에게 심판을 경고하고 하나님의 지혜를 말했다는 점에서 솔로몬과 요나는 그들에게 하나의 '표징'입니다. 반면 솔로몬이나 요나보다 더 큰 분 예수님은 바로 '이 세대 사람들', 곧 당시 유대인들을 위한 표징입니다. 솔로몬의 지혜를 듣고 싶어 했던 남방(이방) 여왕이나, 요나의 경고에 회개했던 니느웨 사람들은 더 위대하신 예수님의 말씀에 응답하지 않는 '악한 세대'의 유대인들을 심판할 것입니다. 그만큼 유대인들의 불신앙이 깊다는 뜻입니다.

을 먹인 젖은 참으로 복이 있습니다!" 28 그러나 예수께서 이
렇게 말씀하셨다. "오히려, 하나님의 말씀을 듣고 지키는 사람
이 복이 있다."

이 세대가 헛되이 표징을 구하다(마 12:38-42; 막 8:12)

29 ○ 무리가 모여들 때에, 예수께서 말씀하기 시작하셨다.
"이 세대는 악한 세대다. 이 세대가 표징을 구하지만, 이 세대
는 요나의 표징밖에는 아무 표징도 받지 못할 것이다. 30 요
나가 니느웨 사람들에게 표징이 된 것과 같이, 인자 곧 나도
이 세대 사람들에게 그러할 것이다. 31 심판 때에 남방 여왕이
이 세대 사람들과 함께 일어나서, 이 세대 사람들을 정죄할 것
이다. 그 여왕은 솔로몬의 지혜를 들으려고, 땅끝에서부터 찾
아왔기 때문이다. 그러나 보아라, 솔로몬보다 더 큰 이가 여기
에 있다. 32 심판 때에 니느웨 사람들이 이 세대 사람들과 함
께 일어나서, 이 세대 사람들을 정죄할 것이다. 그들은 요나의
선포를 듣고 회개했기 때문이다. 그러나, 보아라, 요나보다 더
큰 이가 여기에 있다."

자신을 초대한 바리새파 사람의 집에 가서 바리새파를 비난한 예수의 태도는 상식적으로 납득하기 어렵네요. 왜 그렇게까지 말한 건가요? 적대적 분위기의 이야기가 대부분이지만, 실제 예수님께서는 바리새인들과도 자주 어울리셨던 것으로 보입니다. 물론 호의적으로 어울릴 때조차 긴장된 분위기가 역력합니다. 본문에서도 예수님의 모습은 당혹스러울 정도로 무례해 보입니다. 십중팔구 이는 보다 다채롭고 복잡했을 관계를 주로 대립과 갈등의 관점으로 바라본 결과일 것입니다. 예수님의 비판은 바리새인의 위선을 겨냥합니다. 외면적으로는 매우 경건해 보이지만, 정작 속에는 "탐욕과 악독이 가득하다"는 비판입니다. 철저하게 십일조를 바치

몸의 등불(마 5:15; 6:22-23)

33 ○ "아무도 등불을 켜서 움 속에나 [말 아래에] 놓지 않고,
등경 위에 놓아두어서, 들어오는 사람들이 그 빛을 보게 한다.
34 네 눈은 몸의 등불이다. 네 눈이 성하면, 네 온몸도 밝을 것
이요, 네 눈이 성하지 못하면, 네 몸도 어두울 것이다. 35 그러
므로 네 속에 있는 빛이 어둡지 않은지 살펴보아라. 36 네 온몸
이 밝아서 어두운 부분이 하나도 없으면, 마치 등불이 그 빛으
로 너를 환하게 비출 때와 같이, 네 몸은 온전히 밝을 것이다."

바리새파 사람들과 율법학자들을 책망하시다

(마 23:1-36; 막 12:38-40; 눅 20:45-47)

37 ○ 예수께서 말씀하실 때에, 바리새파 사람 하나가 자기 집
에서 잡수시기를 청하니, 예수께서 들어가서 앉으셨다. 38 그
런데 그 바리새파 사람은, 예수가 잡수시기 전에 먼저 손을 씻
지 않으신 것을 보고, 이상히 여겼다. 39 그러나 주님께서는
그에게 말씀하셨다. "지금 너희 바리새파 사람들은 잔과 접시

며 경건을 자랑하지만, 하나님께서 더 간절히 바라시는 '정의와 하나님을 향한 사랑'은 팽개친다는 것입니다. 옛적 선지자들의 무덤을 가꾸는 열정을 보이지만, 정작 자기들을 비판하는 선지자는 죽이는 이율배반입니다. 그릇의 깨끗한 겉과 더러운 속(39절), 단장한 무덤(44절) 등의 이미지는 사람들의 평판에 관심을 기울이면서 참된 실천은 도외시하는 이들의 위선을 잘 포착합니다(46절). 예수님께서는 이들이 지식의 열쇠를 독차지하고는 자기도 안 들어가고 남도 못 들어가게 막는 그런 사람들이라고 비판하십니다(52절).

의 겉은 깨끗하게 하지만, 너희 속에는 탐욕과 악독이 가득하
다. 40 어리석은 사람들아, 겉을 만드신 분이 속도 만들지 아
니하셨느냐? 41 그 속에 있는 것으로 자선을 베풀어라. 그리
하면 모든 것이 너희에게 깨끗해질 것이다. 42 너희 바리새파
사람들에게 화가 있다! 너희는 박하와 운향과 온갖 채소의 십
일조는 바치면서, 정의와 하나님께 대한 사랑은 소홀히 한다!
그런 것들도 반드시 행해야 하지만, 이런 것들도 소홀히 하지
않았어야 하였다. 43 너희 바리새파 사람들에게 화가 있다!
너희는 회당에서 높은 자리에 앉기를 좋아하고, 장터에서 인
사받기를 좋아한다! 44 너희에게 화가 있다! 너희는 드러나지
않게 만든 무덤과 같아서, 사람들이 그 위를 밟고 다니면서도,
그것이 무덤인지를 알지 못한다!"
45 ○ 율법교사 가운데 어떤 사람이 예수께 말하였다. "선생
님, 선생님이 이렇게 말씀하시면, 우리까지도 모욕하시는 것
입니다." 46 예수께서 말씀하셨다. "그렇다. 너희 율법교사들

율법교사는 예수의 이야기를 듣고 크게 찔린 건가요? 왜 자신들을 바리새파와 동일시한 건가요? 바리새파를 겨냥한 예수님의 포괄적 비판은 바리새파 출신이 많았던 '율법교사들'에 대한 비판일 수밖에 없다고 느꼈기 때문입니다. 예수님께서 언급하신 구체적 사례들은 분명 율법교사들에게도 해당되는 이야기였을 것입니다. 물론 이것이 예수님의 의도였습니다. 그리고 예수님께서는 특별히 율법교사들을 염두에 둔 비판을 이어가십니다. 이들은 율법의 계명들을 가르치며 사람들의 어깨에 지우지만, 정작 그들 자신은 그 짐을 지지 않습니다. 율법의 명령을 지키지 않는다는 뜻입니다. 그들은 옛적 선지자들의 무덤을 세우는 일에는 열심이지만, 정작 그들에게 보내진 예언자는 죽이려 합니다. 순종하는 모양을 내지만, 정작 순종할 의사는 없다는 뜻입니다. 이런 율법교사는 지식의 열쇠를 가로챈 사람에 해당합니다. 열쇠를 쥐었지만, 순종하며 들어갈 생각이 없습니다. 또 잘못된 가르침으로 남들도 못 들어가게 막습니다. 이런 식으로 예수님과 바리새파 및 율법교사들의 관계는 갈수록 악화됩니다.

에게도 화가 있다! 너희는 지기 어려운 짐을 사람들에게 지우
면서, 너희 자신은 손가락 하나도 그 짐에 대려고 하지 않는
다! 47 너희에게 화가 있다! 너희는 너희 조상들이 죽인 예언
자들의 무덤을 세운다. 48 그렇게 함으로써 너희는 너희 조상
들이 저지른 소행을 증언하며 찬동하는 것이다. 너희의 조상
들은 예언자들을 죽였는데, 너희는 그들의 무덤을 세우기 때
문이다. 49 그러므로 하나님의 지혜도 말하기를 '내가 예언자
들과 사도들을 그들에게 보내겠는데, 그들은 그 가운데서 더
러는 죽이고, 더러는 박해할 것이다' 하였다. 50 창세 이래로
흘린 모든 예언자들의 피의 대가를 이 세대에게 요구할 것이
다. 51 아벨의 피에서 비롯하여 제단과 성소 사이에서 죽은 사
가랴의 피에 이르기까지 말이다. 그렇다. 나는 너희에게 말한
다. 이 세대가 그 책임을 져야 할 것이다. 52 너희 율법교사들
에게 화가 있다! 너희는 지식의 열쇠를 가로채서, 너희 자신도
들어가지 않고, 또 들어가려고 하는 사람들도 막았다!"

아벨의 피는 무엇이며, 성소 사이에서 죽은 사가랴의 피는 또 무엇인가요?(51절)

아벨은 하나님께 올바른 제사를 드렸던 사람, 그러면서도 악한 형제에 의해 억울하게 살해된 사람입니다. 하지만 그의 억울한 피의 외침은 하나님의 귀에 닿았습니다(창 4:8-16). 의로운 순교자의 첫 사례입니다. '제단과 성소 사이에서 죽은 사가랴'는 유명한 선지자 사가랴와는 다른 여호야다의 아들로, 유다의 요아스 왕 시기에 백성들의 잘못을 경고하다 왕의 사주로 인해 '여호와의 성전 뜰 안에서' 돌에 맞아 죽은 선지자입니다(대하 24:20-22). 억울하게 순교당한 선지자의 가장 최근 사례로 언급된 셈입니다. 이 두 사람은 하나님의 말씀을 선포하다가 이를 거부하는 왕과 백성에게 살해당한 모든 의로운 선지자를 대표합니다. 그들의 피가 "이 세대에게 돌아갈" 것이라는 경고는 당시 바리새인들과 율법교사들의 실천적 불신앙에 대한 경고입니다. 옛적 선지자들의 무덤을 세우는 일이 그들의 선포에 순종하는 몸짓이 아니라, 그들을 죽인 조상들의 태도와 어울리는 행동이라는 것입니다.

53 ○ 예수께서 그 집에서 나오실 때에, 율법학자들과 바리새
파 사람들은 잔뜩 앙심을 품고서, 여러 가지 물음으로 예수를
몰아붙이기 시작하였다. 54 그들은 예수의 입에서 나오는 말
에서 트집을 잡으려고 노렸다.

{ 제12장 }

바리새파의 위선을 경계하다

1 그동안에 수천 명이나 되는 무리가 모여들어서, 서로 밟힐
지경에 이르렀다. 예수께서는 먼저 자기 제자들에게 말씀하셨
다. "너희는 바리새파 사람의 누룩 곧 위선을 경계하여라. 2 가
려놓은 것이라고 해도 벗겨지지 않을 것이 없고, 숨겨놓은 것
이라 해도 알려지지 않을 것이 없다. 3 그러므로 너희가 어두

예수는 누룩이 바리새파 사람의 '위선'이라고 지적합니다. 누룩은 어떤 점에서 위선을 상징하는 것인가요? 누룩은 위선 자체가 아니라, 치명적인 파급력을 상징합니다. 발효가 일종의 부패 과정인 만큼, 대부분의 경우 누룩은 악한 영향력을 가리킵니다. 여기서는 바리새파 사람의 위선이 누룩입니다. 소량의 누룩이 반죽 전체를 부풀게 하는 것처럼, 지도자 행세하는 이들의 위선적 행태는 쉽게 다른 사람들에게 영향을 미칩니다. 위선의 핵심은 은폐입니다. 전시 효과가 뛰어난 항목들에 공을 들여 경건의 이미지를 조성하면서, 그 배후에 자신의 더러운 모습을 감추는 것입니다. 예수님께서는 바리새파 사람들의 화려한 경건이 실상 이런 위선일 뿐이라고 비판하십니다. 하지만 가린다고 아주 가릴 수는 없습니다. 아무리 숨겨도 결국 드러나고 말 것입니다. 그들의 위선이 결국 만천하에 폭로될 것이라는 경고입니다. 물론 이것은 지금은 감추어진 사태의 진면목을 드러낼 심판에 대한 경고입니다. 당장의 위장 가능성에 속지 말고, 심판의 하나님께 어울리는 경건을 갖추라는 말씀입니다.

운 데서 말한 것들을 사람들이 밝은 데서 들을 것이고, 너희가
골방에서 귀에 대고 속삭인 그것을 사람들이 지붕 위에서 선
포할 것이다."

참으로 두려워할 분을 두려워하여라(마 10:28-31)

4 ○ "내 친구인 너희에게 내가 말한다. 육신은 죽여도 그다음
에는 그 이상 아무것도 할 수 없는 자들을 두려워하지 말아라.
5 너희가 누구를 두려워해야 할지를 내가 보여주겠다. 죽인
다음에 지옥에 던질 권세를 가지신 분을 두려워하여라. 그렇
다. 내가 너희에게 말한다. 그분을 두려워하여라. 6 참새 다섯
마리가 두 냥에 팔리지 않느냐? 그러나 그 가운데 하나라도,
하나님께서는 잊고 계시지 않는다. 7 하나님께서는 너희 머리
카락까지도 다 세고 계신다. 두려워하지 말아라. 너희는 많은
참새보다 더 귀하다."

성령이 대체 무엇이기에 성령을 거스르면 용서받을 수 없고, 말해야 할 것도 성령이 가르쳐줄 수 있는 건가요?(10-12절) 성령은 말 그대로 '거룩한 영', 곧 하나님의 영입니다. 구체적인 상황 속에서 활동하시는 하나님의 모습을 나타냅니다. 누가복음서에서 예수님의 메시아적 활동은 언제나 성령의 능력을 통해 이루어집니다. 하지만 예수님의 행보는 다양한 계층의 청중들로부터 거센 반대에 직면하곤 했습니다. 그 반대의 전형적인 수법은 예수님의 놀라운 행보를 '악마화'하는 것, 곧 그분의 능력을 사탄 세력과의 결탁인 것처럼 만드는 것이었습니다(눅 11:15). 하지만 실제로 예수님께서 보여주신 놀라운 능력은 하나님의 통치, 곧 성령의 능력을 드러내는 것이었습니다. 인자이신 예수님 자신과 그분이 드러내는 능력의 원천인 성령은 나누어 생각할 수 없기 때문입니다. 그래서 10절의 말씀은 다소 수사적입니다. 그들 앞에 서 있는 한 인간으로서 예수님을 거부하는 것은 실상 그와 함께하시는 하나님의 영을 거부하는 것과 같습니다. 8-9절은 바로 그 사실을 강조합니다.

사람 앞에서 그리스도를 시인하여라(마 10:32-33; 12:32; 10:19-20)

8 ○ "내가 너희에게 말한다. 누구든지 사람들 앞에서 나를
시인하면, 인자도 하나님의 천사들 앞에서 그 사람을 시인할
것이다. 9 그러나 사람들 앞에서 나를 부인하는 사람은, 하나
님의 천사들 앞에서 부인당할 것이다. 10 누구든지 인자를 거
슬러서 말하는 사람은 용서를 받을 것이지만, 성령을 거슬러
서 모독하는 말을 한 사람은 용서를 받지 못할 것이다. 11 너
희가 회당과 통치자와 권력자 앞에 끌려갈 때에, '어떻게 대
답하고, 무엇을 대답할까', 또 '무슨 말을 할까' 하고 염려하지
말아라. 12 너희가 말해야 할 것을 바로 그 시각에 성령께서
가르쳐주실 것이다."

어리석은 부자의 비유

13 ○ 무리 가운데서 어떤 사람이 예수께 말하였다. "선생님,
내 형제에게 명해서, 유산을 나와 나누라고 해주십시오." 14 예
수께서 그에게 말씀하셨다. "이 사람아, 누가 나를 너희의 재

어리석은 부자의 비유에 따르면, 하나님께 대하여 부요한 사람은 어떤 사람인가요? 어리석은 부자의 비유는 지금도 수많은 사람들이 빠지는 착각을 매우 현실감 넘치는 모습으로 그려냅니다. 이 비유와는 달리, 실제로 급사하는 사람이 많지 않다는 사실은 이 비유를 무시하게 만드는 이유가 되기도 합니다. 하지만 하나님께서 '오늘 밤' 그의 영혼, 곧 목숨을 도로 찾으시는 모습은 우리가 피할 수 없는 죽음과 심판을 말하는 비유적 방법입니다(20절). 애써 모은 재물이 우리 목숨 자체를 보장하는 것이 아닙니다. 마찬가지로 자신에게 부유한 방식의 삶은 하나님에 대해 부유한 삶과 다릅니다. 현재 내 욕망을 추구하는 삶은 하나님나라를 추구하는 삶과 다

판관이나 분배인으로 세웠느냐?" 15 그리고 사람들에게 말씀
하셨다. "너희는 조심하여, 온갖 탐욕을 멀리하여라. 재산이 차
고 넘치더라도, 사람의 생명은 거기에 달려 있지 않다." 16 그
리고 그들에게 비유를 하나 말씀하셨다. "어떤 부자가 밭에서
많은 소출을 거두었다. 17 그래서 그는 속으로 '내 소출을 쌓
아둘 곳이 없으니, 어떻게 할까?' 하고 궁리하였다. 18 그는 혼
자 말하였다. '이렇게 해야겠다. 내 곳간을 헐고서 더 크게 짓
고, 내 곡식과 물건들을 다 거기에다가 쌓아두겠다. 19 그리
고 내 영혼에게 말하겠다. 영혼아, 여러 해 동안 쓸 많은 물건
을 쌓아두었으니, 너는 마음 놓고, 먹고 마시고 즐겨라.' 20 그
러나 하나님께서 말씀하셨다. '어리석은 사람아, 오늘 밤에 네
영혼을 네게서 도로 찾을 것이다. 그러면 네가 장만한 것들이
누구의 것이 되겠느냐?' 21 자기를 위해서는 재물을 쌓아두면
서도, 하나님께 대하여는 부요하지 못한 사람은 이와 같다."

염려하지 말아라(마 6:25-34, 19-21)

22 ○ 예수께서 [자기의] 제자들에게 말씀하셨다. "그러므로

르기 때문입니다(31절). 예수님께서는 이 땅이 아닌 '하늘'에 보물을 쌓으라고 가르치십니다. 이 역설적인 표현은 자기 소유를 팔아 자선을 베푸는 것, 곧 이웃과 더불어 사는 법을 배우는 데 있습니다(33절). 하늘 창고에서는 도둑이나 좀의 피해를 염려하지 않습니다. 염려하며 지켜야 할 재물이 아니라, 영원한 생명을 가져다줄 참된 보물이기 때문입니다. 하나님께서는 이런 사람에게 하나님나라를 주기를 기뻐하십니다(32절).

내가 너희에게 말한다. 목숨을 부지하려고 '무엇을 먹을까' 하
고 걱정하지 말고, 몸을 보호하려고 '무엇을 입을까' 하고 걱정
하지 말아라. 23 목숨은 음식보다 더 소중하고, 몸은 옷보다
더 소중하다. 24 까마귀를 생각해보아라. 까마귀는 씨를 뿌
리지도 않고, 거두지도 않고, 또 그들에게는 곳간이나 창고
도 없다. 그러나 하나님께서 그들을 먹여주신다. 너희는 새
보다 훨씬 더 귀하지 않으냐? 25 너희 가운데서 누가 걱정한
다고 해서, 제 수명을 한순간인들 늘일 수 있느냐? 26 너희가
지극히 작은 일도 못하면서, 어찌하여 다른 일들을 걱정하느
냐? 27 백합꽃이 어떻게 자라는지를 생각해보아라. 수고도 하
지 아니하고, 길쌈도 하지 않는다. 그러나 내가 너희에게 말한
다. 자기의 온갖 영화로 차려입은 솔로몬도 이 꽃 하나만큼 차
려입지 못하였다. 28 믿음이 적은 사람들아, 오늘 들에 있다
가 내일 아궁이에 들어갈 풀도 하나님께서 그와 같이 입히시

걱정과 염려의 무익함은 알겠지만, 들꽃보다 소중한 사람을 하나님이 어련히 살필 것이란 말은 믿기 어렵습니다. 바닥난 통장 잔고를 하나님이 어떻게 채워준단 말인가요? 이런 말씀은 예수님의 다른 말씀과 견주며 읽는 것이 현명합니다. 예수님께서는 제자의 삶이 다양한 형태의 어려움을 견디는 것이라는 사실을 자주 강조하십니다. 제자들은 사람들의 미움과 배척과 비방에 시달릴 것입니다(눅 6:20–22). 또 예수님께서는 제자들을 '내 친구'라 부르시며, 그들에게 "육신은 죽여도 그다음에는 그 이상 아무것도 할 수 없는 자들"을 두려워하지 말라고 가르치십니다(눅 12:4). 바로 이 말씀 뒤에 하나님의 보살핌에 관한 말씀이 등장합니다. 하나님은 싼값에 팔리는 참새도 잊지 않으시는 분입니다. 제자들의 머리카락까지 다 세실 만큼 세밀하게 그들을 살피신다는 뜻입니다(눅 12:6–7). 까마귀, 백합, 들풀 이야기도 마찬가지입니다(눅 12:24, 27–28). 어려움 없이 살 수 있다는 약속이 아니라, 어떤 상황에서든 하나님의 돌보심을 신뢰하라는 말씀입니다. 곧 그분의 돌보심을 믿지 못해서 우리의 인간적 염려와 욕심에 휘둘리며 사는 잘못을 범하지 말라는 가르침입니다.

거든, 하물며 너희야 더 잘 입히지 않으시겠느냐? 29 그러므
로 너희는, 무엇을 먹을까 무엇을 마실까 하고 찾지 말고, 염
려하지 말아라. 30 이런 것은 다 이방 사람들이 추구하는 것
이다. 너희 아버지께서는, 이런 것이 너희에게 필요하다는 것
을 아신다. 31 그러므로 너희는 그의 나라를 구하여라. 그리하
면 이런 것들을 너희에게 더하여주실 것이다.
32 ○ 두려워하지 말아라. 적은 무리여, 너희 아버지께서 그
의 나라를 너희에게 주시기를 기뻐하신다. 33 너희 소유를 팔
아서, 자선을 베풀어라. 너희는 자기를 위하여 낡아지지 않는
주머니를 만들고, 하늘에다가 없어지지 않는 재물을 쌓아두어
라. 거기에는 도둑이나 좀의 피해가 없다. 34 너희의 재물이
있는 곳에 너희의 마음도 있을 것이다."

깨어 기다려야 한다(마 24:45–51)

35 ○ "너희는 허리에 띠를 띠고 등불을 켜놓고 있어라. 36 마

낡아지지 않는 주머니나 없어지지 않는 재물(33절)은 무엇을 말하는 건가요? 이 땅의 돈주머니는 낡아집니다. 재물 역시 있다가 사라지곤 합니다. 그래서 재물은 편한 삶의 수단이 되기도 하지만, 염려의 원인이 되기도 합니다. 하지만 이 땅에서의 목숨/영혼이 전부가 아닙니다. 하나님께서는 죽음 이후 사람을 심판해 영원한 운명을 부여하십니다. 그래서 진정 자신의 목숨을 보존하는 삶이란 영원한 생명을 획득하는 것, 하나님께서 부여하시는 하나님나라에 들어가는 일입니다. 이는 하나님의 선하신 돌보심을 무시한 채 자신의 욕망과 염려에 따라 사는 삶, 그리하여 영원한 형벌의 운명에 처하는 것과 반대되는 삶입니다. 그래서 하나님을 신뢰하며 보물을 하늘에 쌓는 삶은 스스로의 염려를 털어버리고, 하나님을 신뢰하며 자신의 소유를 이웃과 나누며 함께 사는 삶을 실천하는 것입니다. 이것이 하늘에 보물을 쌓는 삶입니다. 영원에 이르는 삶이라는 점에서, 낡지도 않고 소진되지도 않는 재물입니다.

치 주인이 혼인 잔치에서 돌아와서 문을 두드릴 때에, 곧 열어
주려고 대기하고 있는 사람들과 같이 되어라. 37 주인이 와서
종들이 깨어 있는 것을 보면, 그 종들은 복이 있다. 내가 진정
으로 너희에게 말한다. 그 주인이 허리를 동이고, 그들을 식탁
에 앉히고, 곁에 와서 시중들 것이다. 38 주인이 밤중에나 새
벽에 오더라도, 종들이 깨어 있는 것을 보면, 그 종들은 복이
있다. 39 너희는 이것을 알아라. 집주인이 언제 도둑이 들지
알았더라면, 그는 도둑이 그 집을 뚫고 들어오도록 내버려두
지 않았을 것이다. 40 그러므로 너희도 준비하고 있어라. 생
각하지도 않은 때에 인자가 올 것이기 때문이다."
41 ○ 베드로가 말하였다. "주님, 이 비유를 우리에게 말씀
하시는 것입니까? 또는 모든 사람에게도 말씀하시는 것입니
까?" 42 주님께서 말씀하셨다. "누가 신실하고 슬기로운 청지
기겠느냐? 주인이 그에게 자기 종들을 맡기고, 제때에 양식을
내주라고 시키면, 그는 어떻게 해야 하겠느냐? 43 주인이 돌
아와서 볼 때에 그 종이 그렇게 하고 있으면, 그 종은 복이 있
다. 44 내가 진정으로 너희에게 말한다. 주인은 자기의 모든
재산을 그에게 맡길 것이다. 45 그러나 그 종이 마음속으로,

주인과 종의 비유는 결국 무엇을 말하기 위해 나온 이야기인가요? 베드로의 질문을 사이에 두고 두 부분으로 제시된 주인과 종의 비유는 모두 한 가지 논점을 강조합니다. 준비된 자세로 인자, 곧 예수님의 오심을 준비하라는 것입니다(40절). 본문은 특히 그 오심의 갑작스러움을 강조합니다. 이는 주인이 더디 오리라 생각하고서, 주인의 뜻을 무시한 채 자기 마음대로 행동하는 잘못을 염두에 둔 설정입니다. 더디 온다고 해서 주인이 오지 않는 것이 아닙니다. 주인은 '밤중에나 새벽에'(38절), 곧 "그가 예상하지 않은 날, 그가 알지 못하는 시각에" 올 수 있습니다. 그 결과는 "신실하지 않은 자들이 받을 벌"을 받는 것입니다(46절). 신실한 종이라

주인이 더디 오리라고 생각하여, 남녀종들을 때리며, 먹고 마
시고 취하여 있으면, 46 그가 예상하지 않은 날, 그가 알지 못
하는 시각에, 그 주인이 와서, 그 종을 몹시 때리고, 신실하지
않은 자들이 받을 벌을 내릴 것이다. 47 주인의 뜻을 알고도,
준비하지도 않고, 그 뜻대로 행하지도 않은 종은 많이 맞을 것
이다. 48 그러나 알지 못하고 매 맞을 일을 한 종은, 적게 맞
을 것이다. 많이 받은 사람에게는 많은 것을 요구하고, 많이
맡긴 사람에게는 많은 것을 요구한다."

불을 지르러, 분열을 일으키러 왔다(마 10:34-36)

49 ○ "나는 세상에다가 불을 지르러 왔다. 불이 이미 붙었으
면, 내가 바랄 것이 무엇이 더 있겠느냐? 50 그러나 나는 받아
야 할 세례가 있다. 그 일이 이루어질 때까지, 내가 얼마나 괴
로움을 당할는지 모른다. 51 너희는 내가 세상에 평화를 주러
온 줄로 생각하느냐? 내가 너희에게 말한다. 그렇지 않다. 도
리어, 분열을 일으키러 왔다. 52 이제부터 한 집안에서 다섯
식구가 서로 갈라져서, 셋이 둘에게 맞서고, 둘이 셋에게 맞설

면 주인이 언제든 올 수 있다는 사실을 기억하며, "허리에 띠를 띠고 등불을 켜놓고" 기다릴 것입니다(35절). 이런 종들은 "그 주인이 허리를 동이고, 그들을 식탁에 앉히고, 곁에 와서 시중드는" 복된 은혜를 누릴 것입니다(37절). 구원의 약속이지만, 매우 놀라운 장면이 아닐 수 없습니다.

것이다. 53 아버지가 아들에게 맞서고, 아들이 아버지에게 맞
서고, 어머니가 딸에게 맞서고, 딸이 어머니에게 맞서고, 시어
머니가 며느리에게 맞서고, 며느리가 시어머니에게 맞서서,
서로 갈라질 것이다."

때를 분간하여라(마 16:2–3)

54 ○ 예수께서 무리에게도 말씀하셨다. "너희는 구름이 서
쪽에서 이는 것을 보면, 소나기가 오겠다고 서슴지 않고 말한
다. 그런데 그대로 된다. 55 또 남풍이 불면, 날이 덥겠다고
너희는 말한다. 그런데 그대로 된다. 56 위선자들아, 너희는
땅과 하늘의 기상은 분간할 줄 알면서, 왜, 이때는 분간하지
못하느냐?"

고소하는 자와 화해하여라(마 5:25–26)

57 ○ "어찌하여 너희는 옳은 일을 스스로 판단하지 못하느냐?
58 너를 고소하는 사람과 함께 관원에게로 가게 되거든, 너는

예수는 평화와 사랑을 상징하는 존재 아니었나요? 분열을 일으키려 왔다(51절)는 이 폭탄 발언의 진의는 무엇인가요? 예수님의 행보가 그분의 수난과 죽음으로 이어지듯, 예수님의 선포에 대한 사람들의 반응 역시 둘로 나뉩니다. 예수님께서 선포하시는 하나님나라의 복음에 믿음으로 응답하는 사람도 있지만, 예수님을 거부하며 자신의 세계를 고수하는 사람도 있습니다. 예수님의 존재는 모두에게 근본적인 결단을 요구합니다. 하나님나라의 요구는 사람과 사람 사이에 존재하는 평화가 뿌리 깊은 평화가 아닌 피상적이며 일시적인 수습책이라는 사실을 드러내며, 참된 평화는 예수님과 하나님나라를 위한 결단을 통해 생겨난다는 깨우침을 가져다줍니

도중에 그에게서 풀려나도록 힘써라. 그렇지 않으면, 그가 너
를 재판관에게로 끌고 갈 것이고, 재판관은 형무소 관리에게
넘겨주고, 형무소 관리는 너를 옥에 처넣을 것이다. 59 내가
너희에게 말한다. 너희가 그 마지막 한 푼까지 다 갚기 전에
는, 절대로 거기에서 나오지 못할 것이다."

다. 하지만 현재의 삶을 고수하기 위해 영원한 평화의 초대를 거부하는 사람이 많습니다. 그런 의미에서 예수님은 분열을 야기하는 존재입니다. 이 분열은 가장 친밀한 가족들 사이에서도 생겨날 것이고, 세대와 세대 사이에서도 생겨날 것입니다. 이는 태어날 때부터 분명하게 드러났던 예언자이자 메시아이신 예수님의 운명입니다(눅 2:34-35).

{ 제13장 }

회개하지 않으면 망한다

1 바로 그때에 몇몇 사람이 와서, 빌라도가 갈릴리 사람들을
학살해서 그 피를 그들이 바치려던 희생제물에 섞었다는 사
실을 예수께 일러드렸다. 2 예수께서 그들에게 대답하셨다.
"이 갈릴리 사람들이 이런 변을 당했다고 해서, 다른 모든
갈릴리 사람보다 더 큰 죄인이라고 생각하느냐? 3 그렇지
않다. 내가 너희에게 말한다. 너희도 회개하지 않으면, 모두
그렇게 망할 것이다. 4 또 실로암에 있는 탑이 무너져서 치
여 죽은 열여덟 사람은 예루살렘에 사는 다른 모든 사람보다
더 많이 죄를 지은 사람이라고 생각하느냐? 5 그렇지 않다.
내가 너희에게 말한다. 너희도 회개하지 않으면, 모두 그렇

이유 없이 당한 변고에 대해 예수는 회개하지 않으면 그렇게 망할 것이라고 경고합니다. 그렇다면 요즘 벌어지는 억울한 죽음이나 사고도 회개의 문제로 받아들여야 하나요? 인과응보 사상은 매우 중요한 성서적 전통입니다. 하나님께서는 순종하는 사람에게는 복을, 거부하는 이에게는 저주를 내리십니다. 하지만 이 거대한 원리가 삶의 일상에서 기계적으로 확인되는 것은 아닙니다. 욥기나 전도서, 혹은 시편 73편 같은 글들은 공정하신 하나님에 관한 신념은 우리 현실의 복잡함을 부정하는 방식으로 적용될 수 없다는 사실을 잘 보여줍니다. 예수님의 답변은 불의의 사고에 희생된 이들이 '다른 모든 사람보다 더 큰 죄인'이라는 발상을 배격합니다. 우리 경험 속에는 우리의 불행이 우리의 죄와 무관한 상황들이 존재합니다. 따라서 개인적, 사회적 비극을 무고한 희생자들의 죄와 연결하는 움직임은 위험합니다. 섣불리 '하나님의 뜻'을 운운할 수 없는 이유가 여기 있습니다. 예수님께서는 현재의 재난을 미래의 심판과 연결하며 회개의 필요를 강조하십니다. 현재의 재난 자체를 심판으로 간주하는 것은 본문의 의도를 한참 벗어나는 오해입니다.

게 망할 것이다."

열매를 맺지 못하는 무화과나무의 비유

6 ○ 예수께서는 이런 비유를 말씀하셨다. "어떤 사람이 자기
포도원에다가 무화과나무를 한 그루 심었는데, 그 나무에서
열매를 얻을까 하고 왔으나, 찾지 못하였다. 7 그래서 그는 포
도원지기에게 말하였다. '보아라, 내가 세 해나 이 무화과나무
에서 열매를 얻을까 하고 왔으나, 열매를 본 적이 없다. 찍어
버려라. 무엇 때문에 땅만 버리게 하겠느냐?' 8 그러자 포도원
지기가 그에게 말하였다. '주인님, 올해만 그냥 두십시오. 그
동안에 내가 그 둘레를 파고 거름을 주겠습니다. 9 그렇게 하
면, 다음 철에 열매를 맺을지도 모릅니다. 그때에 가서도 열매
를 맺지 못하면, 찍어버리십시오.'"

포도원에서 열매 맺지 못하는 무화과나무를 문제 삼는 비유가 말하고자 하는 의미는 무엇인가요? 이 흥미로운 이야기는 누가복음서에만 등장합니다. 그만큼 누가복음서 특유의 색조를 선명하게 드러냅니다. 이 비유는 구약성경 이사야서 5장의 '포도원 노래'를 배경으로 삼습니다(사 5:1-7). 농부의 지극정성에도 불구하고 나쁜 열매를 맺고, 그러다 결국 파괴되고 마는 슬픈 포도원 이야기입니다. 물론 이는 하나님의 사랑에도 불구하고 불순종으로 일관했던 이스라엘에 관한 비판입니다. 반면 여기서는 포도원에 심은 무화과나무 한 그루가 나옵니다. 3년 동안이나 열매를 맺지 못해서 주인이 잘라버리라고 명령한 나무입니다. 하지만 포도원지기가 나서서 올해 한 번만 더 기다려달라고 간청하고, 좀 더 정성 들여 가꿔보겠다고 약속합니다. 혹시 열매를 맺을지 모르기 때문입니다. 그래도 열매가 안 맺힌다면, 다른 선택은 없을 것입니다. 이 이야기의 초점은 포도원지기의 간청과 이로 인해 주어진 자비로운 결정입니다. 잃은 자를 찾아 회복하시는 예수님의 모습을 생각나게 하는 그림입니다. 이 예수님의 말씀에 순종하는 것은 그만큼 중요할 것입니다.

안식일에 등 굽은 여자를 고치시다

10 ○ 예수께서 안식일에 회당에서 가르치고 계셨다. 11 그런
데 거기에 열여덟 해 동안이나 병마에 시달리고 있는 여자가
있었는데, 그는 허리가 굽어 있어서, 몸을 조금도 펼 수 없었
다. 12 예수께서는 이 여자를 보시고, 가까이 불러서 말씀하시
기를, "여자야, 너는 병에서 풀려났다" 하시고, 13 그 여자에게
손을 얹으셨다. 그러자 그 여자는 곧 허리를 펴고, 하나님께
영광을 돌렸다. 14 그런데 회당장은, 예수께서 안식일에 병을
고치신 것에 분개하여 무리에게 말하였다. "일을 해야 할 날이
엿새가 있으니, 엿새 가운데서 어느 날에든지 와서, 고침을 받
으시오. 그러나 안식일에는 그렇게 하지 마시오." 15 주님께서
그에게 대답하셨다. "너희 위선자들아, 너희는 저마다 안식일
에도 소나 나귀를 외양간에서 풀어내어, 끌고 나가서 물을 먹

18년 동안 허리 아픈 여자를 안식일에 고쳐준 일을 두고 지적을 당하자, 예수는 아브라함의 딸이 사탄에게 매여 있었다고 상황을 해석합니다. 난데없이 나온 아브라함의 딸이나 사탄 이야기는 무엇인가요? 당시에도 율법은 이미 오래된 규정이었습니다. 그래서 옛적 말씀을 현실에 맞게 실천할 수 있는 길을 모색하는 해석의 전통이 오랫동안 축적되어왔습니다. 이를 '장로들의 전통'이라 부릅니다. 이에 의하면 생명이 위독한 경우가 아니면 환자를 치유하는 것은 일종의 노동으로 간주되어 안식일을 위반하는 행위로 여겨졌습니다. 회당장의 분노는 바로 이런 전승을 바탕에 깔고 있습니다. 역설적인 것은 안식일에 소나 나귀 같은 짐승에게 물을 먹이는 것은 상관이 없었습니다. 예수님께서는 바로 이런 해석 관행의 비인간적인 역설을 지적하십니다. 지금 치유 대상은 짐승이 아니라 '아브라함의 딸', 곧 인간이자 하나님의 백성입니다. 또 이는 하루의 신체적 목마름을 해소하는 일이 아니라, 무려 열여덟 해 동안 지속된 사탄의 지배로부터 해방하는 일입니다. 이런 일을 못 하게 만드는 율법 해석이 터무니없다는 지적입니다.

이지 않느냐? 16 그렇다면, 아브라함의 딸인 이 여자가 열여
덟 해 동안이나 사탄에게 매여 있었으니, 안식일에라도 이 매
임을 풀어주어야 하지 않겠느냐?" 17 예수께서 이 말씀을 하시
니, 그를 반대하던 사람들은 모두 부끄러워하였고, 무리는 모
두 예수께서 하신 모든 영광스러운 일을 두고 기뻐하였다.

겨자씨와 누룩의 비유(마 13:31–33; 막 4:30–32)

18 ○ 예수께서 말씀하셨다. "하나님나라는 무엇과 같은가?
그것을 무엇에다가 비길까? 19 그것은 겨자씨의 다음 경우와
같다. 어떤 사람이 겨자씨를 가져다가 자기 정원에 심었더니,
자라서 나무가 되어, 공중의 새들이 그 가지에 깃들였다."
20 ○ 예수께서 다시 말씀하셨다. "하나님나라를 무엇에다가
비길까? 21 그것은 누룩의 다음 경우와 같다. 어떤 여자가 누

하나님나라가 창대해지는 것의 비유에서 궁금한 것이 있습니다. 그렇다면 하나님나라를 창대케 하는 겨자씨나 누룩 같은 존재는 현실에서 무엇이라고 봐야 하나요?
예수님의 말씀을 기계적으로 읽으면, 자라나는 겨자씨와 부풀어 오르는 반죽이 등장하는 이 두 비유는 하나님나라 자체의 성장에 관해 말하는 것처럼 보입니다. 하지만 하나님나라가 '성장한다'는 생각은 그리 자연스럽지 않습니다. 대부분의 경우 하나님나라는 여전히 와야 할 나라입니다. 그리고 사람들은 좁은 문을 거쳐 그리로 들어가도록 노력해야 합니다(22–24절). 이런 나라가 점점 커지는 겨자씨 같다거나, 무언가를 부풀게 하는 누룩과 같다는 발상은 어색합니다. 그렇다면 현재 성장하는 겨자씨나 부푸는 반죽은 하나님나라 자체가 미미하다가 커진다는 뜻이라기보다는, 하나님나라를 선포하며 하나님나라의 도래를 위해 일하시는 예수님의 선교적 행보와 관계되는 이미지일 가능성이 큽니다. 누가복음서는 예수님을 통해 야기되는 거대한 운명의 역전을 자주 이야기합니다. 이 역전 속에서, 현재의 미약함과 고통은 하나님나라에서 영예와 기쁨이 될 것입니다.

룩을 가져다가, 가루 서 말 속에 섞어 넣었더니, 마침내 온통
부풀어 올랐다."

좁은 문으로 들어가기를 힘써라(마 7:13-14, 21-23)

22 ○ 예수께서 여러 성읍과 마을에 들르셔서, 가르치시면서
예루살렘으로 여행하셨다. 23 그런데 어떤 사람이 예수께 물
었다. "주님, 구원받을 사람은 적습니까?" 예수께서 그들에게
대답하셨다. 24 "너희는 좁은 문으로 들어가기를 힘써라. 내
가 너희에게 말한다. 들어가려고 해도 들어가지 못하는 사람
이 많을 것이다. 25 집주인이 일어나서, 문을 닫아버리면, 너
희가 밖에 서서 문을 두드리면서 '주인님, 문을 열어주십시오'
하고 졸라도, 주인은 '너희가 어디에서 왔는지, 나는 모른다'
하고 대답할 것이다. 26 그때에 너희가 말하기를 '우리는 주
인님 앞에서 먹고 마셨으며, 주인님은 우리를 길거리에서 가
르치셨습니다' 할 터이나, 27 주인이 너희에게 말하기를 '나는
너희가 어디에서 왔는지 모른다. 불의를 일삼는 자들아, 모두
내게서 물러가거라' 할 것이다. 28 아브라함과 이삭과 야곱과

하나님나라에 들어가지 못한 채 바깥으로 쫓겨난 '너희'는 어떤 사람들을 말하는 건가요? 이 말씀은 "구원을 받게 될 사람이 적습니까?" 하는 어떤 사람의 물음에서 시작합니다. 이에 예수님께서는 좁은 문으로 들어가려고 애를 써야 한다는 사실, 그리고 이 노력의 기회가 무한하지 않다는 사실을 지적하십니다. 일단 문이 닫히면 기회가 없습니다. 그리고 좁은 문으로 들어가려는 노력은 그저 주님 앞에서 먹고 마셨다거나, 길거리에서 주님의 가르침을 들었다는 사실로 증명되지 않습니다. 하나님나라 복음은 모든 것을 내려놓고, 자기 십자가를 지고 예수님의 뒤를 따르는 결단을 요구합니다. 여기서 '너희'는 예수님을 경험하고 그분의 말씀을 들었지만, 제자도의

모든 예언자는 하나님나라 안에 있는데, 너희는 바깥으로 쫓
겨난 것을 너희가 보게 될 때에, 거기서 슬피 울면서 이를 갈
것이다. 29 사람들이 동과 서에서, 또 남과 북에서 와서, 하나
님나라 잔치 자리에 앉을 것이다. 30 보아라, 꼴찌가 첫째가
될 사람이 있고, 첫째가 꼴찌가 될 사람이 있다."

예루살렘을 보고 한탄하시다(마 23:37–39)

31 ○ 바로 그때에 몇몇 바리새파 사람들이 다가와서 예수께
말하였다. "여기에서 떠나가십시오. 헤롯 왕이 당신을 죽이고
자 합니다." 32 예수께서 그들에게 말씀하셨다. "가서, 그 여
우에게 전하기를 '보아라, 오늘과 내일은 내가 귀신을 내쫓고
병을 고칠 것이요, 사흘째 되는 날에는 내 일을 끝낸다' 하여
라. 33 그러나 오늘도 내일도 그다음 날도, 나는 내 길을 가야
하겠다. 예언자가 예루살렘이 아닌 다른 곳에서는 죽을 수 없
기 때문이다. 34 예루살렘아, 예루살렘아, 예언자들을 죽이
고, 네게 파송된 사람들을 돌로 치는구나! 암탉이 제 새끼를
날개 아래에 품듯이, 내가 몇 번이나 네 자녀를 모아 품으려

좁은 길을 거부하며 '불의를 행하는' 삶을 고집했던 유대인 청중입니다. 역설적이지만, 이들은 원래 하나님 백성에 속했으면서도 장차 세상의 모든 민족이 참여할 하나님나라 잔치에서 배제될 것입니다. 이 역시 첫째가 꼴찌가 되는 대역전의 한 양상입니다. 이는 14장의 큰 잔치 비유에서 보다 선명한 그림으로 그려집니다.

하였더냐! 그러나 너희는 그것을 원하지 않았다. 35 보아라,
너희의 집은 버림을 받을 것이다. 내가 너희에게 말한다. 너희
가 말하기를 '주님의 이름으로 오시는 분은 복되시다' 할 그때
가 오기까지, 너희는 나를 다시는 보지 못할 것이다."

{ 제14장 }

수종병 앓는 사람을 고치시다

1 어느 안식일에 예수께서 바리새파 사람의 지도자들 가운데
어떤 사람의 집에 음식을 잡수시러 들어가셨는데, 사람들이
예수를 지켜보고 있었다. 2 그런데 예수 앞에 수종병 환자가
한 사람이 있었다. 3 예수께서 율법교사들과 바리새파 사람들

율법교사와 바리새파 사람들은 무엇 때문에 예수님을 주시하고 있었던 건가요?
예수님의 하나님나라 선포에서 드러난 수용과 회복의 패러다임은 당시 종교 지도자들의 분리주의적 경건 개념과는 사뭇 달랐습니다. 그들은 나름의 방식으로 율법의 전통에 충실하다 생각했지만, 예수님께서는 그들의 행태를 위선이라 질타하셨습니다. 이들과의 점증하는 갈등은 앞서 바리새파 사람의 집에 초대받아 식사하는 자리에서 사실상 돌이킬 수 없는 수준으로 악화되었습니다. 예수님께서는 매우 격한 언어로 그들의 위선을 경고하며 심판을 선고하셨고, 그들은 예수님에게 더욱 적나라한 앙심을 품었습니다. 그들은 예수님의 행보를 예의 주시하며, 그분의 말을 책잡으면서 예수님의 신학적, 신앙적 부당성을 폭로하고자 했습니다. 기회가 있을 때마다 예수님을 시험하며 그분의 가르침에 시비를 걸고, 예수님을 율법을 지키지 않는 자로 정죄하려 했습니다. 여기서 가장 자주 등장하는 이슈가 안식일 노동 여부였습니다. 그들에게는 예수님의 율법 위반을 확인하는 기회였다면, 예수님의 입장에서는 빗나간 율법 준수의 위선을 드러내는 기회가 되었습니다.

에게 물으셨다. "안식일에 병을 고치는 것이 옳으냐? 옳지 않
으냐?" 4 그들은 잠잠하였다. 예수께서 그 병자를 손으로 잡
아서 고쳐주시고, 돌려보내신 다음에, 5 그들에게 말씀하셨
다. "너희 가운데서 누가 아들이나 소가 우물에 빠지면 안식일
에라도 당장 끌어내지 않겠느냐?" 6 그들은 이 말씀에 대답할
수 없었다.

낮은 자리에 앉으라

7 ○ 예수께서는, 초청을 받은 사람들이 윗자리를 골라잡는
것을 보시고, 그들에게 비유를 하나 말씀하셨다. 8 "네가 누구
에게 혼인 잔치에 초대를 받거든, 높은 자리에 앉지 말아라.
혹시 손님 가운데서 너보다 더 귀한 사람이 초대를 받았을 경
우에, 9 너와 그를 초대한 사람이 와서, 너더러 '이분에게 자리
를 내드리시오' 하고 말할지 모른다. 그러면 너는 부끄러워하

자신이 좋아하는 사람들에게 밥을 사는 것은 인지상정 아닌가요? 왜 굳이 가난하거나 장애를 가진 사람들을 초청해야 하나요? 어제나 오늘이나 식사는 가장 일상적인 행위이자 가장 사회적인 행위입니다. 식사의 방식이나 음식, 그리고 함께하는 대상은 한 사람 혹은 가족의 사회적 정체성을 표현하기도 합니다. 바로 그런 이유로 사회적, 정치적 의도를 표현하는 수단이 되기도 합니다. 예수님의 가르침은 당시 상식적인 식사 코드를 빗겨갑니다. 나의 위상을 확인하는 수단인 '높은 자리'에 연연하지 말고, 다른 사람의 명예를 높여주라고 하십니다. 서로 마음이 통하거나 격이 맞거나, 또는 나에게 도움을 줄 수 있는 사람과 식사하는 것이 현명한 일이겠지만, 예수님께서는 당시 사회의 소외된 주변인들, 곧 내 호의를 갚을 방법이 없는 사람들에게 호의를 베풀라고 말씀하십니다. 소위 '윈-윈'이 가능한 관계망 속에서가 아니라, 하나님의 특별한 관심이 필요한 사람들에게 나의 관심을 돌릴 수 있어야 한다는 뜻입니다. 사람의 갚음이 아니라, 부활 때 하나님의 영원한 보상을 기대하며 살라는 말씀입니다.

며 가장 낮은 자리로 내려앉게 될 것이다. 10 네가 초대를 받
거든, 가서 맨 끝자리에 앉아라. 그리하면 너를 청한 사람이
와서, 너더러 '친구여, 윗자리로 올라앉으시오' 하고 말할 것이
다. 그때에 너는 너와 함께 앉은 모든 사람 앞에서 영광을 받
을 것이다. 11 누구든지 자기를 높이면 낮아질 것이요, 자기를
낮추면 높아질 것이다."
12 ○ 예수께서는 자기를 초대한 사람에게도 말씀하셨다. "네
가 점심이나 만찬을 베풀 때에, 네 친구나 네 형제나 네 친척
이나 부유한 이웃 사람들을 부르지 말아라. 그렇게 하면 그들
도 너를 도로 초대하여 네게 되갚아, 네 은공이 없어질 것이
다. 13 잔치를 베풀 때에는, 가난한 사람들과 지체에 장애가 있
는 사람들과 다리 저는 사람들과 눈먼 사람들을 불러라. 14 그
리하면 네가 복될 것이다. 그들이 네게 갚을 수 없기 때문이다.
의인들이 부활할 때에, 하나님께서 네게 갚아주실 것이다."

큰 잔치의 비유(마 22:1-10)

15 ○ 함께 먹고 있던 사람 가운데 하나가 이 말씀을 듣고서

초대를 거절하는 이유들이 나름 일리 있어 보입니다. 그럼에도 불구하고 주인이 노하는 이 큰 잔치 비유가 말하려는 것은 무엇인가요? 표면적으로 거부의 태도는 매우 정중합니다. 하지만 이 '깍듯한' 어조는 그들의 실질적인 무례함을 오히려 도드라지게 합니다. 그때나 지금이나 미리 확인하지도 않고 밭을 사는 경우는 없습니다. 또 값이 많이 나가는 소를 상태를 보지도 않고 다섯 겨리나 사는 일도 없습니다. 장가가는 일 역시 갑작스레 발생하는 일이 아닙니다. 따라서 이미 구입한 밭 또는 소를 뒤늦게 확인한다거나 결혼식을 치러야 한다는 말은 모두 누가 들어도 말도 안 되는 억지입니다. 미리 초대를 받은 사람의 입장에서, 불가불 초대를 거절해

예수께 말하였다. "하나님의 나라에서 음식을 먹는 사람은 복
이 있습니다." 16 예수께서 그에게 말씀하셨다. "어떤 사람이
큰 잔치를 베풀고, 많은 사람을 초대하였다. 17 잔치 시간이 되
어, 그는 자기 종을 보내서 '준비가 다 되었으니, 오십시오' 하
고 초대받은 사람들에게 말하게 하였다. 18 그런데 그들은 모
두 하나같이 핑계를 대기 시작하였다. 한 사람은 그에게 말하
기를 '내가 밭을 샀는데, 가서 보아야 하겠소. 부디 양해해주
기 바라오' 하였다. 19 다른 사람은 '내가 겨릿소 다섯 쌍을 샀
는데, 그것들을 시험하러 가는 길이오. 부디 양해해주기 바라
오' 하고 말하였다. 20 또 다른 사람은 '내가 장가를 들어서, 아
내를 맞이하였소. 그러니 가지 못하겠소' 하고 말하였다. 21 그
종이 돌아와서, 이것을 그대로 자기 주인에게 일렀다. 그러자
집주인이 노하여 종더러 말하기를 '어서 시내의 거리와 골목으
로 나가서, 가난한 사람들과 지체에 장애가 있는 사람들과 눈
먼 사람들과 다리 저는 사람들을 이리로 데려오너라' 하였다.
22 그렇게 한 뒤에 종이 말하였다. '주인님, 분부대로 하였습니
다만, 아직도 자리가 남아 있습니다.' 23 주인이 종에게 말하였
다. '큰길과 산울타리로 나가서, 사람들을 억지로라도 데려다

야만 하는 절박한 사정과는 거리가 먼 것들입니다. 한마디로 이들은 주인의 초대를 적나라하게 무시하고 있습니다. 말하자면, "죄송하지만 좀 꺼져주시겠습니까?" 하는 것과 비슷합니다. 주인은 당연히 자신의 명예를 짓밟은 손님들의 태도에 분노합니다. 마태복음서는 이들에 대한 심판을 강조하지만(마 22:7), 누가복음서는 주인의 분노가 원래 초대받지 못했던 수많은 사람들을 잔치에 초대하는 너그러움으로 이어진다는 사실을 강조합니다.

가, 내 집을 채워라. 24 내가 너희에게 말한다. 초대를 받은 사람들 가운데서는, 아무도 나의 잔치를 맛보지 못할 것이다.'"

제자가 되는 길(마 10:37-38)

25 ○ 많은 무리가 예수와 동행하였다. 예수께서 돌아서서
그들에게 말씀하셨다. 26 "누구든지 내게로 오는 사람은, 자
기 아버지나 어머니나, 아내나 자식이나, 형제나 자매뿐만
아니라, 심지어 자기 목숨까지도 미워하지 않으면, 내 제자
가 될 수 없다. 27 누구든지 자기 십자가를 지고 나를 따라오
지 않으면, 내 제자가 될 수 없다. 28 너희 가운데서 누가 망
대를 세우려고 하면, 그것을 완성할 만한 비용이 자기에게
있는지를, 먼저 앉아서 셈하여보아야 하지 않겠느냐? 29 그
렇게 하지 않아서, 기초만 놓은 채 완성하지 못하면, 보는 사
람들이 그를 비웃을 것이며, 30 '이 사람이 짓기를 시작만 하
고, 끝내지는 못하였구나' 하고 말할 것이다. 31 또 어떤 임
금이 다른 임금과 싸우러 나가려면, 이만 명을 거느리고서
자기에게로 쳐들어오는 그를 자기가 만 명으로 당해낼 수 있

예수를 따르는 데 치러야 할 대가가 상당하다는 점을 예고합니다. 제자가 된다는 것은 무엇인가요? 제자의 길은 이전과는 전혀 다른 삶을 향한 여정입니다. 내 삶의 토대인 가족을 미워하고, 심지어 나 자신을 미워하지 않으면 나설 수 없는 길입니다. 물론 이 표현은 예수님 특유의 수사법입니다. 여기서 미움의 대상은 가족이나 자신이 아니라, 사회적인 통념의 틀 속에서 형성된 관계 방식, 그리고 그런 가치 체계 속에서 살아가는 자신의 삶을 가리킵니다. 이 땅에서 재산(소유)은 내 삶을 지탱하는 기둥과 같습니다. 이를 "미워하라"는 것은 그런 관계와 가치에 기대어 살던 삶과 결별하라는 뜻입니다. 그래야만 하나님나라의 가치를 추구하며 사는 삶이

을지를, 먼저 앉아서 헤아려보아야 하지 않겠느냐? 32 당해
낼 수 없겠으면, 그가 아직 멀리 있을 동안에 사신을 보내서,
화친을 청할 것이다. 33 그러므로 이와 같이, 너희 가운데서
누구라도, 자기 소유를 다 버리지 않으면, 내 제자가 될 수
없다."

맛 잃은 소금은 쓸데 없다(마 5:13; 막 9:50)

34 ○ "소금은 좋은 것이다. 그러나 소금이 짠맛을 잃으면,
무엇으로 그것을 짜게 하겠느냐? 35 그것은 땅에도 거름에
도 쓸데가 없어서 밖에 내버린다. 들을 귀가 있는 사람은 들
어라."

가능하기 때문입니다. 물론 이런 결단은 쉽지 않습니다. 아무리 어려운 상황에서도 하나님을 신뢰하는 일이 어려운 것과 마찬가지입니다. 그런 의미에서 제자도의 '대가'는 큽니다. 그래서 예수님께서는 제자가 되려고 나서는 이들에게 제자도의 대가를 치를 준비가 되어 있는지 물으십니다. 신학자 본회퍼는 대가 없이 제자가 되겠다는 태도, 혹은 제자도를 무시한 채 하나님의 은총을 누리겠다는 태도를 '값싼 은총'이라고 표현했습니다.

{ 제15장 }

잃은 양의 비유(마 18:12–14)

1 세리들과 죄인들이 모두 예수의 말씀을 들으려고 그에게 가
까이 몰려들었다. 2 바리새파 사람들과 율법학자들은 투덜거
리며 말하였다. "이 사람이 죄인들을 맞아들이고, 그들과 함께
음식을 먹는구나."
3 ○ 그래서 예수께서는 그들에게 이 비유를 말씀하셨다.
4 "너희 가운데서 어떤 사람이 양 백 마리를 가지고 있는데,
그 가운데서 한 마리를 잃으면, 아흔아홉 마리를 들에 두고,
그 잃은 양을 찾을 때까지 찾아다니지 않겠느냐? 5 찾으면,
기뻐하며 자기 어깨에 메고 6 집으로 돌아와서, 벗과 이웃
사람을 불러 모으고, '나와 함께 기뻐해주십시오. 잃었던 내
양을 찾았습니다' 하고 말할 것이다. 7 내가 너희에게 말한

'회개하는 죄인 한 사람'(7절)은 구체적으로 어떤 사람을 말하는 건가요? 15장의 유명한 세 개의 비유는 제자들을 위한 가르침이 아니라 예수님의 반대자들을 겨냥한 비판입니다. 언제나 그랬듯이 '세리와 죄인들'이 모두 예수님의 말씀을 듣기 위해 예수님께로 모여듭니다(1절). 하지만 바리새파 사람들과 율법학자들에게 이는 경악할 만한 상황이 아닐 수 없습니다. 거룩함을 지키기 위해서는 절대로 피해야 할 '죄인들'과 어울리며, 그들과 함께 음식을 먹는 행위가 되기 때문입니다(2절). 예수님께서 들려주신 세 개의 연결된 비유는 이 사람들의 비판에 대한 치밀한 반격에 해당합니다(3절). 양과 동전을 소재로 한 두 개의 비유에는 각각 결론에 대한 해석이 달려 있습니다. 곧 죄인 한 사람이 회개하는 것만큼 하나님께 기쁜 일이 없다는 것입니다(7, 10절). 이것이 메시아 예수님의 핵심 사명입니다. '세리와 죄인' 같은 잃어버린 사람을 찾아 아버지께로 돌아오게 하는 것입니다. 이 비유는 그것을 못마땅하게 여기는 이들을 향한 비판에 해당합니다.

다. 이와 같이 하늘에서는, 회개할 필요가 없는 의인 아흔아홉보다, 회개하는 죄인 한 사람을 두고 더 기뻐할 것이다."

되찾은 드라크마의 비유

8 ○ "어떤 여자에게 드라크마 열 닢이 있는데, 그가 그 가운데서 하나를 잃으면, 등불을 켜고, 온 집안을 쓸며, 그것을 찾을 때까지 샅샅이 뒤지지 않겠느냐? 9 그래서 찾으면, 벗과 이웃 사람을 불러 모으고 말하기를 '나와 함께 기뻐해주십시오. 잃었던 드라크마를 찾았습니다' 할 것이다. 10 내가 너희에게 말한다. 이와 같이 회개하는 죄인 한 사람을 두고, 하나님의 천사들이 기뻐할 것이다."

잃었다가 되찾는 것에 대한 비유가 연달아 세 개나 나옵니다. 이것은 그렇게 중요한 주제인가요? 복음서에는 3중의 이야기가 많습니다. 우리의 '삼세번'처럼, 세 개는 완결성이라는 함의를 품고 있습니다. 세 비유는 모두 동일한 구조를 보여줍니다. 가진 것 중 하나를 잃어버리고, 찾을 때까지 찾아다니며, 찾았을 때의 기쁨을 가족과 친구와 함께 나눕니다. "나와 함께 기뻐해주십시오. 잃었던 내 양/동전을 찾았습니다"(6, 9절). 세 번째 비유의 전반부도 동일한 구조를 보여줍니다. 그러니까 이 세 비유는 모두 단순히 잃었다가 찾았다는 것이 아니라, 잃은 것을 찾았을 때의 기쁨에 관한 이야기들입니다. 이런 공통된 바탕 위에서, 되찾은 아들에 대한 아버지의 기쁨에 공감하지 못하고, 오히려 아버지의 태도에 분노하는 형의 모습이 우리의 관심을 끕니다. 그러니까 앞의 세 비유는 세리와 죄인들이 돌아오는 상황, 곧 당연히 기뻐해야 할 상황에서 기뻐하기는커녕 도리어 분노를 표출하는 사람을 겨냥합니다. 물론 이 큰아들은 세리와 죄인들의 돌아옴을 못마땅해하는 바리새파와 율법학자들을 가리킵니다. 경건하다는 외양과 달리, 아버지의 가장 간절한 기쁨을 이해하지 못하는 안타까운 사람들입니다.

되찾은 아들의 비유

11 ○ 예수께서 말씀하셨다. "어떤 사람에게 아들이 둘 있는데
12 작은아들이 아버지에게 말하기를 '아버지, 재산 가운데서
내게 돌아올 몫을 내게 주십시오' 하였다. 그래서 아버지는
살림을 두 아들에게 나누어주었다. 13 며칠 뒤에 작은아들은
제 것을 다 챙겨서 먼 지방으로 가서, 거기서 방탕하게 살면
서, 그 재산을 낭비하였다. 14 그가 모든 것을 탕진했을 때에,
그 지방에 크게 흉년이 들어서, 그는 아주 궁핍하게 되었다.
15 그래서 그는 그 지방의 주민 가운데 한 사람을 찾아가서,
몸을 의탁하였다. 그 사람은 그를 들로 보내서 돼지를 치게 하
였다. 16 그는 돼지가 먹는 쥐엄 열매라도 좀 먹고 배를 채우
고 싶은 심정이었으나, 그에게 먹을 것을 주는 사람이 없었다.
17 그제서야 그는 제정신이 들어서, 이렇게 말하였다. '내 아
버지의 그 많은 품꾼들에게는 먹을 것이 남아도는데, 나는 여
기서 굶어 죽는구나. 18 내가 일어나 아버지에게 돌아가서, 이
렇게 말씀드려야 하겠다. 아버지, 내가 하늘과 아버지 앞에 죄
를 지었습니다. 19 나는 더 이상 아버지의 아들이라고 불릴 자

둘째 아들은 "하늘과 아버지 앞에 죄를 지었다"(18절)고 말합니다. 굳이 '하늘'을 표현한 이유가 있나요? 일찍이 땅을 밟고 사는 인간들에게 하늘은 인간의 한계를 넘는 신성의 공간이었습니다. 유대인들도 그랬습니다. 하늘은 하나님께서 계시는 곳입니다. 물리적 하늘이 하나님의 거주 공간이라는 말이 아니라, 인간 세계를 초월하는 하나님의 존재를 말하는 방식의 하나입니다. 또 십계명에서 볼 수 있는 것처럼, 유대인들은 거룩하신 하나님의 이름을 함부로 말하면 안 되었습니다. 함부로 이름을 부를 수 없는 하나님을 가리키는 우회적 표현 중 하나가 하늘입니다. 마태복음서에서 '하나님나라'가 자주 '하늘나라'로 불리는 것이 그런 전통을 반영합니

격이 없으니, 나를 품꾼의 하나로 삼아주십시오.' 20 그는 일
어나서, 아버지에게로 갔다. 그가 아직도 먼 거리에 있는데,
그의 아버지가 그를 보고 측은히 여겨서, 달려가 그의 목을 껴
안고, 입을 맞추었다. 21 아들이 아버지에게 말하였다. '아버
지, 내가 하늘과 아버지 앞에 죄를 지었습니다. 이제부터 나
는 아버지의 아들이라고 불릴 자격이 없습니다.' 22 그러나
아버지는 종들에게 말하였다. '어서, 가장 좋은 옷을 꺼내서,
그에게 입히고, 손에 반지를 끼우고, 발에 신을 신겨라. 23 그
리고 살진 송아지를 끌어내다가 잡아라. 우리가 먹고 즐기자.
24 나의 이 아들은 죽었다가 살아났고, 내가 잃었다가 되찾았
다.' 그래서 그들은 잔치를 벌였다.
25 ○ 그런데 큰아들이 밭에 있다가 돌아오는데, 집에 가까
이 이르렀을 때에, 음악 소리와 춤추면서 노는 소리를 듣고,
26 종 하나를 불러서, 무슨 일인지를 물어보았다. 27 종이 그
에게 말하였다. '아우님이 집에 돌아왔습니다. 건강한 몸으로
돌아온 것을 반겨서, 주인어른께서 살진 송아지를 잡으셨습니
다.' 28 큰아들은 화가 나서, 집으로 들어가려고 하지 않았다.
아버지가 나와서 그를 달랬다. 29 그러나 그는 아버지에게 대

다. 그러니까 '하늘과 아버지 앞에'라는 말은 '하나님과 아버지 앞에'라는 의미입니다. 참고로 유대인들은 히브리어로 네 자음인 하나님의 이름(YHWH)이 나올 때마다 '나의 주'(아도나이)라는 말로 대신 읽었습니다. 원래는 모음 표기 체계가 없었던지라 하나님의 이름의 원 발음을 알 수 없게 되었습니다. '여호와'는 본래 이름이 아니라 하나님의 이름에다 '나의 주'라는 단어의 모음을 결합한 일종의 임시변통입니다. 학자들은 대개 '야훼'였을 것으로 추정합니다.

답하였다. '나는 이렇게 여러 해를 두고 아버지를 섬기고 있
고, 아버지의 명령을 한 번도 어긴 일이 없는데, 나에게는 친
구들과 함께 즐기라고, 염소 새끼 한 마리도 주신 일이 없습니
다. 30 그런데 창녀들과 어울려서 아버지의 재산을 다 삼켜버
린 이 아들이 오니까, 그를 위해서는 살진 송아지를 잡으셨습
니다.' 31 아버지가 그에게 말하였다. '얘야, 너는 늘 나와 함께
있으니 내가 가진 모든 것은 다 네 것이다. 32 그런데 너의 이
아우는 죽었다가 살아났고, 내가 잃었다가 되찾았으니, 즐기
며 기뻐하는 것이 마땅하다.'"

아버지는 둘째 아들에 대해 "죽었다가 살아났다"고 말하고, 자신에 대해서는 "잃었다가 되찾았다"고 표현합니다. 그 의미는 무엇인가요? 15장의 세 비유는 모두 잃었다가 다시 찾는 장면과 그 되찾음을 두고 기뻐하는 두 핵심 장면으로 이루어집니다. 물론 현재의 문맥 속에 잃어버린 양이나 동전, 혹은 아버지를 배반하고 집을 나간 둘째 아들은 당시 거룩함의 위계에 매우 민감했던 유대 사회에서 가장 변두리에 있었던 사람들, 곧 영적으로 잃어버린 사람이나 죽은 사람들로 간주되던 '세리와 죄인들'(1절)을 가리킵니다. 죽음은 하나님과 단절된 인간의 상태를 가리키는 표현 중 하나입니다. 모든 생명은 하나님께로부터 나오는데, 그 생명의 하나님과 단절된 상태이니 죽음일 수밖에 없습니다. 에베소서에서도 회심하기 전의 신자들을 '허물과 죄로 죽었던' 존재들이라 부르고, 이런 존재를 하나님께서 "그리스도와 함께 살리셨다"고 이야기합니다(엡 2:1–5). 이 죽음이 하늘 아버지의 입장에서는 '잃어버린' 것과 같습니다. 둘째 아들의 경우처럼, 사실 인간 편에서의 의도적 반역이지만, 하나님 편에서는 여전히 잃어버린 존재입니다. 그래서 하나님께서는 그들을 찾을 때까지 찾으시고, 그들이 돌아올 때 격한 기쁨으로 그들을 맞이하십니다.

{ 제16장 }

불의한 청지기의 비유

1 예수께서 제자들에게도 말씀하셨다. "어떤 부자가 있었는
데, 그는 청지기 하나를 두었다. 그는 이 청지기가 자기 재산
을 낭비한다고 하는 소문을 듣고서, 2 그를 불러놓고 말하였
다. '자네를 두고 말하는 것이 들리는데, 어찌 된 일인가? 자네
가 맡아보던 청지기 일을 정리하게. 이제부터 자네는 그 일을
볼 수 없네.' 3 그러자 그 청지기는 속으로 말하였다. '주인이
내게서 청지기 직분을 빼앗으려 하니, 어떻게 하면 좋을까?
땅을 파자니 힘이 없고, 빌어먹자니 낯이 부끄럽구나. 4 옳지,
내가 무엇을 해야 할지 알겠다. 내가 청지기의 자리에서 떨려
날 때에, 사람들이 나를 자기네 집으로 맞아들이도록 조치해
놓아야지.' 5 그래서 그는 자기 주인에게 빚진 사람들을 하나

주인은 불의한 청지기를 슬기롭다고 칭찬하고, 이후 예수는 불의한 재물로 친구를 사귀라고 말합니다(8–9절). 무슨 숨은 의도가 있는 겁니까? 해석이 어려운 비유입니다. 정직하지 않은 청지기를 칭찬하고 있기 때문입니다. 하지만 비유는 그의 현명함에 주목합니다. 주인의 재물을 낭비하고 장부를 조작한 사실이 아니라, 그가 그런 불의한 재물로 친구를 만들어 자기 삶을 대비하는 현명함입니다. 이 비유 속의 주인 역시 바로 그 점에서 청지기의 '지혜로움'을 칭찬합니다(8절). 이 시대에는 하나님께 속한 '빛의 아들들'보다 하나님 없이 자기 삶을 사는 '이 세대의 아들들'이 '더 지혜롭다'는 판단도 바로 이 사실에 초점을 맞춥니다. 불의한 청지기처럼, 이 세대의 사람들은 자기 미래를 준비하는 데 여념이 없습니다. 마찬가지로 빛의 자녀들 역시 미래를 준비하는 삶을 살아야 합니다. 물론 미래는 이생의 내일이 아니라, 영원한 미래입니다. 어떤 점에서 현재 삶의 재물은 '불의한 재물'입니다. 그러나 우리는 영원한 미래를 준비하는 방법으로 그 재물을 사용해야 합니다.

씩 불러다가, 첫째 사람에게 '당신이 내 주인에게 진 빚이 얼
마요?' 하고 물었다. 6 그 사람이 '기름 백 말이오' 하고 대답하
니, 청지기는 그에게 '자, 이것이 당신의 빚문서요. 어서 앉아
서, 쉰 말이라고 적으시오' 하고 말하였다. 7 그리고 다른 사
람에게 묻기를 '당신의 빚은 얼마요?' 하였다. 그 사람이 '밀
백 섬이오' 하고 대답하니, 청지기가 그에게 말하기를 '자, 이
것이 당신의 빚문서요. 받아서, 여든 섬이라고 적으시오' 하였
다. 8 주인은 그 불의한 청지기를 칭찬하였다. 그가 슬기롭게
대처하였기 때문이다. 이 세상의 자녀들이 자기네끼리 거래하
는 데는 빛의 자녀들보다 더 슬기롭다. 9 그러므로 내가 너희
에게 말한다. 불의한 재물로 친구를 사귀어라. 그래서 그 재물
이 없어질 때에, 그들이 너희를 영원한 처소로 맞아들이게 하
여라. 10 지극히 작은 일에 충실한 사람은 큰일에도 충실하고,
지극히 작은 일에 불의한 사람은 큰일에도 불의하다. 11 너희

예수는 하나님과 재물을 함께 섬길 수 없다고 결론 내립니다. 하지만 요즘 보면 재산을 잘 늘리는 사람 중에 이른바 독실한 크리스천이 많지 않나요? 그들이 잘못된 건가요? 성경은 생존에 필요한 돈의 정당성을 부정하지 않습니다. 하나님께서 돌보시는 세상에서 우리 삶을 유지하는 수단이기 때문입니다. 그런데 우리는 쉽게 생존 수단인 돈 자체가 우리의 생존을 보장한다고 믿습니다. 더 많은 돈이 그만큼 우리 삶을 든든하게 지킬 것이라는 '믿음'은 돈에 대한 무한한 욕망으로 이어집니다. 돈 자체가 목표가 되는 삶, 곧 돈을 섬기는 삶입니다. 우리 주변에는 더 많은 수익이 삶의 최고 원리인 양 사는 사람들이 많습니다. 물론 돈을 섬기지 않고도 부자가 될 수 있습니다. 하지만 제한된 재화가 유통되는 하나의 사회에서 나의 '가짐'은 다른 이들의 '못 가짐'과 함께 갑니다. 특히 현대사회에서 부는 나의 노력뿐 아니라 수많은 다른 사람들의 노력, 그리고 사회경제 시스템의 덕일 때가 많습니다. 내 돈이 '내 돈'이라고 고집부릴 수 없는 이유입니다. 함께하는 삶을 생각하고 이를 위해 내게 허락된 돈을 활용하는 삶, 이것이 보물을 하늘에 쌓는 지혜로움이라고 성경은 가르칩니다.

가 불의한 재물에 충실하지 못하였으면, 누가 너희에게 참된
것을 맡기겠느냐? 12 또 너희가 남의 것에 충실하지 못하였으
면, 누가 너희에게 너희의 몫인들 내주겠느냐? 13 한 종이 두
주인을 섬기지 못한다. 그가 한쪽을 미워하고 다른 쪽을 사랑
하거나, 한쪽을 떠받들고 다른 쪽을 업신여길 것이다. 너희는
하나님과 재물을 함께 섬길 수 없다."

율법과 하나님의 나라

14 ○ 돈을 좋아하는 바리새파 사람들이 이 모든 말씀을 듣고
나서, 예수를 비웃었다. 15 그래서 예수께서 그들에게 말씀하
셨다. "너희는 사람들 앞에서 스스로 의롭다고 하는 자들이
다. 그러나 하나님께서는 너희의 마음을 아신다. 사람들이 높
이 평가하는 그러한 것은 하나님이 보시기에 혐오스러운 것이
다. 16 율법과 예언자는 요한의 때까지다. 그 뒤로부터는 하나

17절은 율법의 완전무결함을 강조한 말씀인가요? 이 말씀 자체는 여러 관점에서 이해할 수 있습니다. '(모세를 통해 주신) 율법과 선지자'는 당시의 성경, 지금 우리의 구약성경 전체를 가리키는 표현입니다. 더 길게 '율법 선지자와 시편'이라고 말하기도 합니다(눅 24:27, 44). 그리스도인들은 성경을 통해 이루어진 하나님의 오랜 계시가 하나님의 최종적 계시, 곧 나사렛 예수님에게로 수렴되고, 그분에게서 성취되거나 재확인되었다고 믿었습니다(눅 24:25-27, 44-47). 한편 율법에는 하나님께서 이 시대를 살아가는 자기 백성에게 주신 계명, 곧 올바른 삶의 길이 제시되어 있습니다. 이는 '하늘과 땅이 없어지기 전까지' 폐기될 수 없습니다. 마태복음서에서도 예수님은 '율법과 선지자를 폐기하는' 분이 아니라, 그 속의 말씀을 성취하는 분입니다. 그래서 율법에 담긴 하나님의 뜻은 소중하게 가르치고 지켜야 합니다. 율법에 대한 예수님과 바울의 비판은 율법을 지키는 우리들의 위선을 겨냥한 것이지, 순종 자체의 중요성을 무시하는 것이 아닙니다.

님나라가 기쁜 소식으로 전파되고 있으며, 모두 거기에 억지
로 밀고 들어간다. 17 율법에서 한 획이 빠지는 것보다, 하늘
과 땅이 없어지는 것이 더 쉽다. 18 자기 아내를 버리고 다른
여자에게 장가드는 사람은 간음하는 것이며, 남편에게서 버림
받은 여자에게 장가드는 사람도 간음하는 것이다."

부자와 거지

19 ○ "어떤 부자가 있었는데, 그는 자색 옷과 고운 베옷을 입
고, 날마다 즐겁고 호화롭게 살았다. 20 그런데 그 집 대문 앞
에는 나사로라 하는 거지 하나가 헌데투성이 몸으로 누워서,
21 그 부자의 상에서 떨어지는 부스러기로 배를 채우려고 하였
다. 개들까지도 와서, 그의 헌데를 핥았다. 22 그러다가, 그 거
지는 죽어서 천사들에게 이끌려가서 아브라함의 품에 안기었
고, 그 부자도 죽어서 묻히었다. 23 부자가 지옥에서 고통을
당하다가 눈을 들어서 보니, 멀리 아브라함이 보이고, 그의 품
에 나사로가 있었다. 24 그래서 그가 소리를 질러 말하기를 '아
브라함 조상님, 나를 불쌍히 여겨주십시오. 나사로를 보내서,

부자와 거지의 비유가 말하는 핵심은 무엇인가요? 천국과 지옥행에 대한 이야긴가요, 아니면 누구의 말도 믿지 않는 사람의 본성에 대한 이야긴가요? 하나의 비유지만, 사실 두 개의 주제가 흥미롭게 얽혀 있습니다. 하나는 사회경제적 '대역전'(the Great Reversal)입니다. 자기만의 세상에서 누리며 살았던 부자는 지옥에 가고, 고난과 치욕의 삶에 내몰렸던 거지는 아브라함의 품으로 갑니다. 다른 어떤 종교적, 신앙적 이유도 없습니다. 이 비유는 이 땅에서 부유하다는 사실 자체가 영적 함의를 갖는다는 누가복음서의 관점을 반영합니다. 거지에게 무관심한 부자의 모습은 그의 영적 가난을 보여줍니다. 두 번째는 성경 말씀의 중요성입니다. '모세

그 손가락 끝에 물을 찍어서 내 혀를 시원하게 하도록 하여주
십시오. 나는 이 불 속에서 몹시 고통을 당하고 있습니다' 하였
다. 25 그러나 아브라함이 말하였다. '얘야, 되돌아보아라. 네
가 살아 있을 동안에 너는 온갖 호사를 다 누렸지만, 나사로는
온갖 괴로움을 다 겪었다. 그래서 그는 지금 여기서 위로를 받
고, 너는 고통을 받는다. 26 그뿐만 아니라, 우리와 너희 사이
에는 큰 구렁텅이가 가로놓여 있어서, 여기에서 너희에게로 건
너가고자 해도 갈 수 없고, 거기에서 우리에게로 건너올 수도
없다.' 27 부자가 말하였다. '조상님, 소원입니다. 그를 내 아버
지 집으로 보내주십시오. 28 나는 형제가 다섯이나 있습니다.
제발 나사로가 가서 그들에게 경고하여, 그들만은 고통받는 이
곳에 오지 않게 하여주십시오.' 29 그러나 아브라함이 말하였
다. '그들에게는 모세와 예언자들이 있으니, 그들의 말을 들어
야 한다.' 30 부자는 대답하였다. '아닙니다. 아브라함 조상님,
죽은 사람들 가운데서 누가 살아나서 그들에게로 가야만, 그
들이 회개할 것입니다.' 31 아브라함이 그에게 대답하였다. '그
들이 모세와 예언자들의 말을 듣지 않는다면, 죽은 사람들 가
운데서 누가 살아난다고 해도, 그들은 믿지 않을 것이다.'"

와 선지자', 곧 성경을 믿지 않는 사람이라면, 설사 죽었던 나사로가 부활해 나타난다 해도 회개하지 않을 것입니다. 기적은 우리를 놀라게 하지만, 우리 존재의 근본적인 지향을 바꾸지는 못할 때가 많습니다. 말씀 자체의 진리에 설복되지 않는 사람이라면, 거기에 어떤 기적이 더해진다 해서 달라질 것은 없을 겁니다. 성경을 모르는 상태에서는 제자들도 부활하신 예수님을 알아보지 못했습니다. 오히려 성경을 깨달으면서 예수님의 고난과 부활의 참 뜻을 알 수 있었습니다.

{ 제17장 }

남을 죄 짓게 함, 용서, 믿음, 종의 도리(마 18:6-7, 21-22; 막 9:42)

1 예수께서 제자들에게 말씀하셨다. "걸려 넘어지게 하는 일
들이 생기지 않을 수는 없지만, 그러한 일들을 일으키는 사람
은 화가 있다. 2 이 작은 사람들 가운데 하나를 걸려 넘어지게
하는 것보다, 차라리 자기 목에 큰 맷돌을 매달고 바다에 빠지
는 것이 나을 것이다. 3 너희는 스스로 조심하여라. 믿음의 형
제가 죄를 짓거든 꾸짖고, 회개하거든 용서하여주어라. 4 그
가 네게 하루에 일곱 번 죄를 짓고, 일곱 번 네게 돌아와서 '회
개하오' 하면, 너는 용서해주어야 한다."
5 ○ 사도들이 주님께 말하였다. "우리에게 믿음을 더하여주
십시오." 6 주님께서 말씀하셨다. "너희에게 겨자씨 한 알만
한 믿음이라도 있으면, 이 뽕나무더러 '뽑혀서, 바다에 심기어

2절에 나오는 '작은 사람들'은 누구를 말하나요? 본문에서는 특정되지 않았지만, 누가복음서 전체 맥락에서 보면 '세리와 죄인'처럼 회개하고 돌아와야 할 사람들을 가리키는 것으로 보입니다. 따라서 '걸려 넘어지게' 하는 것도 믿는 사람을 떨어뜨리는 것이 아니라, 회개하고 돌아오려는 사람을 방해하는 행위라 할 수 있습니다. 세리와 죄인처럼 회개가 필요한 사람일수록 평소에는 멀리하고 싶은 사람일 가능성이 높고, 그런 점에서 '작은 사람들'이라 할 수 있습니다. 회개하고 돌아오는 것을 막는 방법 중 하나는 용서하지 않는 것입니다. 하지만 예수님께서는 회개하는 사람에 대해서는 무조건적인 용서를 요구하십니다(3-4절). 제자들은 이 요구를 어렵다고 느꼈고, 그래서 더 큰 믿음을 달라고 요청합니다. 그러나 예수님께서는 믿음이란 크기의 문제가 아니라고 못을 박으십니다(5-6절). 믿음은 예수님이 주인이고 우리는 종이라는 사실을 기억하는 것, 그래서 그분의 명령에 무조건 복종하려는 겸허한 태도입니다(7-10절).

라' 하면, 그대로 될 것이다."
7 ○ "너희 가운데서 누구에게 밭을 갈거나, 양을 치는 종이
있다고 하자. 그 종이 들에서 돌아올 때에 '어서 와서, 식탁에
앉아라' 하고 그에게 말할 사람이 어디에 있겠느냐? 8 오히려
그에게 말하기를 '너는 내가 먹을 것을 준비하여라. 내가 먹고
마시는 동안에, 너는 허리를 동이고 시중을 들어라. 그런 다음
에야, 먹고 마셔라' 하지 않겠느냐? 9 그 종이 명령한 대로 하
였다고 해서, 주인이 그에게 고마워하겠느냐? 10 이와 같이,
너희도 명령을 받은 대로 다 하고 나서 '우리는 쓸모없는 종입
니다. 우리는 마땅히 해야 할 일을 하였을 뿐입니다' 하여라."

열 사람의 나병 환자가 깨끗하게 되다

11 ○ 예수께서 예루살렘으로 가시는 길에, 사마리아와 갈릴
리 사이로 지나가시게 되었다. 12 예수께서 어떤 마을에 들어

예수가 감사 인사를 드리러 오지 않은 아홉 사람을 찾은 이유는 무엇인가요? 예수님께서는 유대인의 영역인 갈릴리와 사마리아 사이를 지나던 중 한 마을에서 10명의 한센병(나병) 환자를 만나십니다. 예수님께서는 환자들을 향해 제사장들에게 가서 (치유된) 몸을 보여주고 확인을 받으라고 말씀하시고, 그들은 제사장에게 가던 중 놀라운 치유를 경험합니다. 그리고 그중 한 명이 "하나님께 영광을 돌리며" 예수님께 돌아와 엎드리며 감사합니다. 그는 '외국인', 곧 유대인들에게 사실상 이방인 취급을 받던 사마리아 사람이었습니다. 반면 똑같이 치유를 경험한 9명의 유대인은 나타나지 않습니다. 예수님께서는 하나님의 능력을 경험하고도 올바른 응답을 보이지 않은 그들의 태도를 지적하십니다. 그들을 치유해주신 "하나님께 영광을 돌리지 않았다"는 지적입니다. 돌아와 하나님께 영광을 돌린 사마리아 사람은 보다 깊은 은혜의 세계로 들어갑니다(19절). '작은 자'에 대한 하나님의 관심(2절), 그리고 경계를 넘는 복음에 대한 누가복음서의 관심을 잘 보여줍니다.

가시다가 나병 환자 열 사람을 만나셨다. 그들은 멀찍이 멈추
어 서서, 13 소리를 높여 말하였다. "예수 선생님, 우리를 불쌍
히 여겨주십시오." 14 예수께서는 보시고 그들에게 말씀하셨
다. "가서, 제사장들에게 너희 몸을 보여라." 그런데 그들이 가
는 동안에 몸이 깨끗해졌다. 15 그런데 그들 가운데 한 사람은
자기의 병이 나은 것을 보고, 큰 소리로 하나님께 영광을 돌리
면서 되돌아와서, 16 예수의 발 앞에 엎드려 감사를 드렸다.
그런데 그는 사마리아 사람이었다. 17 그래서 예수께서 말씀하
셨다. "열 사람이 깨끗해지지 않았느냐? 그런데 아홉 사람은
어디에 있느냐? 18 하나님께 영광을 돌리러 되돌아온 사람은,
이 이방 사람 한 명밖에 없느냐?" 19 그런 다음에 그에게 말씀
하셨다. "일어나서 가거라. 네 믿음이 너를 구원하였다."

하나님의 나라는 너희 가운데에 있다(마 24:23-28, 37-41)

20 ○ 바리새파 사람들이 하나님의 나라가 언제 오느냐고 물
으니, 예수께서 그들에게 대답을 하셨다. "하나님의 나라는 눈
으로 볼 수 있는 모습으로 오지 않는다. 21 또 '보아라, 여기에

"하나님의 나라는 너희 가운데에 있다"(21절)는 의미는 무엇인가요? 이 말씀은 하나님나라의 현재성에 관한 것으로 이해되지만, 그것이 예수님의 의도는 아닙니다. 하나님나라는 미래 '인자의 날'과 동일시됩니다(눅 17:22-37). 더욱이 여기서 '너희'는 순종하는 제자가 아닌, 바리새파 사람들입니다. 그들의 물음은 선의의 질문이 아니라 예수님의 하나님나라 선포에 대한 도전입니다. 그들은 하나님나라의 도래를 증명할 외부적 '표적'을 요구하며(눅 11:29), 예수님의 권위를 의문시합니다(눅 20:1-8). 하지만 하나님나라는 그런 식으로 오지 않습니다(눅 17:23). 죽음을 향해 가는 예수님 자신이 하나님나라의 표적입니다(눅 11:30). 니느웨가 요나의 선포

있다' 또는 '저기에 있다' 하고 말할 수도 없다. 보아라, 하나님
의 나라는 너희 가운데에 있다."
22 ○ 그리고 제자들에게 말씀하셨다. "너희가 인자의 날들
가운데서 단 하루라도 보고 싶어 할 때가 오겠으나, 보지 못할
것이다. 23 사람들이 너희더러 말하기를 '보아라, 저기에 계신
다', [또는] '보아라, 여기에 계신다' 할 것이다. 그러나 너희는
따라나서지도 말고, 찾아다니지도 말아라. 24 마치 번개가 하
늘 이 끝에서 번쩍하여 하늘 저 끝까지 비치는 것처럼, 인자도
자기의 날에 그러할 것이다. 25 그러나 그는 먼저 많은 고난
을 겪어야 하고, 이 세대에게 버림을 받아야 한다. 26 노아의
시대에 일이 벌어진 것과 같이, 인자의 날에도 그러할 것이다.
27 노아가 방주에 들어가는 날까지, 사람들은 먹고 마시고 장
가가고 시집가고 하였는데, 마침내 홍수가 나서, 그들을 모두
멸망시켰다. 28 롯 시대에도 그와 같은 일이 벌어졌다. 사람
들이 먹고 마시고 사고팔고 나무를 심고 집을 짓고 하였는데,
29 롯이 소돔에서 떠나던 날에, 하늘에서 불과 유황이 쏟아져
내려서, 그들을 모두 멸망시켰다. 30 인자가 나타나는 날에도
그러할 것이다. 31 그날에 지붕 위에 있는 사람은, 자기 물건

를 듣고 회개했듯이, 바리새파 사람들은 표적이신 예수님의 말씀 앞에 회개해야 합니다. 하나님나라는 냉담하게 관찰할 수 있는 나라가 아닙니다. 예수님 자신이 표적이듯, 하나님나라는 바깥 어딘가가 아니라, '너희들 안에' 있습니다. 곧 외부의 표적 대신 자기들의 내면을 살피고, 선포되는 말씀에 귀를 기울이라는 의미입니다.

들이 집 안에 있더라도, 그것들을 꺼내려고 내려가지 말아라.
또한 들에 있는 사람도 집으로 돌아가지 말아라. 32 롯의 아
내를 기억하여라. 33 누구든지 자기 목숨을 보존하려고 애쓰
는 사람은 잃을 것이요, 목숨을 잃는 사람은 보존할 것이다.
34 내가 너희에게 말한다. 그날 밤에 두 사람이 한 잠자리에
누워 있을 터이나, 한 사람은 데려가고, 다른 한 사람은 버려
둘 것이다. 35 또 두 여자가 함께 맷돌질을 하고 있을 터이나,
한 사람은 데려가고, 다른 한 사람은 버려둘 것이다." 36 (없
음) 37 제자들이 예수께 말하였다. "주님, 어디에서 그런 일이
일어나겠습니까?" 예수께서 그들에게 말씀하셨다. "주검이 있
는 곳에는 또한 독수리들이 모여들 것이다."

예수가 말한 '인자의 날'은 무엇이며, 그 말씀을 통해 말하고자 하는 것은 무엇인가요? 현 문맥에서는 마지막 때, 곧 인자의 재림과 심판에 관한 말씀으로 읽힙니다. 미래에 인자의 날이 오겠지만, 이날은 어디론가 누군가를 따라가야 할 날이 아닙니다. 번개가 온 세상을 한꺼번에 밝히듯, 인자 역시 그렇게 올 것입니다. 그러나 그 전에 인자는 고난과 죽음의 여정을 지날 것입니다. 성급한 기대, 그리고 성급함의 이면인 피상적 신앙에 대한 경고처럼 읽힙니다(22-25절). 오히려 제자들은 그날을 기다리는 자태로 하루하루를 살아야 합니다. '인자의 때'는 '노아의 때'나 '롯의 때'와 같습니다. 일상에만 몰입한 나머지 하나님의 경고를 무시하던 시절, 그러다 하나님께서 '멸망시킨' 사람들에 대한 이야기입니다(26-30절). 이날을 기다리는 제자는 '욥의 아내'를 반면교사로 삼습니다. 이 땅의 것에 대한 미련 때문에 '뒤로 돌이키는' 어리석음입니다(31-32절). 이 땅에서 자기 목숨(=영혼)을 지키려 하면 영원의 삶을 잃을 것이지만, 예수님과 함께 자신을 버리는 길을 걷는 사람은 생명을 얻을 것입니다(33절).

{ 제18장 }

과부와 재판관의 비유

1 예수께서 제자들에게, 늘 기도하고 낙심하지 말아야 한다
는 뜻으로 비유를 하나 말씀하셨다. 2 "어느 고을에, 하나님도
두려워하지 않고, 사람도 존중하지 않는, 한 재판관이 있었
다. 3 그 고을에 과부가 한 사람 있었는데, 그는 그 재판관에
게 줄곧 찾아가서, '내 적대자에게서 내 권리를 찾아주십시오'
하고 졸랐다. 4 그 재판관은 한동안 들어주려고 하지 않다가,
얼마 뒤에 이렇게 혼자 말하였다. '내가 정말 하나님도 두려워
하지 않고, 사람도 존중하지 않지만, 5 이 과부가 나를 이렇게
귀찮게 하니, 그의 권리를 찾아주어야 하겠다. 그렇게 하지 않
으면, 그가 자꾸만 찾아와서 나를 못 견디게 할 것이다.'" 6 주

불의한 청지기에 이어 불의한 재판관이 비유로 등장합니다. 왜 예수는 굳이 '불의한' 사례를 들어 강조한 건가요? "불의한 재판장도 그렇게 해주는데, 선하신 하나님이라면 더 말할 나위가 있겠는가?" 하는 수사적 효과를 의도한 것입니다. 비유 속 재판장은 "하나님을 두려워하지 않고, 사람을 무시하는" 불의한 사람입니다. 그러니 힘도 배경도 없는 과부의 억울함에 신경 쓸 이유가 없습니다. 그런데 과부는 끈질기게 그에게 호소하고, 그는 그게 괴로워서 과부의 부탁을 들어줍니다. 끈질긴 호소는 자기밖에 모르는 악한 재판장도 움직이게 합니다. '하물며' 하나님께서는 밤낮 부르짖는 사람들의 원한을 속히 풀어주시지 않겠습니까? 물론 이 말씀은 끈질기게 욕심을 부리라는 뜻이 아닙니다. 기도의 제목은 '억울함'입니다. 세속적인 힘의 논리에 기대지 않는 제자의 삶은 마치 과부의 처지와 유사해서 억울한 상황을 자주 마주합니다. 예수님께서는 낙망하지 말고, 항상 기도하라고 말씀하십니다. 낙망해서 세속적인 힘의 논리로 빠지지 말고, 원한을 풀어주실 하나님께 호소하며 인내하라는 말씀입니다. 믿음을 잃지 말고 살라는 말씀입니다(8절).

님께서 말씀하셨다. "너희는 이 불의한 재판관이 하는 말을 귀
담아들어라. 7 하나님께서 자기에게 밤낮으로 부르짖는, 택하
신 백성의 권리를 찾아주시지 않으시고, 모른 체하고 오래 그
들을 내버려두시겠느냐? 8 내가 너희에게 말한다. 하나님께
서는 얼른 그들의 권리를 찾아주실 것이다. 그러나 인자가 올
때에, 세상에서 믿음을 찾아볼 수 있겠느냐?"

바리새파 사람과 세리의 비유

9 ○ 스스로 의롭다고 확신하고 남을 멸시하는 몇몇 사람에게
예수께서는 이 비유를 말씀하셨다. 10 "두 사람이 기도하러 성
전에 올라갔다. 한 사람은 바리새파 사람이고, 다른 한 사람
은 세리였다. 11 바리새파 사람은 서서, 혼자 말로 이렇게 기
도하였다. '하나님, 감사합니다. 나는, 남의 것을 빼앗는 자나,

액면 그대로 바리새파 사람의 말에 따르면 그가 딱히 못한 일이 없습니다. 자신이 의롭다고 확신하는 것이 그렇게 큰 잘못인가요? 바리새파 사람의 경건은 거룩한 나와 더러운 너를 구별하는 데 있습니다. 세리와는 '따로 서는' 태도, 곧 '분리와 차별의 영성'입니다. 그래서 그 자부심의 핵심은 내가 나쁜 사람들과 같지 않고, 무엇보다 "저 세리와 같지 않다"는 사실에 대한 감사입니다(11절). 예수님께서는 바로 이 태도에 주목하십니다. 이런 분리의 패러다임 속에서는 나의 거룩함만큼이나 상대방의 부정함도 요긴합니다. 차이가 확실할수록 나의 경건함이 도드라질 것이기 때문입니다. 이럴 때 나의 영성은 부정한 사람들을 포착하고 규정하는 정치로 쉽게 타락합니다. 이런 상황에서는 '세리와 죄인들'을 영접하고 그들의 회복을 돕는 태도를 기대할 수 없습니다. 오히려 죄인들과 뒤섞이는 일은 거룩함을 포기하는 행태로 규정될 것입니다. 이것이 예수님을 향한 바리새파의 비난이었습니다. 하지만 하늘 아버지는 잃어버린 자녀의 돌아옴을 고대하며 기뻐하는 아버지입니다. 자기 의로움에 대한 확신은 이런 아버지의 모습과 어울리지 않습니다.

불의한 자나, 간음하는 자와 같은 다른 사람들과 같지 않으
며, 더구나 이 세리와는 같지 않습니다. 12 나는 이레에 두 번
씩 금식하고, 내 모든 소득의 십일조를 바칩니다.' 13 그런데
세리는 멀찍이 서서, 하늘을 우러러볼 엄두도 못 내고, 가슴을
치며 '아, 하나님, 이 죄인에게 자비를 베풀어주십시오' 하고
말하였다. 14 내가 너희에게 말한다. 의롭다는 인정을 받고서
자기 집으로 내려간 사람은, 저 바리새파 사람이 아니라 이 세
리다. 누구든지 자기를 높이는 사람은 낮아지고, 자기를 낮추
는 사람은 높아질 것이다."

어린이들을 칭찬하시다(마 19:13-15; 막 10:13-16)

15 ○ 사람들이 아기들까지 예수께로 데려와서, 쓰다듬어주
시기를 바랐다. 제자들이 보고서, 그들을 꾸짖었다. 16 그러

별다른 설명 없이 하나님의 나라는 어린아이와 같은 사람의 것이라고 합니다. 어린아이와 같은 사람이란 어떤 사람인가요? 사람들이 예수님께로, 그리고 예수님을 통해 하나님께로 오는 것을 방해하는 상황은 다양할 것입니다. 바리새파 사람들이 그들의 경건의 도식으로 불경건한 자들을 막고, 율법교사들이 그들의 율법 해석으로 다른 사람들의 길을 어렵게 했던 것처럼, 예수님의 제자들 역시 그들 나름의 편견으로 예수님께 오는 길을 막을 수 있습니다. 여기서는 어린아이가 그 대상입니다. 예수님께서 만져주시기를 기대한 것을 보면, 모종의 치유를 기대한 것일지도 모릅니다. 어린이가 대접받는 오늘날의 문화와 달리, 당시 어린아이는 사회적 존재감이 가장 미미한 부류에 속했습니다. 아마도 제자들은 '큰일을 하시는' 분인 예수님께서 이런 어린 애들에게까지 신경 쓰실 겨를이 없다고 생각했을 것입니다. 하지만 이 역시 극복해야 할 편견입니다. 사실 하나님나라는 바로 이런 아이들의 것입니다. 하나님나라에 합당한 사람은 어떤 조건이나 편견에 기울어지지 않고 아이들처럼 그 나라를 고대합니다.

자 예수께서 아기들을 가까이에 부르시고, 말씀하셨다. "어린
이들이 내게로 오는 것을 허락하고, 막지 말아라. 하나님의 나
라는 이런 사람의 것이다. 17 내가 진정으로 너희에게 말한다.
누구든지 어린이와 같이 하나님의 나라를 받아들이지 않는 사
람은 거기에 들어가지 못할 것이다."

돈 많은 관리(마 19:16–30; 막 10:17–31)

18 ○ 어떤 지도자가 예수께 물었다. "선하신 선생님, 내가 무
엇을 해야 영생을 얻겠습니까?" 19 예수께서 그에게 말씀하셨
다. "어찌하여 너는 나를 선하다고 하느냐? 하나님 한 분밖에
는 선한 분이 없다. 20 너는 계명을 알고 있을 것이다. '간음하
지 말아라, 살인하지 말아라, 도둑질하지 말아라, 거짓으로 증
언하지 말아라, 네 부모를 공경하여라' 하지 않았느냐?" 21 그

모든 일을 잘하고도 재물을 가진 사람이 하나님나라에 들어가는 것이 참으로 어렵다면(24절) 하나님나라에 들어가는 기준이 너무 높은 거 아닌가요? 지켜야 할 계명으로 십계명의 여러 항목이 언급되었고, 돈 많은 관리는 그 계명을 어릴 때부터 다 지켰다고 주장합니다. 그런데 예수님께서는 '여전히 부족한 한 가지'를 언급하십니다. 곧 자신이 가진 많은 재산을 포기하고 예수님을 뒤따르라고 요구하십니다. '큰 부자'에게는 더없이 어려운 요구이며, 그래서 그 관리는 근심합니다. 예수님의 요구는 자신의 많은 재산이 생명을 지켜줄 것이라는 착각에서 벗어나, 더불어 사는 삶의 가치를 배우라는 도전입니다. 이 땅에서 재산을 포기하는 행위는 하늘에 영원한 보화를 쌓는 일입니다. 하지만 이런 삶은 재산이 아닌 하나님을 향한 급진적인 신뢰를 요구합니다. 재산이 주는 든든함이 클수록 하나님을 신뢰하는 삶은 어려워집니다. 그래서 예수님께서는 부자는 사실상 하나님나라에 들어갈 수 없다고 말씀하십니다(25절). 그러나 하나님나라를 위해 현재의 삶에 대한 집착을 버린 사람은 현세에는 재산보다 더 소중한 가치를, 내세에는 영생을 보상으로 받습니다.

가 말하였다. "나는 이런 모든 것은 어려서부터 다 지켰습니
다." 22 예수께서 이 말을 들으시고 그에게 말씀하셨다. "네
게는 아직도 한 가지 부족한 것이 있다. 네가 가진 것을 다 팔
아서, 가난한 사람들에게 나누어주어라. 그리하면 네가 하늘
에서 보화를 차지하게 될 것이다. 그리고 와서 나를 따라라."
23 이 말씀을 듣고서, 그는 몹시 근심하였다. 그가 큰 부자이
기 때문이었다. 24 예수께서는 그가 [근심에 사로잡힌 것을]
보시고 말씀하셨다. "재물을 가진 사람이 하나님나라에 들어
가기는 참으로 어렵다. 25 부자가 하나님의 나라에 들어가는
것보다 낙타가 바늘귀로 들어가는 것이 더 쉽다." 26 이 말씀
을 들은 사람들이 말하였다. "그렇다면, 누가 구원을 얻을 수
있겠습니까?" 27 예수께서 말씀하셨다. "사람은 할 수 없는 일
이라도, 하나님은 하실 수 있다."
28 ○ 베드로가 말하였다. "보십시오, 우리는 우리에게 속한

제자들은 왜 예수가 세 번씩이나 이야기한 중대한 말씀을 조금도 깨닫지 못한 건가요? 예수님의 수난과 부활 이야기가 지금 우리에게는 당연하게 들리지만, 당시 유대인들에게는 터무니없는 생각이었습니다. 제자들은 예수님이 하나님께서 약속하신 메시아, 곧 그리스도라고 믿었습니다. 그들의 기대 속에서 메시아는 원수들의 압제로부터 하나님의 백성을 구해내고, 하나님의 오랜 약속대로 다윗 왕조를 다시 세울 승리자였습니다. 누가복음서에도 이런 생각이 여실히 드러납니다(눅 1:68-75; 24:21). 이처럼 '정치적' 승리를 가져올 메시아의 수난은 그야말로 모순입니다. 당시 제자들은 그들의 통상적 패러다임과 어긋나는 예수님의 수난 예고를 이해하기 어려웠을 것입니다. 이 말씀이 그들에게 '감추어져' 있었다는 언급은 이런 정황을 보여줍니다. 하지만 누가복음서는 이 메시아의 수난과 부활이 성경의 가르침이라는 사실을 강조합니다. 그러나 이 성경이 그들에게 감추어져 있었습니다. 이후 부활하신 예수님께서는 성경을 '열어' 모든 성경이 메시아의 수난과 부활을 예고하고 있음을 알게 하십니다.

것들을 버리고서, 선생님을 따라왔습니다." 29 예수께서 그들
에게 말씀하셨다. "내가 진정으로 너희에게 말한다. 하나님의
나라를 위하여 집이나 아내나 형제나 부모나 자식을 버린 사
람은, 30 이 세상에서 여러 갑절로 받을 것이고, 또한 오는 세
상에서 영원한 생명을 받을 것이다."

죽음과 부활을 세 번째로 예고하시다

(마 20:17-19; 막 10:32-34)

31 ○ 예수께서 열두 제자를 곁에 불러놓으시고, 그들에게 말
씀하셨다. "보아라, 우리는 예루살렘으로 올라가고 있다. 인자
를 두고 예언자들이 기록한 모든 일이 이루어질 것이다. 32 인
자가 이방 사람들에게 넘어가고, 조롱을 받고, 모욕을 당하고,
침 뱉음을 당할 것이다. 33 그들은 채찍질한 뒤에, 그를 죽일
것이다. 그러나 그는 사흘째 되는 날에 살아날 것이다." 34 그
런데 제자들은 이 말씀을 조금도 깨닫지 못하였다. 이 말씀은
그들에게 그 뜻이 감추어져 있어서, 그들은 말씀하신 것을 알
지 못하였다.

눈먼 거지는 예수에게 간청하고 바로 소원을 성취했습니다. 그의 믿음이 드러난 부분이 무엇이기에 예수는 그런 기적을 베푼 건가요? 누가복음서의 이야기를 마태와 마가의 기록과 비교해보면 거지의 집요함이 좀 더 두드러집니다. 군중이 지나는 소리를 듣고 그는 이게 누구의 행렬인지 묻기 시작합니다. 예수님의 행렬이라는 사실을 알게 되자, 예수님을 향해 크게 외칩니다. 역설적으로 예수님을 따르는 이들은 그의 접근을 막으려 합니다. 하지만 이에 굴하지 않고 그는 계속 소리를 지릅니다. "다윗의 자손이여, 나에게 자비를 베풀어주십시오"(눅 18:39). 이에 예수님께서는 그를 가까이 오게 하셔서 그가 원하는 것이 무엇인지 묻고, 그에게 치유의 말

눈먼 거지를 고치시다

(마 20:29–34; 막 10:46–52)

35 ○ 예수께서 여리고에 가까이 이르셨을 때에, 일어난 일
이다. 어떤 눈먼 사람이 길가에 앉아서 구걸을 하고 있다가,
36 무리가 지나가는 소리를 듣고서, 무슨 일이 일어났느냐고
물어보았다. 37 사람들이 나사렛 예수가 지나가신다고, 그에
게 일러주었다. 38 그러자 그는 소리를 질렀다. "다윗의 자손
예수님, 나를 불쌍히 여겨주십시오." 39 앞에 서서 가던 사람
들이 조용히 하라고 그를 꾸짖었으나, 그는 더욱더 크게 외쳤
다. "다윗의 자손님, 나를 불쌍히 여겨주십시오." 40 예수께
서 걸음을 멈추시고, 그를 데려오라고 분부하셨다. 그가 가까
이 오니, 예수께서 그에게 물으셨다. 41 "내가 네게 무엇을 해
주기를 바라느냐?" 그가 대답하였다. "주님, 내가 볼 수 있게
해주십시오." 42 예수께서 그에게 말씀하셨다. "눈을 떠라. 네
믿음이 너를 구원하였다." 43 그러자 그는 곧 보게 되었고, 하
나님께 영광을 돌리면서 예수를 따라갔다. 사람들은 모두 이
것을 보고서, 하나님을 찬양하였다.

씀을 선포하십니다. 그리고 "너의 믿음이 너를 구한 것이다"라는 말씀을 덧붙이십니다. 이 대목에서 마태는 예수님께서 그를 불쌍하게 여기셨다고 말하는 반면, (마가와) 누가는 끈질기게 부르짖는 그 사람의 믿음에 주목합니다(눅 18:42; 막 10:52). 끈질긴 호소로 억울함을 풀었던 과부의 경우처럼, "늘 기도하며 낙심하지 않는"(눅 18:1) 모습, 제자로서 겪는 억울함을 두고 "밤낮 아버지께 부르짖는"(눅 18:7) 믿음의 멋진 사례라 할 수 있습니다. 만나기 쉽지 않은, 그래서 예수님께서 더 귀하게 보시는 믿음입니다(눅 18:8).

{ 제19장 }

예수와 삭개오

1 예수께서 여리고에 들어가 지나가고 계셨다. 2 삭개오라고
하는 사람이 거기에 있었다. 그는 세관장이고, 부자였다. 3 삭
개오는 예수가 어떤 사람인지를 보려고 애썼으나, 무리에게
가려서, 예수를 볼 수 없었다. 그가 키가 작기 때문이었다.
4 그래서 그는 예수를 보려고 앞서 달려가서, 뽕나무에 올라
갔다. 예수께서 거기를 지나가실 것이기 때문이었다. 5 예수
께서 그곳에 이르러서 쳐다보시고, 그에게 말씀하셨다. "삭개
오야, 어서 내려오너라. 오늘은 내가 네 집에서 묵어야 하겠
다." 6 그러자 삭개오는 얼른 내려와서, 기뻐하면서 예수를 모
셔 들였다. 7 그런데 사람들이 이것을 보고서, 모두 수군거리
며 말하였다. "그가 죄인의 집에 묵으려고 들어갔다." 8 삭개

예수가 굳이 삭개오를 선택한 이유는 무엇인가요? 이야기 흐름상 예수님께서 미리 선택했다기보다는 삭개오의 열정에 자연스럽게 응답하셨다고 할 수 있습니다. 삭개오가 예수님과 하나님께로 나오는 길에는 나름의 장애물이 있습니다. 세리라는 사회적, 종교적 낙인입니다. 그의 작은 키는 예수님께로 오는 어려움을 상징하는 것처럼 보입니다. 하지만 그는 나무에 오르는 수고를 마다하지 않고 예수님께 나왔습니다. 아픈 친구를 지붕 위로 데리고 가서 예수님 앞에 달아 내렸던 이들을 떠올리게 하는 장면입니다. 예수님께서는 삭개오의 집에서 함께 식사를 나누시고, 삭개오는 돈을 중심으로 살았던 자신의 삶을 급진적으로 재편합니다. 재산 절반을 이웃에게 나눠주고, 부당하게 갈취한 것은 (율법에 따라) 4배로 갚겠다고 선언합니다. 이 '회계'가 그에게는 하나님 앞에서의 '회개'였습니다. 뭇사람들은 예수님께서 '죄인'의 집에 들어갔다고 수군대지만, 예수님께서는 그 죄인을 구원에 합당한 '아브라함의 자손'으로 되돌리십니다. 예수님께서 잃어버린 사람을 찾아 구원하시는 전형적인 장면입니다.

오가 일어서서 주님께 말하였다. "주님, 보십시오. 내 소유
의 절반을 가난한 사람들에게 주겠습니다. 또 내가 누구에게
서 강제로 빼앗은 것이 있으면, 네 배로 하여 갚아주겠습니
다." 9 예수께서 그에게 말씀하셨다. "오늘 구원이 이 집에 이
르렀다. 이 사람도 아브라함의 자손이다. 10 인자는 잃은 것을
찾아 구원하러 왔다."

열 므나의 비유(마 25:14-30)

11 ○ 그들이 이 말씀을 듣고 있을 때에, 예수께서 덧붙여서,
비유를 하나 말씀하셨다. 이 비유를 드신 것은, 예수께서 예루
살렘에 가까이 이르신 데다가, 사람들이 하나님의 나라가 당
장에 나타날 줄로 생각하고 있었기 때문이다. 12 그래서 예수
께서 말씀하셨다. "귀족 출신의 어떤 사람이 왕위를 받아 가
지고 돌아오려고, 먼 나라로 길을 떠날 때에, 13 자기 종 열 사

하나님나라가 당장 나타날 줄로 생각하는 이들에게 예수가 바로잡으려는 오해는 무엇이었나요? 예수님께서는 지금 예루살렘 가까이 오셨습니다. 이런 상황에서 어떤 사람들은 하나님나라가 당장 나타날 것이라는 기대를 숨기지 않았습니다. 이는 전통적인 메시아 대망의 표현입니다. 유대인의 왕으로 오신 메시아가 예루살렘에 들어가 이방 세력을 물리치고 드디어 다윗 왕조를 재건할 것이라는 기대입니다. 그러니까 '당장'이라는 기대는 시간적 성급함뿐 아니라 하나님나라 자체에 대해서도 잘못 생각한 것입니다. 복음서에 지속적으로 나타나듯, 예루살렘은 무엇보다 메시아 예수님께서 수난과 죽음을 경험할 장소입니다. 예수님의 뒤를 따르는 제자들 역시 자기를 부정하고 십자가를 지라는 요구 아래 놓입니다. 물론 이런 역발상적 사명은 받아들이기 쉽지 않습니다. 놀라운 표적을 요구하는 바리새파 사람들이나 여전히 누가 더 높은지를 다투는 제자들의 모습이 이를 잘 보여줍니다. 시간적 기다림이 필요하고, 그 기다림을 순종으로 채우는 신실함도 필요합니다.

람을 불러다가 열 므나를 주고서는 '내가 올 때까지 이것으로
장사를 하여라' 하고 말하였다. 14 그런데 그의 시민들은 그를
미워하므로, 그 나라로 사절을 뒤따라 보내서 '우리는 이 사람
이 우리의 왕이 되는 것을 원하지 않습니다' 하고 말하게 하였
다. 15 그러나 그 귀족은 왕위를 받아 가지고 돌아와서, 은화
를 맡긴 종들을 불러오게 하여, 각각 얼마나 벌었는지를 알아
보고자 하였다. 16 첫째 종이 와서 말하였다. '주인님, 나는 주
인의 한 므나로 열 므나를 벌었습니다.' 17 주인이 그에게 말
하였다. '착한 종아, 잘했다. 네가 아주 작은 일에 신실하였으
니, 열 고을을 다스리는 권세를 차지하여라.' 18 둘째 종이 와
서 말하였다. '주인님, 나는 주인의 한 므나로 다섯 므나를 벌
었습니다.' 19 주인이 이 종에게도 말하였다. '너도 다섯 고을
을 다스리는 권세를 차지하여라.' 20 또 다른 한 종이 와서 말
하였다. '주인님, 보십시오. 주인의 한 므나가 여기에 있습니
다. 나는 이것을 수건에 싸서, 보관해두었습니다. 21 주인님
은 야무진 분이라서, 맡기지 않은 것을 찾아가시고, 심지 않은
것을 거두시므로, 나는 주인님을 무서워하여 이렇게 하였습니
다.' 22 주인이 그에게 말하였다. '악한 종아, 나는 네 입에서

열 므나 이야기는 마치 슬기로운 투자와 이윤의 확대가 주제인 것처럼 보입니다. 예수는 무슨 이야기를 하고 싶었던 건가요? 우리는 이 땅에 살면서 이 땅의 언어로 소통합니다. 이것이 우리가 이해할 수 있는 유일한 언어입니다. 그래서 초월적인 하나님나라에 관한 가르침은 불가불 이 땅의 삶을 비유로 삼아 제시됩니다. 현실의 이런저런 모습을 포착해 하나님나라가 그런 모습과 유사하다고 가르치는 것입니다. 그래서 우리는 비유로 제시된 드라마의 어떤 측면이 하나님나라와 같은 것인지 잘 살펴야 합니다. 여기서 투자와 이윤 확대의 일상적인 장면은 임무를 맡기는 주인과 명령을 수행하는 종의 관계를 포착하기 위해 선택한 풍경입니다. 주님의

나온 말로 너를 심판하겠다. 너는, 내가 야무진 사람이라서,
맡기지 않은 것을 찾아가고, 심지 않은 것을 거두어가는 줄 알
고 있었지? 23 그러면 어찌하여 내 은화를 은행에 예금하지
않았느냐? 그랬더라면, 내가 돌아와서, 그 이자와 함께 그것
을 찾았을 것이다.' 24 그리고 그는 곁에 서 있는 사람들에게
말하였다. '이 사람에게서 한 므나를 빼앗아서, 열 므나를 가
진 사람에게 주어라.' 25 그들이 주인에게 말하기를 '주인님,
그는 열 므나를 가지고 있습니다' 하였다. 26 '내가 너희에게
말한다. 가진 사람은 더 받게 될 것이요, 가지지 못한 사람은
그가 가진 것까지 빼앗길 것이다. 27 그리고 내가 자기들의 왕
이 되는 것을 원하지 않은 나의 이 원수들을 이리로 끌어다가,
내 앞에서 죽여라.'"

예루살렘에 들어가시다(마 21:1-11; 막 11:1-11; 요 12:12-19)

28 ○ 예수께서 이 말씀을 마치시고, 앞장서서 걸으시며 예
루살렘으로 올라가고 계셨다. 29 예수께서 올리브산이라 불
리는 산에 있는 벳바게와 베다니에 가까이 오셨을 때에, 제

말씀(므나)에 대한 헌신(투자)을 가리키는 이미지들입니다. 물론 맡긴 것에 맞게 순종하는 종도 있고, 주인에 대한 편견에 사로잡혀 고집을 부리는 사람도 있습니다. 한 므나를 빼앗아 열 므나를 가진 종에게 주는 뜻밖의 장면은 "있는 사람은 받고, 없는 사람은 그 가진 것마저 빼앗긴다"는 역설적인 진리를 확인해줍니다. 순종은 더 깊은 관계로 이어지지만, 불순종은 심판을 자초한다는 말씀입니다.

자 두 사람을 보내시며 30 말씀하셨다. "맞은쪽 마을로 가거
라. 거기에 들어가서 보면, 아직 아무도 타본 적이 없는 새
끼 나귀 한 마리가 매여 있을 것이다. 그것을 풀어서 끌고 오
너라. 31 혹시 누가 너희에게 왜 푸느냐고 묻거든, '주님께
서 그것을 필요로 하십니다' 하고 말하여라." 32 보내심을 받
은 사람이 가서 보니, 예수께서 그들에게 말씀하신 그대로였
다. 33 그들이 새끼 나귀를 푸는데, 그 주인들이 그들에게 말
하였다. "그 새끼 나귀는 왜 푸는 거요?" 34 그들이 대답하였
다. "주님께서 그것을 필요로 하십니다." 35 그리고 그들이 그
새끼 나귀를 예수께로 끌고 와서, 자기들의 옷을 나귀 등에 걸
쳐 얹고서, 예수를 올라타시게 하였다. 36 예수께서 나아가시
는데, 제자들이 자기들의 옷을 길에 깔았다. 37 예수께서 어느
덧 올리브산의 내리막길에 이르셨을 때에, 제자의 온 무리가
기뻐하며, 자기들이 본 모든 기적을 두고 큰 소리로 하나님을

예수가 예루살렘에 올라간다는 것과 나귀를 타고 들어가는 일련의 모습에는 특별한 의미가 있나요? 구약성경을 배경 삼아 읽으면, 이 이야기에서는 상징성을 띤 다양한 세부 묘사들이 발견됩니다. 예수님께서 예루살렘에 들어가시는 모습은 통치자의 등장을 느끼게 하는 부분이 많습니다. 올리브산은 마지막 때 하나님께서 나타나실 곳으로 여겨졌습니다(슥 14:4–5). 예수님께서는 나귀를 미리 준비함으로써 예언자적 모습을 보여주고, 옷을 길 위에 펼치는 군중의 호위를 받으시며, 그들은 찬양 시편을 외칩니다. 하나님의 오심을 깨닫지 못하는 예루살렘을 위해 우시고, 성전에서의 예언자적 행위를 통해 통치자의 면모를 드러내십니다. 그 점에서 나귀를 탄 모습 역시 흥미롭습니다(창 49:10–11). 스가랴에 의하면 나귀는 겸손한 왕의 모습과 연결됩니다(슥 9:9; 마 21:5). 솔로몬이 다윗의 나귀를 탄 모습을 떠올릴 수도 있습니다(왕상 1:33). 왕의 오심이라는 메시지를 확실히 전달하면서도 폭력으로 군림하는 왕이 아닌 겸손한 왕을 떠올리게 합니다. 민족주의적 이미지로 보이는 종려나무 관련 대목이 생략된 점도 흥미롭습니다.

찬양하면서 말하였다. 38 "복되시다, 주님의 이름으로 오시는
임금님! 하늘에는 평화, 지극히 높은 곳에는 영광!" 39 그런데
무리 가운데 섞여 있는 바리새파 사람 몇이 예수께 말하였다.
"선생님, 선생님의 제자들을 꾸짖으십시오." 40 그러나 예수
께서 대답하셨다. "내가 너희에게 말한다. 이 사람들이 잠잠하
면, 돌들이 소리 지를 것이다."
41 ○ 예수께서 예루살렘 가까이에 오셔서, 그 도성을 보시고
우시었다. 42 그리고 이렇게 말씀하셨다. "오늘 너도 평화에
이르게 하는 일을 알았더라면, 좋을 터인데! 그러나 지금 너는
그 일을 보지 못하는구나. 43 그날들이 너에게 닥치리니, 너
의 원수들이 토성을 쌓고, 너를 에워싸고, 너를 사면에서 죄
어들어서, 44 너와 네 안에 있는 네 자녀들을 짓밟고, 네 안에
돌 한 개도 다른 돌 위에 얹혀 있지 못하게 할 것이다. 이것은
하나님께서 너를 찾아오신 때를, 네가 알지 못했기 때문이다."

예수가 울었다는 건 처음 봅니다. 그는 왜 울었나요? 예수님께서 우시는 모습은 이곳과 요한복음서 11장 35절이 유일합니다. 예루살렘을 바라보며 우시는 모습은 구약성경 속 예언자들의 모습을 떠올리게 합니다. 그분의 울음은 예루살렘이 지금 '평화에 관한 일'을 알지 못한다는 사실 때문입니다. 예수님의 오심은 이 땅에서 평화를 이루시기 위해서입니다(눅 1:79; 2:14). 하지만 이 평화는 로마가 주장한 것처럼 평화로 위장한 폭력적 지배도 아니었고, 깊은 속내를 숨기며 만들어놓은 피상적인 평화도 아니었습니다. 이 평화는 예수님 자신의 수난과 죽음을 필요로 하며, 그분의 뒤를 따르는 제자들의 희생과 헌신을 요구합니다. 이런 역설적인 평화는 예루살렘, 곧 유대 사회의 통치자들과 군중의 눈에는 감추어진 것이었습니다. 예수님께서는 로마에 의한 예루살렘의 포위와 비극적인 멸망을 예고하십니다(눅 19:43). 이를 로마에 저항한 유대인 탓으로 돌린 요세푸스와 달리, 예수님께서는 구약의 선지자 예레미야의 선포처럼 예루살렘이 "하나님께서 찾아오시는 날을 알아채지 못했기 때문"이라고 지적하십니다(눅 19:44).

성전을 정결하게 하시다(마 21:12–17; 막 11:15–19; 요 2:13–22)

45 ○ 예수께서 성전에 들어가셔서, 장사하는 사람들을 내쫓
으시며, 46 그들에게 말씀하셨다. "성경에 기록하기를 '내 집
은 기도하는 집이 될 것이다' 하였다. 그런데 너희는 그것을
'강도들의 소굴'로 만들어버렸다."
47 ○ 예수께서 날마다 성전에서 가르치셨다. 대제사장들과
율법학자들과 백성의 우두머리들이 예수를 없애버리려고 꾀
하고 있었으나, 48 어찌해야 할지 방도를 알지 못하였다. 백
성이 모두 그의 말씀을 열심히 듣고 있었기 때문이다.

{ 제20장 }

예수의 권세에 대한 질문(마 21:23-27; 막 11:27-33)

1 예수께서 어느 날 성전에서 백성을 가르치시며, 기쁜 소
식을 전하고 계실 때에, 대제사장들과 율법학자들이 장로들
과 함께 예수께 와서 2 말하였다. "당신은 무슨 권한으로 이
런 일을 합니까? 누가 이런 권한을 당신에게 주었습니까? 어
디 우리에게 말해보십시오." 3 예수께서 그들에게 대답하셨
다. "나도 너희에게 한 가지 물어보겠으니, 나에게 대답해보
아라. 4 요한의 세례가 하늘에서 난 것이냐? 사람에게서 난
것이냐?" 5 그들은 자기들끼리 의논하면서 말하였다. "'하늘
에서 났다'고 말하면, '어찌하여 그를 믿지 않았느냐'고 할 것
이요, 6 '사람에게서 났다'고 말하면, 온 백성이 요한을 예언

예수의 대화는 말장난처럼 보이기도 합니다. 왜 권한에 대한 이야기를 분명히 밝히지 않은 건가요? 예수님의 정적인 '대제사장들과 서기관과 장로들'의 행동은 사실 파악을 위한 노력이 아니라 예수님을 제압하려는 시도입니다. 그들이 보기에 예수님의 행동은 그들에게 주어진 배타적 권리를 도용하는 심각한 월권에 해당합니다. 하지만 함부로 행동하지 못하는 것은 다수의 군중이 예수님에게 호의적이기 때문입니다. 예수님께서는 세례 요한에 대한 그들의 입장을 되물음으로써 하나님을 향한 헌신보다 정치적 고려에 휘둘리는 그들의 이중적 모습을 건드리십니다. 물론 그들은 세례 요한의 신학적 정당성을 부정합니다. 하지만 백성들은 모두 요한을 위대한 선지자로 간주합니다. 따라서 요한의 권위를 공개적으로 부정하면 백성이 그들을 돌로 치는 상황에 내몰릴 수도 있습니다. 그래서 그들은 답변을 거부합니다. 이에 예수님 역시 그들에게 답변을 거부하십니다. 진리를 파악하고 결단하려는 자세였다면, 지금까지 예수님의 교훈과 능력을 보고 분명한 답을 찾았을 것입니다. 그들의 도전은 예수님을 체포하기 위한 정치적 몸짓이었고, 예수님께서는 이런 시도에 휘말리지 않으십니다.

자로 믿고 있으니, 그들이 우리를 돌로 칠 것이다." 7 그래서
그들은 요한의 세례가 어디에서 났는지를 모른다고 대답하
였다. 8 예수께서 그들에게 말씀하셨다. "나도 무슨 권한으로
이런 일을 하는지를 너희에게 말하지 않겠다."

포도원과 소작인의 비유(마 21:33–46; 막 12:1–12)

9 ○ 예수께서 백성에게 이 비유를 말씀하셨다. "어떤 사람이
포도원을 만들어서, 농부들에게 세로 주고, 오랫동안 멀리 떠
나 있었다. 10 포도를 거둘 때가 되어서, 포도원 주인은 포도
원 소출 가운데서 얼마를 소작료로 받아오게 하려고, 종 하나
를 농부들에게 보냈다. 그런데 농부들은 그 종을 때리고, 빈
손으로 돌려보냈다. 11 주인은 다른 종을 보냈다. 그랬더니 그
들은 그 종도 때리고, 모욕하고, 빈손으로 돌려보냈다. 12 그
래서 주인이 다시 세 번째 종을 보냈더니, 그들은 이 종에게
도 상처를 입혀서 내쫓았다. 13 그래서 포도원 주인은 말하였
다. '어떻게 할까? 내 사랑하는 아들을 보내야겠다. 설마 그들
이 내 아들이야 존중하겠지!' 14 그러나 농부들은 그를 보고

예수는 많은 이야기를 비유로 전합니다. 비유는 입장과 상황에 따라 해석이 달라질 수도 있는데, 예수가 비유를 즐겨 쓰는 화법으로 선택한 이유가 궁금합니다. 우리는 한마디로 '비유'라 부르지만, 사실 여기에는 속담이나 격언, 수수께끼, 교훈적 이야기 등 다양한 형태의 이야기가 포함됩니다. 그 의도 역시 종류별로, 상황별로 다릅니다. 많은 가르침을 비유로 하신 의도는 앞의 8장에서 소개된 바 있습니다(눅 8:9–10; 사 6:9–10). 이 설명에 의하면 비유의 의도는 섣부른 믿음이나 피상적인 깨달음을 차단하기 위해서입니다. 모호한 말을 사용해서 이해하는 내부인과 이해하지 못하는 외부인을 나눔으로써, 헌신이 없는 손쉬운 이해를 불가능하게 만드는 것

서, 서로 의논하며 말하였다. '이 사람은 상속자다. 그를 죽여
버리자. 그래서 유산이 우리 차지가 되게 하자.' 15 그리하여
그들은 주인의 아들을 포도원 바깥으로 내쫓아서 죽였다. 그
러니 포도원 주인이 그들을 어떻게 하겠느냐? 16 주인은 와
서 그들을 죽이고, 포도원을 다른 사람들에게 줄 것이다." 사
람들이 이 말씀을 듣고서 말하였다. "그런 일이 없기를 바랍니
다." 17 그때에 예수께서 그들을 똑바로 바라보시고 말씀하셨
다. "그러면, '집 짓는 사람들이 버린 돌이 집 모퉁이의 머릿돌
이 되었다' 하고 기록된 말은 무슨 뜻이냐? 18 누구든지 그 돌
위에 떨어지면, 그는 부스러질 것이요, 그 돌이 어느 사람 위
에 떨어지면 그를 가루로 만들 것이다." 19 율법학자들과 대제
사장들은 예수가 자기네들을 겨냥하여 이 비유를 말씀하신 줄
알았다. 그래서 그들은 바로 그때에 예수께 손을 대어 잡으려
고 하였으나, 백성을 두려워하였다.

세금에 대한 질문(마 22:15-22; 막 12:13-17)

20 ○ 그리하여 그들은 기회를 엿보다가, 정탐꾼들을 보내

입니다. 물론 본문에서처럼 날카로운 풍자를 의도하기도 합니다. '율법학자들과 대제사장들'을 겨냥한(눅 20:19) 이 비유의 청중은 '백성'입니다(눅 20:9). 포도원을 소재로 한 친숙한 이야기를 통해 하나님과 그분의 예언자들뿐 아니라, 심지어 하나님의 아들까지도 거부하고 죽이는 이스라엘의 지도자들에게 무서운 심판을 선고하십니다. 그들은 자기들이 거부한 돌(메시아 예수님)이 실은 이스라엘을 세우는 초석이라는 사실을 몰랐던 것입니다.

서, 이들이 거짓으로 의로운 사람들인 체 행세하면서 예수께
로 접근하게 하여, 그의 말씀을 책잡게 하였다. 그렇게 해서,
그들은 예수를 총독의 치리권과 사법권에 넘겨주려고 하였
다. 21 그들은 예수께 이렇게 물었다. "선생님, 우리는 선생님
이, 바르게 말씀하시고, 가르치시고, 또 사람을 겉모양으로 가
리지 않으시고, 하나님의 길을 참되게 가르치고 계시는 줄 압
니다. 22 우리가 황제에게 세금을 바치는 것이 옳습니까, 옳
지 않습니까?" 23 예수께서는 그들의 속셈을 알아채시고서 그
들에게 말씀하셨다. 24 "데나리온 한 닢을 나에게 보여다오.
이 돈에 누구의 얼굴상과 글자가 새겨져 있느냐?" 그들이 대
답하였다. "황제의 것입니다." 25 예수께서 그들에게 말씀하
셨다. "그러면 황제의 것은 황제에게 돌려주고, 하나님의 것은
하나님께 돌려드려라." 26 그들은 백성 앞에서 예수의 말씀을
책잡지 못하고, 그의 답변에 놀라서 입을 다물었다.

예수가 총독의 치리권과 사법권에 넘겨지면 어떤 일들이 일어날 수 있는 건가요?
이스라엘의 정치와 종교 지도자들은 군중의 환호를 받는 예수님을 함부로 할 수 없었습니다. 또 로마의 정치적 신민으로서 예수님에 대한 처치는 '총독의 치리권과 사법권'의 힘을 빌려야 했습니다. 그래서 확실한 명분이 필요했고, 이 명분을 확보하기 위해 마치 의로운 사람들인 양 행세하며 예수님의 말을 책잡으려 했습니다(20절). 군중에게는 예수님이 하나님께 불순종하는 사람이라는 이미지를 심고, 총독에게는 로마의 통치를 위협하는 인물이라는 인식을 심어야 했습니다. 그래서 그들은 세금 문제로 예수님을 시험합니다. 신앙적으로나 정치적으로 매우 민감한 사안입니다. 예수님의 대응은 일종의 역공입니다. 예수님께서는 그들에게 데나리온 하나를 보여달라고 하십니다. 동전에는 황제의 형상과 문구(티베리우스 카이사르, 신성한 아우구스투스의 아들)가 새겨져 있습니다. 그들이 이 동전을 내놓는 순간, 그들이 던진 질문의 허위성이 명백해집니다. 예수님의 마지막 선언(25절)은 여러 해석이 가능하지만, 그들의 이중성을 폭로하려는 의도가 분명합니다.

부활 논쟁(마 22:23-33; 막 12:18-27)

27 ○ 부활이 없다고 주장하는 사두개파 사람 가운데 몇 사람
이 다가와서, 예수께 물었다. 28 "선생님, 모세가 우리에게 써
주기를 '어떤 사람의 형이 자식이 없이 아내를 남겨두고 죽으
면, 그 동생이 그 형수를 맞아들여서 뒤를 이을 아들을 자기
형에게 세워주어야 한다' 하였습니다. 29 그런데 일곱 형제가
있었습니다. 맏이가 아내를 얻어서 살다가 자식이 없이 죽었
습니다. 30 그래서 둘째가 그 여자를 맞아들였고, 31 그다음
에 셋째가 그 여자를 맞아들였습니다. 일곱 형제가 다 그렇게
하였는데, 모두 자식을 남기지 못하고 죽었습니다. 32 나중에
그 여자도 죽었습니다. 33 그러니 부활 때에 그 여자는 그들
가운데서 누구의 아내가 되겠습니까? 일곱이 다 그 여자를 아
내로 맞아들였으니 말입니다."
34 ○ 예수께서 그들에게 말씀하셨다. "이 세상 사람들은 장
가도 가고, 시집도 가지만, 35 저세상과 죽은 사람들 가운데

부활이 없다고 주장하는 사두개파 사람들은 어떤 사람들이었나요? 바리새파와 더불어, 당시 유대 사회를 주도하던 핵심 종파였습니다. 예루살렘 성전을 토대로 한 제사장 세력이 핵심이었고, 로마제국의 식민국가이나 성전국가의 성격이 강했던 유대 사회에서 정치적 실권을 휘두른 지배층이었습니다. 신학적으로는 바리새파와 달리 하나님의 예정이나 섭리, 천사나 영의 존재, 사후 부활의 교리를 부정했습니다(행 23:8). 그들은 부활 사상의 터무니없음을 증명하기 위해 가상 시나리오로 예수님에게 도전합니다. 예수님께서는 부활 이후의 삶이 지금과는 전혀 다른 차원의 삶이라고 말하며, 현세의 논리로 부활의 타당성을 논하려는 시도의 어리석음을 꼬집으십니다. 하나님은 아브라함과 이삭과 야곱 같은 조상의 하나님이자 산 자의 하나님입니다. 이는 이들의 족장 역시 '산 자'라는 말이 됩니다. 부활이 있을 수밖에 없는 이유인 셈입니다. 예수님께 동조한 몇몇 율법학자들은 십중팔구 바리새파였을 것입니다.

서 살아나는 부활에 참여할 자격을 얻은 사람은 장가도 가지
않고 시집도 가지 않는다. 36 그들은 천사와 같아서, 더 이상
죽지도 않는다. 그들은 부활의 자녀들이므로, 하나님의 자녀
들이다. 37 죽은 사람들이 살아난다는 사실은 모세도 가시나
무 떨기 이야기가 나오는 대목에서 보여주었는데, 거기서 그
는 주님을 '아브라함의 하나님, 이삭의 하나님, 야곱의 하나님'
이라고 부르고 있다. 38 하나님은 죽은 사람들의 하나님이 아
니라, 살아 있는 사람들의 하나님이시다. 모든 사람은 하나님
과의 관계 속에서 살고 있다." 39 이 말씀을 듣고서, 율법학
자 가운데 몇 사람이 말하였다. "선생님, 옳은 말씀입니다."
40 그들은 감히 예수께 더 이상 질문을 하지 못하였다.

그리스도와 다윗의 자손(마 22:41-46; 막 12:35-37)

41 ○ 예수께서 그들에게 말씀하셨다. "어떻게 사람들이 그리

살아나는 부활에 참여할 자격을 얻은 사람(35절)은 누구이며, 그 자격은 어떻게 얻을 수 있나요? 부활에 참여할 자격을 얻은 사람(35절), 곧 '부활의 자녀들'(36절)이란 하나님의 뜻에 맞게 오늘을 살아가는 사람들, 그래서 미래의 삶에 참여할 자격이 있다고 인정받은 사람들입니다. 누가복음서는 이를 재물을 이 땅에 쌓으며 사는 어리석은 사람과 하늘에 보물을 쌓는 지혜로운 사람으로 구별합니다. 어리석은 부자나 아주 부유했던 관리 같은 사람은 하나님 대신 재물을 의존하며, 자기와 자기 주변에만 관심을 기울이는 자폐적 삶의 주인공들입니다. 이들은 이 땅에서의 목숨을 지키려 하다 영원한 삶을 잃게 됩니다. 반면, 회개한 삭개오처럼 재물에 대한 집착을 내려놓고, 하나님께서 주신 재산을 이웃과 더불어 유통하면서, 하나님을 신뢰하는 삶을 사는 사람은 부패하지 않는 하늘의 보물을 소유한 사람, 곧 영생을 누리는 사람입니다. 이런 사람들 역시 이 땅에서 죽음을 경험하겠지만, 죽은 사람들 가운데 다시 살아나 '저 세상', 곧 하나님나라에서 '다시는 죽음이 없는' 복된 삶을 살게 될 것입니다.

스도를 다윗의 자손이라고 하느냐? 42 다윗이 친히 시편에서
말하기를 '주님께서 내 주께 말씀하셨다. 43 「내가 네 원수들
을 네 발 아래에 굴복시킬 때까지, 너는 내 오른쪽에 앉아 있
어라.」 하였다. 44 다윗이 그리스도를 주라고 불렀는데, 어떻
게 그가 다윗의 자손이 되겠느냐?"

율법학자들을 책망하시다(마 23:1-36; 막 12:38-40; 눅 11:37-54)

45 ○ 모든 백성이 듣고 있는 가운데, 예수께서는 자기 제자
들에게 말씀하셨다. 46 "율법학자들을 조심하여라. 그들은 예
복을 입고 다니기를 원하고, 장터에서 인사받는 것과 회당에
서 높은 자리와 잔치에서 윗자리를 좋아한다. 47 그들은 과부
들의 가산을 삼키고, 남에게 보이려고 길게 기도한다. 그들은
더 엄한 심판을 받을 것이다."

율법학자들처럼 더 엄한 심판을 받게 되는 사람들이 따로 있었던 건가요? 지금 우리로서는 절대적 심판을 두고 정도 차이를 상상하기는 쉽지 않습니다. 여기서 말하는 '더 엄한 심판'은 주어진 처벌이 더 무섭다는 의미라기보다는 심판의 기준이 그만큼 더 까다롭다는 의미에 가깝습니다. 율법학자들은 하나님의 율법을 전문적으로 연구하고 이를 잘 해석해서 다른 사람들에게 가르치는 책임을 맡은 사람들입니다. 율법에 따라 하나님을 섬기는 길을 가르치는 역할이기에 그들의 책임은 매우 무겁습니다. 그들의 가르침이 어떤가에 따라 사람들의 삶이 영향을 받을 것이기 때문입니다. 그런데 예수님께서는 율법학자들이 사람들의 인정에 집착하며 사람들 앞에서 '길게 기도하는' 경건의 몸짓을 내세우고, 배후에서는 '과부의 재산을 삼키는' 위선을 포착하십니다. 이런 선생들이 사람을 올바르게 인도하기는 어렵습니다. 그래서 그들은 하나님나라의 열쇠를 독점한 채, 남도 못 들어가게 하고 자기도 들어가지 않는 사람들입니다. 하나님께서 이런 사람들을 그만큼 엄격하게 심판하시는 것은 당연한 일입니다.

{ 제21장 }

과부의 헌금(막 12:41-44)

1 예수께서 눈을 들어 부자들이 헌금궤에 헌금 넣는 것을 보시
고, 2 또 어떤 가난한 과부가 거기에 렙돈 두 닢을 넣는 것을
보셨다. 3 그래서 예수께서는 말씀하셨다. "내가 진정으로 너
희에게 말한다. 이 가난한 과부가 누구보다도 더 많이 넣었다.
4 저 사람들은 다 넉넉한 가운데서 자기들의 헌금을 넣었지
만, 이 과부는 구차한 가운데서 가지고 있는 생활비 전부를 털
어 넣었다."

성전이 무너질 것을 예언하시다(마 24:1-2; 막 13:1-2)

5 ○ 몇몇 사람들이 성전을 가리켜서, 아름다운 돌과 봉헌물

예수가 바라본 헌금의 기준은 무엇인가요? 과부의 헌금 이야기는 관점에 따라 다양한 해석이 가능합니다. 그러나 본문은 과부의 행동을 하나님나라의 제자도라는 관점에서 조명합니다. 사람들이 성전 앞 헌금궤에 돈을 넣습니다. 당연히 부자들의 헌금은 액수가 큽니다. 반면 가난한 과부는 로마 동전 단위로 두 렙돈 혹은 한 고드란트를 넣습니다. 참새 반 마리에 해당하는 미미한 돈입니다. 기부한 돈의 액수로 치자면 부자가 훨씬 더 좋은 일을 한 셈이지만, 예수님께서는 과부의 헌금을 그 누구의 헌금보다 큰 액수로 계산하십니다. 풍족한 재산의 일부를 넣은 부자들과 달리, 그 과부는 '소유한 생활비 전부'를 넣었습니다. 사실상 가진 소유가 없는 사람이 당장의 생활비가 될 돈을 하나님께 바친 것입니다. 여기서 이 과부는 예수님께서 줄곧 강조하신 말씀, 곧 자기 소유를 다 포기하고 하나님께 자신을 전적으로 맡기는 신실한 제자의 모습으로 그려집니다. 이 여인의 철저한 자기부정은 그만큼 하나님께 소중한 모습으로 받아들여질 것입니다.

로 꾸며놓았다고 말들을 하니, 예수께서 말씀하셨다. 6 "너희
가 보고 있는 이것들이, 돌 한 개도 돌 위에 남지 않고 다 무너
질 날이 올 것이다."

재난의 징조(마 24:3-14; 막 13:3-13)

7 ○ 제자들이 예수께 물었다. "선생님, 그러면 이런 일들이 언
제 있겠습니까? 또 이런 일이 일어나려고 할 때에는, 무슨 징
조가 있겠습니까?" 8 예수께서 대답하셨다. "너희는 속지 않도
록 조심하여라. 많은 사람이 내 이름으로 와서 말하기를 '내가
그리스도다' 하거나, '때가 가까이 왔다' 할 것이다. 그러나 그
들을 따라가지 말아라. 9 전쟁과 난리의 소문을 듣더라도 두려
워하지 말아라. 이런 일이 반드시 먼저 일어나야 한다. 그러나
종말이 곧 오는 것은 아니다." 10 그때에 예수께서 그들에게 말
씀하셨다. "민족이 일어나 민족을 치고, 나라가 일어나 나라를

성전이 무너진다는 예수의 예언은 이루어졌나요? 여기 나온 성전은 바빌론에 의해 솔로몬 성전이 파괴된 이후 포로들이 귀환해 세운 '제2성전'입니다(주전 516년). 이후 주전 37년 왕위에 오른 헤롯은 볼품없이 서 있던 이 성전에 대대적인 보수와 증축을 시행합니다. 이 증축 공사는 예수님의 활동 당시에도 계속되었고, 주후 64년 무렵에야 완전히 끝났습니다. 그러나 얼마 뒤인 67년 유대인들이 로마에 저항하면서 로마와의 유대전쟁이 시작되고, 69년 베스파시아누스와 티투스에 의해 포위된 예루살렘은 주후 70년 티투스에 의해 완전히 함락됩니다. 이때 성전 역시 약탈당하고 파괴됩니다. 전쟁의 완전한 종식은 마사다 요새가 함락된 주후 73년이지만, 예루살렘 함락과 성전 파괴로 인해 제2성전기와 유대 나라의 역사는 종언을 고합니다. 예수님의 예언은 이 비극적인 사건을 배경으로 합니다. 어떤 이들은 예수님께서 이 멸망을 예언했다고 보는 반면, 어떤 이들은 복음서 저자가 성전 파괴의 경험을 예수님의 말씀 형태로 적었다고 보기도 합니다.

칠 것이다. 11 큰 지진이 나고, 곳곳에 기근과 역병이 생기고,
하늘로부터 무서운 일과 큰 징조가 나타날 것이다. 12 그러나
이 모든 일이 일어나기에 앞서, 사람들이 너희에게 손을 대어
박해하고, 너희를 회당과 감옥에 넘겨줄 것이다. 너희는 내 이
름 때문에 왕들과 총독들 앞에 끌려갈 것이다. 13 그러나 이것
이, 너희에게는 증언할 기회가 될 것이다. 14 그러므로 너희는
변호할 말을 미리부터 생각하지 않도록 명심하여라. 15 나는
너희의 모든 적대자들이 맞서거나 반박할 수 없는 구변과 지
혜를 너희에게 주겠다. 16 너희의 부모와 형제와 친척과 친구
들까지도 너희를 넘겨줄 것이요, 너희 가운데서 더러는 죽일
것이다. 17 너희는 내 이름 때문에, 모든 사람에게 미움을 받을
것이다. 18 그러나 너희는 머리카락 하나도 잃지 않을 것이다.
19 너희는 참고 견디는 가운데 너희의 목숨을 얻어라."

예루살렘의 멸망을 예언하시다(마 24:15–21; 막 13:14–19)

20 ○ "예루살렘이 군대에게 포위당하는 것을 보거든, 그 도
성의 파멸이 가까이 온 줄 알아라. 21 그때에 유대에 있는 사

예수는 종말과 예루살렘의 멸망 등 무시무시한 예언을 쏟아냅니다. 2천 년이 지난 지금, 이런 예언은 이루어지지 않은 채 사람들을 이단 종교에 빠지게 하는 데 이용되고 있습니다. 기독교의 폐해 아닌가요? 21장 말씀에는 예루살렘 멸망에 관한 역사적 예언과 '인자의 날'에 관한 묵시적 예언, 그리고 제자들의 박해 이야기가 뒤섞여 나옵니다(10–19절). 해석이 어려운 이유 중 하나입니다. 예루살렘 멸망은 주후 70년에 실제로 일어난 비극적 사건입니다. 한 국가로서 유대와 그 성전이 종언을 고했던 사건입니다(지금 서 있는 황금빛 건물은 유대 성전이 아닌 이슬람 모스크입니다). 예루살렘의 멸망에 관한 현실적인 예언에도 묵시적 이미지가 결합되고, 또

람들은 산으로 도망하고, 그 도성 안에 있는 사람들은 거기에
서 빠져나가고, 산골에 있는 사람들은 그 성 안으로 들어가지
말아라. 22 그때가 기록된 모든 말씀이 이루어질 징벌의 날들
이기 때문이다. 23 그날에는, 아이 밴 여자들과 젖먹이가 딸
린 여자들은 화가 있다. 땅에는 큰 재난이 닥치겠고, 이 백성
에게는 무서운 진노가 내릴 것이다. 24 그들은 칼날에 쓰러지
고, 뭇 이방 나라에 포로로 잡혀갈 것이요, 예루살렘은 이방
사람들의 때가 차기까지, 이방 사람들에게 짓밟힐 것이다."

인자가 오실 때의 현상(마 24:29-31; 막 13:24-27)

25 ○ "그리고 해와 달과 별들에서 징조들이 나타나고, 땅에
서는 민족들이 바다와 파도의 성난 소리 때문에 어찌 줄을 몰
라서 괴로워할 것이다. 26 사람들은 세상에 닥쳐올 일들을 예
상하고, 무서워서 기절할 것이다. 하늘의 세력들이 흔들릴 것
이기 때문이다. 27 그때에 사람들은 인자가 큰 권능과 영광을
띠고 구름을 타고 오는 것을 볼 것이다. 28 이런 일들이 일어
나기 시작하거든, 일어서서 너희의 머리를 들어라. 너희의 구

인자의 날 관련 예언에는 묵시적 요소가 더 두드러집니다(25-28절). 그래서 '작은 계시록'이라 불리곤 합니다. 강력하지만 모호한 이런 이미지들은 감각적 경험을 초월하는 영적 현실을 가리키는 비유법의 하나입니다. 어떤 큰 사건이 벌어지면 "온 나라가 난리다"라고 과장하는 것과 비슷합니다. 매우 중요하고 유익한 말씀이지만, 잘못 읽는 위험도 그만큼 큽니다. 나쁜 이단들이 이를 마음대로 해석하며 대중을 현혹하기 때문입니다. 성경을 자기 욕망에 맞추는 사악함과 그럴듯해 보이는 말을 맹종하는 어리석음의 합작품들입니다. "차라리 없는 게 더 낫겠다"고 느낄 수도 있겠지만, 사실 이단은 어떤 말씀이라도 자기 마음대로 끼워 맞출 것입니다.

원이 가까워지고 있기 때문이다."

무화과나무의 교훈(마 24:32-35; 막 13:28-31)

29 ○ 예수께서 그들에게 비유를 하나 말씀하셨다. "무화과나
무와 모든 나무를 보아라. 30 잎이 돋으면, 너희는 스스로 보
고서, 여름이 벌써 가까이 온 줄을 안다. 31 이와 같이 너희
도 이런 일들이 일어나는 것을 보거든, 하나님의 나라가 가까
이 온 줄로 알아라. 32 내가 진정으로 너희에게 말한다. 이 세
대가 끝나기 전에, 이 모든 일이 다 일어날 것이다. 33 하늘과
땅은 없어질지라도, 내 말은 절대로 없어지지 않을 것이다."

깨어 있어라

34 ○ "너희는 스스로 조심해서, 방탕과 술 취함과 세상살이
의 걱정으로 너희의 마음이 짓눌리지 않게 하고, 또한 그날이

예고된 종말은 기독교 신앙에서 어떤 의미를 가지나요? 기독교인의 역사에는 시작과 끝이 있습니다. 우리 삶은 그 마지막을 향한 달리기이자 '끝내기'입니다(빌 1:6; 3:12-14; 갈 3:3). 예수님의 재림을 기점으로 한 이 마지막은 심판과 구원의 시간입니다. 그래서 우리는 심판에 대한 두려움과 영원한 삶에 대한 기대를 품고 삽니다. 물론 예수님 이후 2천 년이 지난 지금, 그분의 재림에 대한 긴장이 처음 같지는 않습니다. 사실 대부분 신자는 그리스도의 '임박한' 재림을 생각하지 않습니다. 하지만 나의 죽음은 변하지 않는 사실입니다. 나에겐 죽음이 역사의 종말과 같습니다. 부활과 영생을 향한 나의 달리기가 끝나는 지점이기 때문입니다. 나에게는 현재의 삶이 전부가 아니고, 무조건 내 미래가 보장된 것도 아닙니다. 하나님의 신실한 사랑을 의지하지만, 또한 두려움과 떨림으로 내 구원의 여정을 완성해야 합니다(빌 2:12). 마지막을 향한 이 근원적 소망을 잃는다면, 기독교 신앙의 핵심을 잃는 것입니다.

덫과 같이 너희에게 닥치지 않게 하여라. 35 그날은 온 땅에
사는 모든 사람에게 닥칠 것이다. 36 그러니 너희는 앞으로
일어날 이 모든 일을 능히 피하고, 또 인자 앞에 설 수 있도록,
기도하면서 늘 깨어 있어라."
37 ○ 예수께서는, 낮에는 성전에서 가르치시고, 밤에는 나와
서 올리브산이라고 하는 산에서 지내셨다. 38 그런데 모든 백
성이 그의 말씀을 들으려고, 이른 아침부터 성전으로 모여들
었다.

21장 후반부의 무화과나무 교훈이나 깨어 있으라는 내용은 앞의 종말 메시지와 같이 전달된 것인가요? 연결성 있는 이야긴지, 아니면 순서가 편집된 것인지 궁금합니다. 복음서 대부분의 말씀에는 다양한 편집 과정이 반영되어 있습니다. 단락의 내용이나 각 단락의 배열도 복음서 저자의 손길을 드러낼 때가 많습니다. 저자가 이 마지막 두 말씀을 그대로 전한 것인지, 자기 나름으로 편집한 것인지는 알 수 없지만, 흐름상 앞의 종말 이야기와 자연스럽게 연결되는 것은 분명합니다. 복음서는 종종 '그날'의 다가옴을 무시하는 불감증을 경고합니다. 섣불리 "여기 있다, 저기 있다" 말하는 조급증도 위험하지만, 그날의 다가옴 자체를 무시하는 일도 치명적입니다. 하루하루 달라지는 무화과나무 잎을 보며, 혹은 노랗게 물들어가는 은행잎을 보며 깊어가는 계절을 느끼듯, 여러 징조들을 보며 하나님나라가 다가왔다는 사실을 직감하게 됩니다. 일상의 무게에 눌려 우리 삶의 영적 진실에 둔감해지는 것입니다. 그래서 그날이 "덫과 같이" 혹은 "도둑과 같이" 올 것이라는 경고가 반복됩니다. 그 자체로 완결된 듯한 일상의 흐름 속에서는 다가오는 하나님나라의 징조를 느끼기가 어렵기 때문입니다.

{ 제22장 }

예수를 죽일 음모

(마 26:1–5, 14–16; 막 14:1–2, 10–11; 요 11:45–53)

1 유월절이라고 하는 무교절이 다가왔다. 2 그런데 대제사장
들과 율법학자들은 예수를 없애버릴 방책을 찾고 있었다. 그
들은 백성을 두려워하였다. 3 열둘 가운데 하나인 가룟이라는
유다에게 사탄이 들어갔다. 4 유다는 떠나가서 대제사장들과
성전 경비대장들과 더불어 어떻게 예수를 그들에게 넘겨줄지
를 의논하였다. 5 그래서 그들은 기뻐하여, 그에게 돈을 주겠
다고 약조하였다. 6 유다는 동의하고, 무리가 없을 때에 예수
를 그들에게 넘겨주려고, 기회를 노리고 있었다.

유다에게 사탄이 들어갔다고 합니다. 그렇다면 유다가 예수를 팔아넘겼다고 해서 유다를 비난할 일이 아니지 않나요? 사탄이 유다에게 들어갔다는 것은 거대한 묵시적 차원의 진실입니다. 고대인들은 인간이 자기끼리 사는 게 아니라 더 큰 우주적 갈등의 일부로 존재한다고 보았습니다. 하나님께서 창조하고 다스리시는 세상이지만, 동시에 사탄의 세력이 위력을 발휘하는 세상이기도 합니다. 인간의 모든 삶은 이런 거대한 투쟁의 구체적 표현으로 이해됩니다. 자기 나름의 이유로 유다는 예수님을 팔아넘기기로 결심합니다. 처음부터 끝까지 유다의 고뇌와 결단입니다. 하지만 더 큰 맥락에서 이는 사탄이 유다에게 들어가 자행한 일이기도 합니다. 우리가 열심히 고민하고 투쟁하지만, 이는 하나님께서 우리에게 새로운 생각을 갖게 하시고, 그렇게 우리를 통해 일하시는 것이기도 합니다(빌 2:13). 이런 초월적인 차원은 인간의 책임을 면하려는 장치가 아닙니다. 영적 세력의 투쟁이 생생한 만큼, 우리가 우리 삶에 책임을 진다는 것도 여전히 사실입니다. 인간사에 걸려 넘어지는 일이 불가피하다 해도, 이를 야기한 사람에게는 무서운 책임이 뒤따릅니다(눅 17:1; 22:22). 책임을 제거하는 순간, 우리 삶은 무의미한 하나의 장난이 되고 말 것입니다.

유월절 준비(마 26:17-25; 막 14:12-21; 요 13:21-30)

7 ㅇ 유월절 양을 잡아야 하는 무교절 날이 왔다. 8 예수께서
베드로와 요한을 보내시며 말씀하셨다. "가서, 우리가 먹을 수
있게 유월절을 준비하여라." 9 그들이 예수께 말하였다. "어디
에다 준비하기를 바라십니까?" 10 예수께서 대답하셨다. "너
희가 성 안으로 들어가면, 물 한 동이를 메고 오는 사람을 만
날 것이니, 그가 들어가는 집으로 따라가거라. 11 그리고 그
집주인에게 말하기를 '선생님께서 당신에게 말씀하시기를, 내
가 내 제자들과 함께 유월절 음식을 먹을 그 방이 어디에 있느
냐고 하십니다' 하여라. 12 그러면 그 사람은 자리를 깔아놓은
큰 다락방을 너희에게 보여줄 것이니, 너희는 거기에다 준비
를 하여라." 13 그들이 가서 보니, 예수께서 말씀하신 그대로
였다. 그리하여 그들은 유월절을 준비하였다.

유월절과 무교절은 어떤 날인가요? 히브리 노예들이 모세와 함께 이집트를 탈출했을 때, 하나님께서는 이를 거부하는 이집트 왕 바로와 그 나라를 열 가지 재앙으로 처벌하셨습니다. 그 마지막 재앙이 집안의 첫 아들과 가축의 첫 소생의 죽음입니다. 그러나 하나님의 지시대로 문틀에 양의 피를 바른 히브리인들의 집은 죽음의 사자가 그냥 '넘어갑니다'. 이렇게 그들은 이집트에서 탈출합니다. 이를 기념하는 것이 '유월절'(逾越節, Passover)입니다. 이집트로부터의 해방을 기념하는 유대인의 광복절입니다. 무교절(無酵節, 여기서는 '교'지만 '효모'[酵母]처럼 보통 '효'로 읽습니다)은 유월절 후 한 주간의 명절로, 누룩 없는(발효되지 않은) 빵을 먹습니다(출 23:14-15). 역시 이집트 탈출을 기념하는 광복절 절기입니다(출 12장). 이집트 탈출, 곧 '출(出)애굽'(Exodus. 애굽은 이집트의 예전 우리말 표기)은 곧 시내산 아래 하나님과의 언약 체결 및 율법 수여로 이어집니다. 민족국가의 출범을 알리는 기념비적인 사건입니다. 그래서 이 사건들은 종종 예수님을 통한 하나님의 새로운 구원을 가리키는 신학적 비유가 됩니다. 여기서도 그런 의도를 읽을 수 있습니다.

마지막 만찬(마 26:26–30; 막 14:22–26; 고전 11:23–25)

14 ㅇ 시간이 되어서, 예수께서 자리에 앉으시니, 사도들도 그
와 함께 앉았다. 15 예수께서 그들에게 말씀하셨다. "내가 고
난을 당하기 전에, 너희와 함께 이 유월절 음식을 먹기를 참으
로 간절히 바랐다. 16 내가 너희에게 말한다. 유월절이 하나
님의 나라에서 이루어질 때까지, 나는 다시는 유월절 음식을
먹지 않을 것이다." 17 그리고 잔을 받아서 감사를 드리신 다
음에 말씀하셨다. "이것을 받아서 함께 나누어 마셔라. 18 내
가 너희에게 말한다. 나는 이제부터 하나님의 나라가 올 때
까지, 포도나무 열매에서 난 것을 절대로 마시지 않을 것이
다." 19 예수께서는 또 빵을 들어서 감사를 드리신 다음에, 떼
어서 그들에게 주시고 말씀하셨다. "이것은 너희를 위하여 주
는 내 몸이다. 이것을 행하여 나를 기억하여라." 20 그리고 저

예수는 빵과 포도주를 나누며 내 몸, 내 피라고 말합니다. 어떤 의미가 있는 건가요? 빵은 '너희를 위해 내어주는' 내 몸, 곧 사람들의 죄를 사하기 위해 예수님께서 자신의 몸을 내어주셨다는 사실을 상징합니다. 피 역시 '너희를 위해 흘리는' 피, 곧 사람들의 속죄를 위해 당하신 대속적 죽음을 가리킵니다. 그런데 이 '피'는 바로 그 대속적 피를 통해 세워지는 '새 언약'을 가리킵니다. 과거 이집트 탈출 후 시내산에서 하나님과 이스라엘이 언약을 맺었던 것처럼, 이제 예수님께서는 사람들을 위해 자신을 희생함으로써 하나님과 사람들 사이에 새로운 언약을 세우십니다. 이 새 언약은 유대인들에게 주어진 모세 율법이 아닌, 사람들을 위해 흘리신 예수님의 피를 토대로 이루어집니다. 예수님의 죽음을 통해 새로운 하나님 백성의 공동체가 형성된다는 말씀입니다. 예수님의 제자들은 함께 모여 떡을 먹고 포도주를 마실 때마다 예수님을 '기억' 혹은 '기념'합니다. 유대인들이 매년 유월절 의식을 치르며 이집트 탈출을 '기억'하는 것처럼, 예수님의 제자들은 매번 빵과 잔을 나누면서 예수님의 대속적 죽음을 새롭게 '상기'하고, 그분이 가져다주시는 구원을 감사합니다.

녁을 먹은 뒤에, 잔을 그와 같이 하시고서 말씀하셨다. "이 잔
은 너희를 위하여 흘리는 내 피로 세우는 새 언약이다. 21 그
러나 보아라, 나를 넘겨줄 사람의 손이 나와 함께 상 위에 있
다. 22 인자는 하나님께서 정하신 대로 가지만, 인자를 넘겨
주는 그 사람에게는 화가 있다." 23 그들은, 자기들 가운데 이
런 일을 할 사람이 누구일까 하고, 자기들끼리 서로 물었다.

참으로 높은 사람

24 ○ 제자들 가운데서 누구를 가장 큰 사람으로 칠 것이냐는
물음을 놓고, 그들 사이에 말다툼이 벌어졌다. 25 예수께서
그들에게 말씀하셨다. "뭇 민족들의 왕들은 백성들 위에 군림
한다. 그리고 백성들에게 권세를 부리는 자들은 은인으로 행

제자들의 말다툼 이야기는 예수가 제자들에게 왕권을 주어 제자들이 이스라엘의 열두 지파를 심판한다는 말로 마무리됩니다. 예수가 제자들에게 정치적 기대치를 높여준 거 아닌가요? 예수님의 말씀은 당시 로마의 사회적 감수성에 반하는 도발적 이미지들로 가득합니다. 제자들은 누가 크냐고 서로 논쟁합니다. 사회적 '서열'은 당시 연회 자리의 흔한 토론 주제입니다. 예수님도 이 논쟁에 참여하시지만, 그분의 답변은 소크라테스의 논법 이상으로 제자들을 놀라게 합니다. 예수님께서는 몇 가지 위계의 사례를 열거하십니다. 군림하는 왕과 지배받는 백성, 갑질하는 세력가들과 일반인들, 누구나 잘 아는 그림입니다. 하지만 반전이 있습니다. "그러나 너희는 그렇지 않다"는 선언과 더불어 사태가 뒤바뀝니다. 가장 큰 사람은 가장 작은 사람을 섬기고, 통치자가 오히려 섬기는 종이 됩니다. 앉아서 먹는 사람이 시중드는 종보다 높지만, 예수님께서는 '섬기는 사람'으로 그들과 함께하십니다. 당시 청중은 일년에 한 번 주인과 종이 역할을 바꾸는 농신제(Saturnalis)를 떠올렸을지도 모릅니다. 이는 제자들의 세속성에 대한 신랄한 비난입니다. 주님께서는 대단한 복을 약속하시지만, 이는 주의 시련에 끝까지 함께한 이들의 것입니다. 이런 심판의 권리는 열두 제자뿐 아니라, 신실한 모든 신자들의 것이기도 합니다(고전 6:2–3).

세한다. 26 그러나 너희는 그렇지 않다. 너희 가운데서 가장
큰 사람은 가장 어린 사람과 같이 되어야 하고, 또 다스리는
사람은 섬기는 사람과 같이 되어야 한다. 27 누가 더 높으냐?
밥상에 앉은 사람이냐, 시중드는 사람이냐? 밥상에 앉은 사람
이 아니냐? 그러나 나는 섬기는 사람으로 너희 가운데 있다.
28 ○ 너희는 내가 시련을 겪는 동안에 나와 함께한 사람들이
다. 29 내 아버지께서 내게 왕권을 주신 것과 같이, 나도 너희
에게 왕권을 준다. 30 그리하여 너희가 내 나라에 들어와 내
밥상에서 먹고 마시게 하고, 옥좌에 앉아서 이스라엘의 열두
지파를 심판하게 하겠다."

베드로의 부인을 예고하시다

(마 26:31-35; 막 14:27-31; 요 13:36-38)

31 ○ "시몬아, 시몬아, 보아라. 사탄이 밀처럼 너희를 체질하
려고 너희를 손아귀에 넣기를 요구하였다. 32 그러나 나는 네
믿음이 꺾이지 않도록, 너를 위하여 기도하였다. 네가 다시 돌
아올 때에는, 네 형제를 굳세게 하여라." 33 베드로가 예수께

예수가 돈주머니와 검을 챙기라고 한 까닭은 무엇인가요? 해석이 쉽지 않은 말씀 중 하나입니다. 이전에 예수님께서는 제자들에게 돈주머니나 배낭이나 신발을 가지지 말라고 말씀하셨습니다(눅 10:4). 그래도 제자들은 전혀 부족한 것이 없었습니다(눅 22:35). 그들은 주인의 환대를 기대할 수 있었습니다. '그러나 이제는' 사정이 다릅니다. 돈주머니도 배낭도 필요합니다. 더욱이 옷을 팔아서라도 '칼'을 사야 합니다. 상황이 매우 적대적으로 급변합니다. 하지만 이후 베드로의 행동에서 보듯, 실제 무력을 사용하라는 말은 아닙니다(눅 22:49-51). 그렇다면 다분히 상징적인 말씀일 겁니다. 예수님께서는 "성경 말씀이 내게서 반드시 이루어져야 한다"(눅

말하였다. "주님, 나는 감옥에도, 죽는 자리에도, 주님과 함께
갈 각오가 되어 있습니다." 34 그러나 예수께서 말씀하셨다.
"베드로야, 내가 네게 말한다. 오늘 닭이 울기 전에, 네가 세
번 나를 모른다고 할 것이다."

돈주머니와 검

35 ○ 예수께서 제자들에게 말씀하셨다. "내가 너희를 돈주머
니와 자루와 신발이 없이 내보냈을 때에, 너희에게 부족한 것
이 있더냐?" 그들이 대답하였다. "없었습니다." 36 예수께서
그들에게 말씀하셨다. "이제는 돈주머니가 있는 사람은 그것
을 챙겨라, 또 자루도 그렇게 하여라. 그리고 칼이 없는 사람
은, 옷을 팔아서 칼을 사라. 37 내가 너희에게 말한다. '그는
무법자들과 한패로 몰렸다'고 하는 이 성경 말씀이, 내게서 반
드시 이루어져야 한다. 과연, 나에 관하여 기록한 일은 이루어
지고 있다." 38 제자들이 예수께 말하였다. "주님, 보십시오.
여기에 칼 두 자루가 있습니다." 예수께서 그들에게 말씀하시
기를 "넉넉하다" 하셨다.

22:37)고 말씀하십니다. 그 말씀은 예수님과 그분의 동료가 '무법자들'로 간주되는 것입니다. 예수님의 십자가일 수도 있고, 예수님께서 '죄인'들과 어울린 것을 가리키는 말일 수도 있습니다. 어쨌든 그 말씀이 성취되어야 하고, 예수님의 수수께끼 같은 말씀은 그런 의도를 드러냅니다. 반면, 제자들은 진짜로 '칼 두 자루'를 들이미는 둔감한 모습을 보여줍니다. '넉넉하다'는 말씀은 "그만 됐다" 내지는 "그만하자" 하는 답답함의 표현일 가능성이 커 보입니다.

예수께서 기도하시다(마 26:36-46; 막 14:32-42)

39 ○ 예수께서 나가시어, 늘 하시던 대로 올리브산으로 가
시니, 제자들도 그를 따라갔다. 40 그곳에 이르러서, 예수께
서 제자들에게 말씀하시기를 "시험에 빠지지 않도록 기도하
여라" 하신 뒤에, 41 그들과 헤어져서, 돌을 던져서 닿을 만한
거리에 가서, 무릎을 꿇고 이렇게 기도하셨다. 42 "아버지, 만
일 아버지의 뜻이면, 내게서 이 잔을 거두어주십시오. 그러나
내 뜻대로 되게 하지 마시고, 아버지의 뜻대로 되게 하여주십
시오." 43 [[그때에 천사가 하늘로부터 그에게 나타나서, 힘을
북돋우어드렸다. 44 예수께서 고뇌에 차서, 더욱 간절히 기도
하시니, 땀이 핏방울같이 되어서 땅에 떨어졌다.]] 45 기도를
마치고 일어나, 제자들에게로 와서 보시니, 그들이 슬픔에 지
쳐서 잠들어 있었다. 46 그래서 그들에게 말씀하셨다. "왜들
자고 있느냐? 시험에 빠지지 않도록, 일어나서 기도하여라."

예수는 하나님의 아들이라고 합니다. 그런데도 하나님에게 그렇게 간절하게 기도해야 했나요? 예수님은 분명 하나님의 아들로 등장하지만, 자신의 위력을 과시하는 그런 아들이 아닙니다. 예수님께서는 하나님께 순종하는 인간의 전형으로 그려집니다. 그분의 능력은 하나님의 성령의 능력입니다. 예수님은 시종일관 하나님께 신실한 아들로 행동하며, 자신을 보내신 아버지의 뜻을 성취하려 하십니다. 그 끝은 예루살렘에서의 죽음입니다. 그래서 누가복음서가 묘사하는 예수님은 '의로운 순교자'의 모습을 닮았습니다. 죽음 앞에서조차 아버지를 향한 신실함을 잃지 않는 의연한 아들입니다. 누가복음서가 결정적인 순간에 기도하는 예수님의 모습을 묘사하는 것도 그런 의도를 반영합니다. 죽음의 두려움 앞에서 생존 본능과 신실한 순종 사이에서 몸부림치는 예수님의 처절한 모습은 모든 인간이 겪는 갈등을 가장 격한 형태로 보여줍니다. 그래서 "아버지의 뜻대로 되게 하여주십시오" 하는 내밀한 결론 혹은 기도의 응답이 그만큼 더 통렬한 고백으로 다가옵니다.

예수께서 잡히시다(마 26:47–56; 막 14:43–50; 요 18:3–11)

47 ○ 예수께서 아직 말씀하시고 계실 때에, 한 무리가 나타났
다. 열둘 가운데 하나인 유다라는 사람이 그들의 앞장을 서서
왔다. 그는 예수께 입을 맞추려고 가까이 왔다. 48 예수께서
그에게 말씀하셨다. "유다야, 너는 입맞춤으로 인자를 넘겨주
려고 하느냐?" 49 예수의 둘레에 있는 사람들이 사태를 보고서
말하였다. "주님, 우리가 칼을 쓸까요?" 50 그 가운데 한 사람
이 대제사장의 종의 오른쪽 귀를 쳐서 떨어뜨렸다. 51 예수께
서 말씀하시기를 "그만해두어라!" 하시고, 그 사람의 귀를 만져
서 고쳐주셨다. 52 그런 다음에, 자기를 잡으러 온 대제사장들
과 성전 경비대장들과 장로들에게 말씀하셨다. "너희가 강도를
잡듯이 칼과 몽둥이를 들고 나왔느냐? 53 내가 날마다 성전에
서 너희와 함께 있었으나, 너희는 내게 손을 대지 않았다. 그러
나 지금은 너희의 때요, 어둠의 권세가 판을 치는 때다."

예수가 잡힐 때 한 말 "지금은 너희의 때요, 어둠의 권세가 판을 치는 때다"(53절)는 무슨 의미를 내포하고 있나요? 큰 맥락에서 보면 십자가 죽음은 하나님의 뜻입니다. 동시에 그 죽음은 하나님께 대항하는 사탄의 도전이기도 합니다. 그래서 예수님께서 죽음이라는 절정을 향해 가는 이 위기의 시간은 예수님의 반대자들이 주도권을 잡는 시점, 곧 그들 배후에서 활동하는 어둠의 세력이 사태를 장악한 것으로 보이는 시점입니다. 지금까지 예수님께서는 매일 성전에서 공개적으로 가르치셨지만, 그들은 예수님께 손을 대지 않았습니다. 하지만 이제 그들의 시간이 왔습니다. 사탄의 공격은 전면적입니다. 십자가를 회피하도록 예수님을 유혹하고, 폭력으로 사태를 해결하려는 무모한 시도를 감행하게 하며, 끝내 예수님을 부인하고 그분을 버리게 만듭니다. 그리고 예수님께서는 매우 힘겹고 치욕스러운 수난의 시간을 맞이하십니다. 예수님의 죽음이 어둠의 세력에겐 최종 승리일 것입니다. 하지만 그들은 이 모든 일의 배후에 그들이 모르는 '더 큰 마법'(C. S. 루이스)이 있다는 사실을 모릅니다.

베드로가 예수를 부인하다

(마 26:57–58, 69–75; 막 14:53–54, 66–72; 요 18:12–18, 25–27)

54 ○ 그들은 예수를 붙잡아서, 끌고 대제사장의 집으로 데
리고 갔다. 그런데 베드로는 멀찍이 떨어져서 뒤따라갔다.
55 사람들이 뜰 한가운데 불을 피워놓고 둘러앉아 있는데, 베
드로도 그들 가운데 끼여 앉아 있었다. 56 그때에 한 하녀가
베드로가 불빛을 안고 앉아 있는 것을 보고, 그를 빤히 노려보
고 말하였다. "이 사람도 그와 함께 있었어요." 57 그러나 베
드로는 그것을 부인하여 이렇게 말하였다. "여보시오, 나는 그
를 모르오." 58 조금 뒤에 다른 사람이 베드로를 보고서 말했
다. "당신도 그들과 한패요." 그러나 베드로는 "이 사람아, 나
는 아니란 말이오" 하고 말하였다. 59 그리고 한 시간쯤 지났
을 때에, 또 다른 사람이 강경하게 주장하였다. "틀림없이, 이
사람도 그와 함께 있었소. 이 사람은 갈릴리 사람이니까요."
60 그러나 베드로는 이렇게 말하였다. "여보시오, 나는 당신
이 무슨 소리를 하는지 모르겠소." 베드로가 아직 말을 채 끝
내기도 전에, 곧 닭이 울었다. 61 주님께서 돌아서서 베드로를

정황으로 볼 때 베드로가 예수를 부인한 일은 인간적으로 이해가 됩니다. 누구라도 그럴 수 있을 것 같은데, 이 일로 베드로가 비난받는 것은 좀 억울해 보입니다. 이후 일의 진행에서 보듯, 베드로의 예수님 부인이 그의 최종적 파멸로 이어지는 것은 아닙니다. 사실 그의 실패를 먼저 예견하고 예고한 이는 예수님입니다. 반면 베드로는 자신의 신앙적 끈기와 용기를 자신했고, 죽음의 자리까지 예수님과 함께 가겠다고 공언했습니다. 아직 겪지 않은 미래의 위험을 두고 자신감을 보이는 것만큼 공허한 일도 없습니다. 베드로뿐 아니라, 우리는 모두 자기 자신을 제대로 모릅니다. 하지만 예수님께서는 베드로의 실패조차도 그의 '믿음이 꺾인' 것이라 하지 않

똑바로 보셨다. 베드로는, 주님께서 자기에게 "오늘 닭이 울기
전에, 네가 세 번 나를 모른다고 할 것이다" 하신 그 말씀이 생
각났다. 62 그리하여 그는 바깥으로 나가서 비통하게 울었다.

예수를 모욕하고 때리다(마 26:67-68; 막 14:65)

63 ○ 예수를 지키는 사람들이 예수를 때리면서 모욕하였다.
64 또 그들은 예수의 눈을 가리고 말하였다. "너를 때린 사람
이 누구인지 알아맞추어 보아라." 65 그들은 그 밖에도 온갖
말로 모욕하면서 예수에게 욕설을 퍼부었다.

공회 앞에 서시다(마 26:59-66; 막 14:55-64; 요 18:19-24)

66 ○ 날이 밝으니, 백성의 장로회, 곧 대제사장들과 율법학
자들이 모여서, 예수를 그들의 공의회로 끌고 가서, 67 이렇
게 말하였다. "그대가 그리스도이면, 그렇다고 우리에게 말해
주시오." 예수께서 그들에게 말씀하셨다. "내가 그렇다고 여
러분에게 말하더라도, 여러분은 믿지 않을 것이요, 68 내가

으시고, 도리어 그의 회복과 그 이후의 책임에 관해 이야기하십니다(31-34절). 실제 상황에서 베드로는 당황하며 세 번 연거푸 예수님을 부인합니다. 추상적인 공언과 달리, 실제 상황에서의 미약함입니다. 누가는 이 부인의 순간에 예수님과 베드로의 눈이 마주치는 소름 돋는 장면을 포착합니다. 그리고 베드로는 주님의 말씀을 떠올리며 "비통하게 울었습니다"(62절). 예수님께서는 이 눈물의 복잡한 속내를 이미 아셨던 것입니다.

물어보아도, 여러분은 대답하지 않을 것이오. 69 그러나 이
제부터 인자는 전능하신 하나님의 오른쪽에 앉게 될 것이오."
70 그러자 모두가 말하였다. "그러면 그대가 하나님의 아들이
오?" 예수께서 그들에게 말씀하셨다. "내가 그라고 여러분이
말하고 있소." 71 그러자 그들은 말하였다. "이제 우리에게 무
슨 증언이 더 필요하겠소? 우리가 그의 입에서 나오는 말을
직접 들었으니 말이오."

대제사장들과 율법학자들이 예수님과의 대화에서 얻어내려고 했던 것은 무엇인가요? 이들의 의도는 이중적이라 할 수 있습니다. 그들에게 예수님의 행보는 자신이 바로 하나님께서 약속하신 메시아(그리스도)라는 주장으로 들렸습니다. 재판 자리에서 그들은 이 자기 주장을 공식적으로 확인하고자 했습니다. 이번에도 예수님께서는 자신의 권위에 대한 확답을 회피하십니다. 이제 와서 진실을 말한다 한들, 지금까지 예수님을 믿지 않았던 그들이 그것을 받아들일 리 없기 때문입니다. 그들의 정치적 행보는 예수님의 물음에 대해서도 진솔한 답변을 내놓지 않을 것입니다. 대신 예수님께서는 다니엘서의 '인자'를 상기시키며(단 7:13), 자신이 하나님의 능력과 영광을 공유할 존재라고 공언하십니다. 신문하는 자들은 이것을 '하나님의 아들'이라는 주장에 해당하는 것으로 받아들이고, 예수님께서는 그것이 바로 자신이 의미한 것이라는 사실을 시인하십니다. 이렇게 그들은 예수님의 입에서 '하나님의 아들'이라는 주장을 확인합니다. 예수님을 처치할 충분한 근거를 얻은 셈입니다. 하지만 실제 처형은 로마의 결정에 속하고, 이를 위해서는 정치적 죄목이 필요합니다. 그래서 이야기는 빌라도의 재판으로 넘어갑니다.

{ 제23장 }

빌라도 앞에서 신문받으시다

(마 27:1–2, 11–14; 막 15:1–5; 요 18:28–38)

1 그들 온 무리가 일어나서, 예수를 빌라도 앞으로 끌고 갔다.
2 그들이 예수를 고발하여 말하기를 "우리가 보니, 이 사람
은 우리 민족을 오도하고, 황제에게 세금 바치는 것을 반대하
고, 자칭 그리스도 곧 왕이라고 하였습니다." 3 그래서 빌라도
가 예수께 물었다. "당신이 유대인의 왕이오?" 예수께서 빌라
도에게 대답하셨다. "당신이 그렇게 말하고 있소." 4 빌라도가
대제사장들과 무리들에게 말하였다. "내가 보니 이 사람에게
는 아무 죄도 없소." 5 그러나 그들은 이렇게 주장하였다. "그
사람은 갈릴리에서 시작해서 여기에 이르기까지, 온 유대를
누비면서 가르치며 백성을 선동하고 있습니다."

빌라도는 누구이며, 어떤 인물이었나요? 빌라도는 주후 26–36년 사이에 유다를 다스린 로마 총독입니다. 팔레스타인 전역을 통치했던 헤롯 대왕의 사후, 로마는 영토를 넷으로 나누어 헤롯의 세 아들을 비롯한 네 명의 '분봉왕'(헬라어로 테트라르테스, 1/4을 맡은 분할 통치자)들에게 나눠줬습니다. 이때 유대는 헤롯의 장남 헤롯 아켈라오에게 주어졌지만, 폭정으로 원성이 높았습니다. 그래서 로마는 주후 6년 그를 폐위하고 유다 지방을 로마의 직속 통치 구역으로 만들어 총독을 파견하기 시작했습니다. 예수님의 활동 당시 유대 총독이 바로 빌라도입니다. 빌라도에 관한 네 복음서의 기록은 조금씩 다릅니다. 하지만 빌라도가 예수님에게서 사형에 해당할 만한 죄를 찾지 못했다는 사실, 그럼에도 유대 지도자들과 민중의 압력에 굴복해 예수님께 사형 선고를 내렸다는 사실은 공통적으로 나타납니다. 그는 '유대인의 왕'을 사칭하며 반란을 주도한 정치범 혐의로 예수님을 십자가에 달았고, 이 사실은 사도신경의 일부가 되어 지워지지 않는 기록으로 남았습니다.

헤롯 앞에 서시다

6 ○ 빌라도가 이 말을 듣고서 물었다. "이 사람이 갈릴리 사
람이오?" 7 그는 예수가 헤롯의 관할에 속한 것을 알고서, 예
수를 헤롯에게 보냈는데, 마침 그때에 헤롯이 예루살렘에 있
었다. 8 헤롯은 예수를 보고 매우 기뻐하였다. 그는 예수의 소
문을 들었으므로, 오래전부터 예수를 보고자 하였고, 또 그는
예수가 어떤 기적을 일으키는 것을 보고 싶어 하였다. 9 그래
서 그는 예수께 여러 말로 물어보았다. 그러나 예수께서는
그에게 아무 대답도 하지 않으셨다. 10 그런데 대제사장들과
율법학자들이 곁에 서 있다가, 예수를 맹렬하게 고발하였다.
11 헤롯은 자기 호위병들과 함께 예수를 모욕하고 조롱하였
다. 그런 다음에, 예수에게 화려한 옷을 입혀서 빌라도에게 도
로 보냈다. 12 헤롯과 빌라도가 전에는 서로 원수였으나, 바로
그날에 서로 친구가 되었다.

헤롯은 예수에 대해 호기심이 있었던 것 같네요. 그는 누구인가요? 마지막 예루살렘 여정을 제외하면, 예수님의 활동은 대부분 갈릴리를 중심으로 이루어집니다. 이 지역은 헤롯 대왕의 아들 헤롯 안티파스의 통치 구역입니다. 그래서 간간이 그의 이름이 등장합니다. 그는 자신의 잘못된 결혼을 비판한 일 때문에 아내 헤로디아의 사주를 받아 세례 요한을 죽인 인물입니다(막 6:14–29; 마 14:1–12). 예수님과 관련해서도 이름이 종종 나옵니다. 헤롯의 집안 살림을 맡은 구사의 아내 요안나는 예수님을 후원했습니다(눅 8:3). 또 제자들의 성공적인 선교에 놀란 헤롯은 예수님의 정체를 놓고 매우 당황하는데, 이때 그가 예수님을 몹시 궁금해하며 "만나고 싶어 했다"고 합니다(눅 9:7–9). 물론 헤롯이 점점 커져가는 예수님의 선교를 반가워할 리 없습니다. 그래서 예수님을 죽이려는 시도가 언급되기도 합니다. 하지만 예수님께서는 그를 '저 여우'로 부르며, 그의 위협을 무시하십니다. 선지자가 예루살렘 밖에서 죽을 리가 없기 때문입니다(눅 13:31–34).

사형 판결을 받으시다(마 27:15-26; 막 15:6-15; 요 18:39-19:16)

13 ○ 빌라도는 대제사장들과 지도자들과 백성을 불러 모아놓
고서, 14 그들에게 말하였다. "그대들은, 이 사람이 백성을 오
도한다고 하여 내게로 끌고 왔으나, 보다시피, 내가 그대들 앞
에서 친히 신문하여보았지만, 그대들이 고발한 것과 같은 죄
목은 아무것도 이 사람에게서 찾지 못하였소. 15 헤롯도 또한
그것을 찾지 못하고, 그를 우리에게 돌려보낸 것이오. 이 사람
은 사형을 받을 만한 일을 하나도 저지르지 않았소. 16 그러므
로 나는 이 사람을 매질이나 하고, 놓아주겠소." 17 (없음)
18 ○ 그러나 그들이 일제히 소리 질러 말하였다. "이 자를 없
애고, 바라바를 우리에게 놓아주시오." 19 -바라바는, 그 성
안에서 일어난 폭동과 살인 때문에 감옥에 갇힌 사람이다.-
20 빌라도는 예수를 놓아주고자 하여, 다시 그들에게 말하였

여기서는 빌라도가 일을 매우 공정하게 처리하려고 노력한 것처럼 보입니다. 그럼에도 불구하고 사람들은 왜 그렇게 강력하게 예수의 처형을 요구한 건가요? 예수님의 하나님나라 선포는 당시 유대교의 지도자들 모두를 불편하게 했습니다. 종교와 정치의 실권자 사두개파에게 예수님의 하나님나라 운동은 매우 실질적인 위협이었습니다. 종교적으로 대중들에게 큰 영향력을 발휘하던 바리새파 사람들에게도 마찬가지였습니다. 예수님께서는 그들의 성경 해석과 경건의 관행을 두고 그릇의 겉만 닦고 속은 더러운 욕망으로 채우는 위선이라고 질타하셨습니다. 거룩함을 위해 죄인들과 멀어지려 했던 그들과 달리, 예수님께서는 '세리와 죄인들'을 영접하고, 그들과 어울리며 성과 속의 경계를 허물고자 하셨습니다. 또 다윗 왕조 회복이라는 민족적, 대중적 희망을 저버리고, 인간의 보다 깊은 문제를 건드리며 회개와 용서, 그리고 다가올 하나님나라를 선포하셨습니다. 특히 고난의 길을 걷는 메시아 사상, 그리고 예수님과 함께 십자가를 지고 뒤를 따르라는 선언은 그 누구도 예상하지 못했던 도발적인 발상이었습니다. 그래서 그들은 로마의 권력을 빌려 예수님에게 정치범 프레임을 씌우고 그분을 처단하려 했던 것입니다.

다. 21 그러나 그들이 외쳤다. "그자를 십자가에 못 박으시오!
십자가에 못 박으시오!" 22 빌라도가 세 번째 그들에게 말하
였다. "도대체 이 사람이 무슨 나쁜 일을 하였단 말이오? 나
는 그에게서 사형에 처할 아무런 죄를 찾지 못하였소. 그러므
로 나는 그를 매질이나 해서 놓아줄까 하오." 23 그러나 그들
은 마구 우기면서, 예수를 십자가에 못 박으라고 큰 소리로 요
구하였다. 그래서 그들의 소리가 이겼다. 24 마침내 빌라도는
그들의 요구대로 하기로 결정하였다. 25 그래서 그는 폭동과
살인 때문에 감옥에 갇힌 자는 그들이 요구하는 대로 놓아주
고, 예수는 그들의 뜻대로 하게 넘겨주었다.

예수께서 십자가에 못 박히시다(마 27:32-44; 막 15:21-32; 요 19:17-27)

26 ○ 그들이 예수를 끌고 가다가, 들에서 오는 시몬이라는
한 구레네 사람을 붙들어서, 그에게 십자가를 지우고, 예수의
뒤를 따라가게 하였다. 27 백성들과 여자들이 큰 무리를 이루
어서 예수를 따라가고 있었는데, 여자들은 예수를 생각하여
가슴을 치며 통곡하였다. 28 예수께서 여자들을 돌아다보시

예수가 자신을 따라가는 여자들에게 한 말은 어떤 의미인가요? 예수님의 사형을 요구하던 군중이 십자가를 진 예수님의 뒤를 따릅니다. 그중 여인들은 예수님을 생각하며 통곡합니다. 다소 갑작스러운 변화처럼 보입니다. 그런데 예수님께서는 돌아서서 그들을 '예루살렘의 딸들'로 부르며, 자신을 위해 울지 말고 그들과 그들의 자녀를 위해 울라고 말씀하십니다. 통곡의 대상은 예수님이 아니라 그들 자신입니다. 이는 예수님께서 예루살렘을 두고 우셨던 이유, 곧 하나님께서 예수님을 통해 하시는 일을 알지 못하는 그들의 무지와 완고함에 대한 지적입니다. 이는 실제 예루살렘의 파괴와 수많은 죽음으로 이어질 것입니다(눅 19:41-44). 그때는 잃어버릴

고 말씀하셨다. "예루살렘의 딸들아, 나를 두고 울지 말고, 너
희와 너희 자녀를 두고 울어라. 29 보아라, '아이를 배지 못하
는 여자와, 아이를 낳아보지 못한 태와, 젖을 먹여보지 못한
가슴이 복되다' 하고 사람들이 말할 날이 올 것이다. 30 그때
에, 사람들이 산에다 대고 '우리 위에 무너져 내려라' 하며, 언
덕에다 대고 '우리를 덮어버려라' 하고 말할 것이다. 31 나무가
푸른 계절에도 사람들이 이렇게 하거든, 하물며 나무가 마른
계절에야 무슨 일이 벌어지겠느냐?"
32 ○ 다른 죄수 두 사람도 예수와 함께 처형장으로 끌려갔
다. 33 그들은 해골이라 하는 곳에 이르러서, 거기서 예수를
십자가에 달고, 그 죄수들도 그렇게 하였는데, 한 사람은 그
의 오른쪽에, 한 사람은 그의 왼쪽에 달았다. 34 [[그 때에 예
수께서 말씀하셨다. "아버지, 저 사람들을 용서하여주십시오.
저 사람들은 자기네가 무슨 일을 하는지를 알지 못합니다."]]
그들은 제비를 뽑아서, 예수의 옷을 나누어 가졌다. 35 백성
은 서서 바라보고 있었고, 지도자들은 비웃으며 말하였다. "이
자가 남을 구원하였으니, 정말 그가 택하심을 받은 분이라면,
자기나 구원하라지." 36 병정들도 예수를 조롱하였는데, 그들

자녀가 없는 사람이 더 낫다고 말하며, 심판을 맞이하기보다는 신속한 죽음을 원하게 될 것입니다(눅 23:29; 호 10:8; 눅 21:23). 31절의 속담은 난해합니다. 아마도 생나무보다 마른 나무가 더 잘 타오르듯, 그들이 예수님보다 더 끔찍한 운명에 처할 것이라는 경고처럼 보입니다.

은 가까이 가서, 그에게 신 포도주를 들이대면서, 37 말하였
다. "네가 유대인의 왕이라면, 너나 구원하여보아라." 38 예수
의 머리 위에는 "이는 유대인의 왕이다" 이렇게 쓴 죄패가 붙
어 있었다.
39 ○ 예수와 함께 달려 있는 죄수 가운데 하나도 그를 모독
하며 말하였다. "너는 그리스도가 아니냐? 너와 우리를 구원
하여라." 40 그러나 다른 하나는 그를 꾸짖으며 말하였다. "똑
같은 처형을 받고 있는 주제에, 너는 하나님이 두렵지도 않으
냐? 41 우리야 우리가 저지른 일 때문에 그에 마땅한 벌을 받
고 있으니 당연하지만, 이분은 아무것도 잘못한 일이 없다."
그러고 나서 그는 예수께 말하였다. 42 "예수님, 주님이 주님
의 나라에 들어가실 때에, 나를 기억해주십시오." 43 예수께
서 그에게 말씀하셨다. "내가 진정으로 네게 말한다. 너는 오
늘 나와 함께 낙원에 있을 것이다."

예수께서 숨을 거두시다(마 27:45-56; 막 15:33-41; 요 19:28-30)

44 ○ 어느덧 낮 열두 시쯤 되었는데, 어둠이 온 땅을 덮어서,

예수의 십자가 처형이 속전속결로 이루어집니다. 체포에서 처형까지 얼마나 걸린 건가요? 예수님께서는 최후의 만찬이 거행된 목요일 저녁에 올리브산으로 가셨다가, 거기서 당국자들에게 체포됩니다(눅 22:39, 54). 체포 후 밤에 대제사장과 의회 앞에 서는 다른 복음서의 기록과 달리(막 14:53-65; 요 18:12-14, 19-23), 누가복음서에서는 모든 재판이 이튿날 금요일 아침부터 시작됩니다. 예수님의 반대자들은 먼저 공회 앞에서 처형의 명분을 확인한 후, 정치적 죄목을 걸어 빌라도 총독에게 보내 사형 판결을 얻어내려 합니다(눅 22:66; 23:1). 사형 언도와 십자가 처형 역시 같은 날 이루어집니다. 예수님께서는 정오가 되기 훨씬 전, 마가복음서에

오후 세 시까지 계속되었다. 45 해는 빛을 잃고, 성전의 휘장
은 한가운데가 찢어졌다. 46 예수께서 큰 소리로 부르짖어 말
씀하셨다. "아버지, 내 영혼을 아버지 손에 맡깁니다." 이 말
씀을 하시고, 그는 숨을 거두셨다. 47 그런데 백부장은 그 일
어난 일을 보고, 하나님께 영광을 돌리며 말하였다. "이 사람
은 참으로 의로운 사람이었다." 48 구경하러 모여든 무리도
그 일어난 일을 보고, 모두 가슴을 치면서 돌아갔다. 49 예수
를 아는 사람들과 갈릴리에서부터 예수를 따라다닌 여자들은,
다 멀찍이 서서 이 일을 지켜보았다.

무덤에 묻히시다(마 27:57-61; 막 15:42-47; 요 19:38-42)

50 ○ 요셉이라는 사람이 있었는데, 그는 공의회 의원이고,
착하고 의로운 사람이었다. 51 -이 사람은 의회의 결정과 처
사에 찬성하지 않았다.- 그는 유대 사람의 고을 아리마대 출
신으로, 하나님의 나라를 기다리는 사람이었다. 52 이 사람이
빌라도에게 가서, 예수의 시신을 내어달라고 청하였다. 53 그
는 시신을 십자가에서 내려서, 삼베로 싼 다음에, 바위를 파서

의하면 오전 9시에 십자가에 달리셨습니다(막 15:25). 그 후 정오부터 온 땅에 어둠이 덮이고, 오후 3시 무렵 예수님께서 마지막 숨을 거두십니다(눅 23:44-49; 막 15:33-34). 형식적인 절차를 거치지만, 매우 급한 진행임에는 틀림이 없습니다. 예수님의 죽음을 원했던 이들의 적극적인 움직임과 더불어, 해가 지면 안식일이 시작된다는 사실과도 관련이 있을 것입니다.

만든 무덤에다가 모셨다. 그 무덤은 아직 아무도 묻힌 적이 없
는 것이었다. 54 그날은 준비일이고, 안식일이 시작될 무렵이
었다. 55 갈릴리에서부터 예수를 따라다닌 여자들이 뒤따라
가서, 그 무덤을 보고, 또 그의 시신이 어떻게 안장되었는지를
살펴보았다. 56 그리고 그들은 집에 돌아가서, 향료와 향유를
마련하였다.

예수의 부활(마 28:1–10; 막 16:1–8; 요 20:1–10)

○ 여인들은 계명대로 안식일에 쉬었다.

요셉의 행보는 파격적입니다. 지위도 높은 사람이 어떻게 그렇게 위험할 수도 있는 선택을 할 수 있었던 건가요? 그는 예수님의 매장 이야기에 단 한 번 등장하지만, 매우 강렬한 존재감을 발휘합니다. 그가 공회원이라는 사실, '착하고 의로운 사람'이라는 설명뿐 아니라, 예수님을 사형에 처하기로 한 공회의 결정에 반대표를 던진 사람이라는 언급까지 더해집니다. 자기 의견을 개진할 권리가 있었겠지만, 당시 분위기로 보면 그의 독자적 행동은 정치적 부담이 적지 않은 결정이었을 것입니다. 또 그의 출신 지역과 더불어, 그가 '하나님나라를 기다리는 사람'이라는 칭찬이 뒤따릅니다. 진정한 마음으로 하나님나라를 기다리는 사람이라면 예수님을 통해 하나님의 일하심을 보았을 것이며, 그런 사람으로서 요셉은 예수님의 사형 결정에 동의할 수 없었을 겁니다. 흥미롭게도 요한복음서는 그가 예수님의 제자였으나 동료 유대인들이 두려워 그 사실을 숨기고 있었다고 말합니다(요 19:38). 그랬다면 예수님의 죽음과 더불어 본격적인 '커밍아웃'을 한 셈입니다. 신중한 매장 모습은 예수님을 향한 그의 태도를 잘 보여줍니다.

{ 제24장 }

1 이레의 첫날 이른 새벽에, 여자들은 준비한 향료를 가지고
무덤으로 갔다. 2 그들은 무덤 어귀를 막은 돌이 무덤에서 굴
려져나간 것을 보았다. 3 그들이 안으로 들어가 보니, 주 예수
의 시신이 없었다. 4 그래서 그들이 이 일을 어떻게 해야 할지
를 몰라서 당황하고 있는데, 눈부신 옷을 입은 두 남자가 갑자
기 그들 앞에 나섰다. 5 여자들은 두려워서 얼굴을 아래로 숙
이고 있는데, 그 남자들이 그들에게 말하였다. "어찌하여 너희
들은 살아계신 분을 죽은 사람들 가운데서 찾고 있느냐? 6 그
분은 여기에 계시지 않고, 살아나셨다. 갈릴리에 계실 때에,
너희들에게 하신 말씀을 기억해보아라. 7 '인자는 반드시 죄인
의 손에 넘어가서, 십자가에 처형되고, 사흘째 되는 날에 살아
나야 한다'고 하셨다." 8 여자들은 예수의 말씀을 회상하였다.

예수를 따르던 남자 제자들은 다 어디에 가고, 여자들이 무덤을 찾은 건가요? 다른 복음서에 의하면 "제자들은 다 예수를 버리고 도망갔습니다"(막 14:50; 마 26:56). 요한복음서에서는 예수님께서 "나를 잡았으니, 내 제자들은 놓아주라"고 요구하십니다(요 18:8). 이후 십자가 위에서는 예수님께서 '사랑하는 제자'에게 자신의 어머니를 부탁하십니다(요 19:25-27). 또 장례할 때 아리마대 요셉 말고도 니고데모가 많은 향품을 준비한 사람으로 소개됩니다(요 19:39-40). 반면 누가복음서에는 제자들의 행보에 관한 구체적인 언급이 없고, 베드로가 '멀찍이' 뒤따라갔다가 예수님을 세 번 부인합니다(눅 22:54). 십자가 장면에서는 제자들이 전혀 보이지 않습니다. 예수님의 죽음 후 제자들은 예루살렘에서 그들이 예전에 모이던 곳에 모여 있다 안식일 후 다음 날, 곧 주일에 부활하신 예수님을 만났습니다(눅 24:1, 13). 반면 예수님의 장례 절차를 돕다가 빈 무덤에서 천사(마가복음서, 누가복음서) 또는 부활하신 주님을 처음으로 만난(마태복음서, 요한복음서) 이는 여자들입니다. 교회의 시작부터 여자들의 존재감이 두드러졌던 셈입니다.

9 그들은 무덤에서 돌아와서, 열한 제자와 그 밖의 모든 사람
에게 이 모든 일을 알렸다. 10 이 여자들은 막달라 마리아와
요안나와 야고보의 어머니인 마리아이다. 이 여자들과 함께
있던 다른 여자들도, 이 일을 사도들에게 말하였다. 11 그러나
사도들에게는 이 말이 어처구니없는 말로 들렸으므로, 그들은
여자들의 말을 믿지 않았다. 12 그러나 베드로는 일어나서 무
덤으로 달려가, 몸을 굽혀서 들여다보았다. 거기에는 시신을
감았던 삼베만 놓여 있었다. 그는 일어난 일을 이상히 여기면
서 집으로 돌아갔다.

예수께서 엠마오로 가는 제자에게 나타나시다(막 16:12–13)

13 ○ 마침 그날에 그들 가운데 두 사람이 예루살렘에서 한 삼
십 리 떨어져 있는 엠마오라는 마을로 가고 있었다. 14 그들은

베드로도 예수의 죽음과 부활을 이해하지 못했던 건가요? 빈 무덤을 보고 예수의 부활을 깨달은 것이 아니라, 이상히 여기며 집으로 돌아갔다니요(12절). 죽은 사람이 살아난다는 이야기는 누구라도 믿기 어렵습니다. 여인들의 증언도 이 불가능성을 뒤집기에는 역부족입니다. 특히 여자의 증언에 무게를 부여하지 않았던 당시의 문화에서는 더욱 그렇습니다. 그저 '어처구니없는 말'로 들릴 뿐입니다. 하지만 무덤 안 분위기가 심상치 않았던 것은 분명합니다. 예수님의 시신은 없고, 그분을 감쌌던 수의만 남아 있었기 때문입니다. 결국 베드로는 부활하신 주님을 만난 후에야 부활의 사실을 받아들일 수 있었습니다. 따로 기록되진 않았지만, 그가 부활하신 주님을 보았다는 사실은 확인됩니다(눅 24:34). 다른 제자들도 모두 예수님을 만난 후에야 예수님의 부활을 사실로 받아들입니다. 부활을 못 믿는다고 도마가 비난을 받곤 하지만, 사실 '보지 않고 믿은' 제자는 하나도 없습니다(요 20:24–29). 이렇게 보면 빈 무덤에서 천사의 말을 신뢰하고, 수난과 부활에 관한 예수님의 말씀을 회상해내며, 사도들에게 이 모든 일을 전했던 여인들의 믿음이 대단합니다(눅 24:1–12).

일어난 이 모든 일을 서로 이야기하고 있었다. 15 그들이 이야
기하며 토론하고 있는데, 예수께서 가까이 가서, 그들과 함께
걸으셨다. 16 그러나 그들은 눈이 가려져서 예수를 알아보지
못하였다. 17 예수께서 그들에게 물으셨다. "당신들이 걸으면
서 서로 주고받는 이 말들은 무슨 이야기입니까?" 그들은 침
통한 표정을 지으며 걸음을 멈추었다. 18 그때에 그들 가운데
하나인 글로바라는 사람이 예수께 말하였다. "예루살렘에 머
물러 있었으면서, 이 며칠 동안에 거기에서 일어난 일을 당신
혼자만 모른단 말입니까?" 19 예수께서 그들에게 물으셨다.
"무슨 일입니까?" 그들이 그에게 말하였다. "나사렛 예수에 관
한 일입니다. 그는 하나님과 모든 백성 앞에서, 행동과 말씀
에 힘이 있는 예언자였습니다. 20 그런데 우리의 대제사장들
과 지도자들이 그를 넘겨주어서, 사형선고를 받게 하고, 십자
가에 못 박아 죽였습니다. 21 우리는 그분이야말로 이스라엘

예수는 엠마오로 가는 제자들에게 왜 단번에 자신을 드러내지 않고 여러 과정을 거쳤나요? 이 흥미로운 일화는 두 제자가 부활하신 주님을 인식하지 못하는 사실에서 출발합니다. 대화 속에서 제자들은 예수님에게 가졌던 기대와 실망만 드러낼 뿐, 부활에 대한 기대는 없습니다. 예수님께서는 이를 성경에 관한 무지의 결과로 해석하며, 그들의 눈을 열어 성경을 가르치십니다. 성경이 메시아(그리스도)의 수난과 부활을 말하고 있다는 사실을 깨우쳐주는 작업입니다. 이후 식사 자리에서 예수님께서는 최후의 만찬에서 했던 행동을 그대로 반복하십니다. 그 순간 두 제자는 부활하신 예수님을 알아보지만, 예수님께서는 그들에게서 사라지십니다. 예수님의 부활을 확인한 두 제자는 흥분하지만, 놀랍게도 그 흥분은 예수님의 부활 자체가 아니라, "길에서 그분이 우리에게 말씀하시고 성경을 풀이하여주실 때, 우리 마음이 뜨거워지지 않았습니까?" 하는 것이었습니다(눅 24:32). 이 일화 자체가 부활의 사실에 대한 깨달음만큼이나 성경에 대한 깨달음에 주목하고 있음을 보여주는 대목입니다. 앞서 부자와 나사로 비유에서도 이미 나왔던 주제입니다(눅 16:19–31).

을 구원하실 분이라는 것을 알고서, 그분에게 소망을 걸고 있
었던 것입니다. 그뿐만 아니라, 그런 일이 있은 지 벌써 사흘
이 되었는데, 22 우리 가운데서 몇몇 여자가 우리를 놀라게 하
였습니다. 그들은 새벽에 무덤에 갔다가, 23 그의 시신을 찾
지 못하고 돌아와서 하는 말이, 천사들의 환상을 보았다는
것입니다. 천사들이 예수가 살아계신다고 말했다는 것입니
다. 24 그래서 우리와 함께 있던 몇 사람이 무덤으로 가서 보
니, 그 여자들이 말한 대로였고, 그분은 보지 못하였습니다."
25 예수께서는 그들에게 말씀하셨다. "어리석은 사람들입니
다. 예언자들이 말한 모든 것을 믿는 마음이 그렇게도 무디니
말입니다. 26 그리스도가 마땅히 이런 고난을 겪고서, 자기
영광에 들어가야 하지 않겠습니까?" 27 그리고 예수께서는 모
세와 모든 예언자에서부터 시작하여 성경 전체에서 자기에 관
하여 써놓은 일을 그들에게 설명하여주셨다.
28 ○ 그 두 길손은 자기들이 가려고 하는 마을에 가까이 이르
렀다. 그런데 예수께서는 더 멀리 가는 척하셨다. 29 그러자
그들은 예수를 만류하여 말하였다. "저녁때가 되고, 날이 이미
저물었으니, 우리 집에 묵으십시오." 예수께서 그들의 집에 묵

예수가 고난을 겪고 죽은 후 부활할 것이라는 이야기는 성경 어디에 나와 있는 건가요? 신약성경은 (구약)성경이 예수님에 관해 말하고 있다는 사실을 분명히 합니다. 그래서 예수님의 생애에 발생한 다양한 사건들과 예수님의 여러 가르침을 구약성경의 성취로 설명하곤 합니다. 하지만 예수님의 수난과 부활에 대한 구체적인 구약의 말씀을 지적하기가 쉽지 않습니다. 사실 구약과 유대교 전통에서 고난당하는 메시아 사상은 매우 낯선 이야기입니다. 부활은 더 말할 것도 없습니다. 그래서 예수님의 수난과 부활을 내다보고 예언하는 구절을 찾기가 어렵습니다. 구약성경의 이사야서 53장과 같은 예외적인 본문이 대표 사례로 소개되곤 하지만, '모든' 성경

으려고 들어가셨다. 30 그리고 그들과 함께 음식을 잡수시려
고 앉으셨을 때에, 예수께서 빵을 들어서 축복하시고, 떼어서
그들에게 주셨다. 31 그제서야 그들의 눈이 열려서, 예수를 알
아보았다. 그러나 한순간에 예수께서는 그들에게서 사라지셨
다. 32 그들은 서로 말하였다. "길에서 그분이 우리에게 말씀
하시고, 성경을 풀이하여주실 때에, 우리의 마음이 [우리 속에
서] 뜨거워지지 않았습니까?" 33 그들이 곧바로 일어나서, 예
루살렘에 돌아와서 보니, 열한 제자와 또 그들과 함께 있던 사
람들이 모여 있었고, 34 모두들 "주님께서 확실히 살아나시
고, 시몬에게 나타나셨다" 하고 말하고 있었다. 35 그래서 그
두 사람도 길에서 겪은 일과 빵을 떼실 때에 비로소 그를 알아
보게 된 일을 이야기하였다.

열한 제자에게 나타나시다

(마 28:16–20; 막 16:14–18; 요 20:19–23; 행 1:6–8)

36 ○ 그들이 이런 이야기를 하고 있을 때에, 예수께서 몸소
그들 가운데 들어서서 말씀하셨다. "너희에게 평화가 있어

이 그렇다는 주장과는 거리가 있어 보입니다. 하지만 예수님의 주장은 매우 분명합니다. 우리는 예수님의 반복된 수난 예고(눅 9:22, 44; 18:32–33), 요나서를 해석하는 방식(눅 11:29–32), 혹은 구약을 배경으로 삼은 비유적 가르침(눅 20:9–19) 등에서 그 확신과 실제 구약성경 해석의 흔적을 찾아볼 수 있습니다. 누가복음서의 속편인 사도행전의 설교에서 더 많은 성경의 사례들을 만날 수 있습니다.

라.” 37 그들은 놀라고, 무서움에 사로잡혀서, 유령을 보고 있
는 줄로 생각하였다. 38 예수께서는 그들에게 말씀하셨다.
“어찌하여 너희는 당황하느냐? 어찌하여 마음에 의심을 품느
냐? 39 내 손과 내 발을 보아라. 바로 나다. 나를 만져보아라.
유령은 살과 뼈가 없지만, 너희가 보다시피, 나는 살과 뼈가
있다.” 40 이렇게 말씀하시고, 그는 손과 발을 그들에게 보이
셨다. 41 그들은 너무 기뻐서, 아직도 믿지 못하고 놀라워하고
있는데, 예수께서 그들에게 말씀하셨다. “여기에 먹을 것이 좀
있느냐?” 42 그래서 그들이 예수께 구운 물고기 한 토막을 드
렸다. 43 예수께서 받아서, 그들 앞에서 잡수셨다.
44 ○ 예수께서 그들에게 말씀하셨다. “내가 전에 너희와 함
께 있을 때에 너희에게 말하기를, 모세의 율법과 예언서와 시
편에 나를 두고 기록한 모든 일이 반드시 이루어져야 한다고
하였다.” 45 그때에 예수께서는 성경을 깨닫게 하시려고, 그
들의 마음을 열어주시고, 46 그들에게 말씀하셨다. “이렇게
기록되어 있다. 곧 ‘그리스도는 고난을 겪으시고, 사흘째 되는
날에 죽은 사람들 가운데서 살아나실 것이며, 47 그의 이름으
로 죄 사함을 받게 하는 회개가 모든 민족에게 전파될 것이다’

누가복음서에서 예수의 생애와 활동에 할애된 지면에 비해 부활과 승천에 대한 기사는 매우 적습니다. 부활에서 승천까지의 시간은 어느 정도였나요? 복음서를 통해 부활에서 승천까지의 시간을 추측하는 것은 불가능합니다. 마가복음서의 원문은 빈 무덤에서 끝납니다. 마태복음서에는 부활 후 예수님께서 갈릴리에서 제자들을 만나는 이야기가 한 번 나옵니다. 요한복음서에는 예루살렘에서의 두 차례 만남과 갈릴리에서의 재회가 따로 등장합니다. 반면 누가복음서의 부활 이야기는 예루살렘을 중심으로 합니다. 두 번째 혹은 세 번째 만남 이후 예수님께서 제자들을 밖으로 데리고 나가 승천하신 것이라면 그리 긴 시간은 아닐 겁니다(눅 24:50–51).

하였다. 예루살렘에서부터 시작하여 48 너희는 이 일의 증인
이다. 49 [보아라,] 나는 내 아버지께서 약속하신 것을 너희에
게 보낸다. 그러므로 너희는 위로부터 오는 능력을 입을 때까
지, 이 성에 머물러 있어라."

하늘로 올라가시다(막 16:19–20; 행 1:9–11)

50 ○ 그리고 예수께서는 그들을 [밖으로] 베다니까지 데리고
가서, 손을 들어 그들을 축복하셨다. 51 예수께서는 그들을 축
복하시는 가운데, 그들에게서 떠나 하늘로 올라가셨다. 52 그
들은 예수께 경배하고, 크게 기뻐하면서, 예루살렘으로 돌아
가서, 53 하나님을 찬양하면서 날마다 성전에서 지냈다.

이 승천 장면은 누가복음서의 속편인 사도행전 도입부에서 다시 반복됩니다. 여기서는 몇 번 정도가 아니라, 예수님께서 아예 승천 이전 40일 동안 제자들과 함께 있으면서 '확실한 많은 증거로' 자신의 부활 사실을 확증하셨다고 나옵니다(행 1:3). 그래서 우리는 부활과 승천 사이를 40일로 생각합니다. 하지만 예루살렘을 중요하게 생각하는 누가복음서에는 갈릴리를 배경으로 한 부활 전승이 소개되지 않습니다. 그래서 여기에도 어느 정도 모호함은 남습니다.

마태복음서 마태가 기록한 예수님의 삶과 가르침. 세금 징수원으로 일하다 부름을 받고 제자가 된 마태는 예수님의 중요한 행적과 가르침들을 낱낱이 기록으로 남겼다. 메시아가 나타나 새로운 나라의 임금이 되어 옛 영화를 되찾아주길 간절히 기다리던 유대인들에게 예수님이 곧 그분이라고 소개한다. 메시아가 임금이 되어 다스리는 나라는 어떤 모습일까? 마태의 눈을 통해 함께 들여다보자.

마가복음서 마가가 정리한 예수님의 삶과 가르침. 예수님께서 부활해 하늘로 올라가신 이후에 제자가 된 마가는 직접 그리스도를 따라다녔던 여러 선배들의 증언을 바탕으로 그 활동과 메시지를 정리했다. 예수님은 하나님의 아들이라고 단언하면서 그토록 고귀한 이가 섬기는 종의 모습으로 세상에 왔다고 설명한다. 주로 유대인과 로마인들을 겨냥해 구원의 소식을 전한다.

누가복음서 누가가 적은 예수님의 삶과 가르침. 의사였던 누가는 마치 기자처럼 예수님의 말과 행동을 상세히 기록한다. 인간 예수의 뒤를 따라가며 각종 사건과 발언들을 받아 적었다. 탄생, 어린 시절, 세례, 갖가지 비유와 기적, 죽음과 부활, 승천에 이르기까지 예수님께서 이 땅에 오셨다가 뜻을 이루고 다시 하늘로 올라가신 과정 전체를 이 책 한 권만 가지고도 넉넉히 살필 수 있다.

요한복음서 예수님을 따라다니며 큰 사랑을 받았던 제자 요한이 기록한 복음서. 앞의 책들과 마찬가지로 굵직굵직한 사건들과 중요한 메시지들을 다루지만, 다소 신학적이고 깊이 있는 설명을 덧붙이기도 한다. 예수님은 곧 하나님임을 강조하고, 그러기에 죄를 용서하는 권세가 그분에게 있다고 단언한다. 요한의 안내를 따라가노라면 예수님의 정체, 예수님께서 말씀하신 구원의 속성을 정확히 알 수 있다.

사도행전 부활한 예수님께서는 하늘로 올라가시고 제자들은 덜렁 이 땅에 남았다. 줄곧 예수님을 따라다니며 온갖 기적을 목격하고 그 메시지를 두 귀로 또렷이 들었지만, 막상 스승이 십자가에 달리게 되자 줄행랑을 쳤던 이들이었다. 그런데 어느 순간, 그

오합지졸들이 변해 죽음도 무릅쓰는 용사들이 되었다. 이들에게 무슨 일이 있었던 걸까? 이들은 어떻게 예수님의 메시지를 온 세상에 퍼트렸을까? 교회는 어떻게 태어나고 성장했을까? 사도행전은 그 비밀을 알려준다.

로마서 로마의 그리스도인들에게 보낸 바울의 편지. 구원의 메시지는 사방팔방으로 무섭게 퍼져나갔고 그리스도인의 숫자는 점점 더 불어났지만, 그와 함께 정리해야 할 신학적인 문제도 많아졌다. 뛰어난 전도자이자 신학자였던 바울은 구원이란 무엇이며 무엇으로 구원을 받는지, 하나님의 은혜는 어떤 역할을 하는지, 의로운 생활의 의미와 가치는 무엇인지 명쾌하게 제시한다.

고린도전서 고린도의 그리스도인들에게 보낸 바울의 첫 번째 편지. 고린도는 오늘날 뉴욕에 견줄 만한 대도시로, 살림이 풍요롭고 문화가 방탕하기로 소문이 자자했다. 이런 분위기는 교회 안에도 스며들어 고린도의 그리스도인 공동체는 갖가지 성적인 문제와 분열로 몸살을 앓았다. 바울은 이런 병폐들을 지적하면서 신앙의 본질과 질서를 지키며 은혜와 사랑에 기대어 살기를 촉구한다.

고린도후서 고린도의 그리스도인들에게 보낸 바울의 두 번째 편지. 서신을 보내 꾸짖고 타이르며 격려한 덕에 고린도 교회의 형편은 한결 나아졌다. 하지만 여전히 바울의 지적을 불편하게 여기고 그 권위를 부정하는 지도자들도 있었다. 현지를 살피고 돌아온 제자들에게서 그 사연을 전해 들은 바울은 다시 편지를 보내 그들의 불평에 일일이 답하고, 마땅히 가야 할 길을 제시한다.

갈라디아서 갈라디아 지역의 교회에 보낸 바울의 편지. 일찍이 바울은 갈라디아 지방을 두루 다니며 그리스도의 메시지를 전했고, 수많은 사람들이 이를 받아들여 그리스도인이 되었다. 하지만 얼마 지나지 않아 거짓 선생들이 나타나 모세의 율법을 지키고 예식을 따라야 구원을 얻을 수 있다고 가르치는 바람에 큰 혼란이 일어났다. 정말 그럴까? 바울은 전혀 다른 답을 내놓는다.

에베소서 에베소의 그리스도인 공동체에 보낸 바울의 편지. 같은 복음을 듣고 교회를 이루었지만, 유대인과 이른바 이방인들 사이에는 미묘한 생각의 차이가 존재했다. 바울은 그리스도를 통해 이미 한 몸이 되었으므로 구별은 무의미하며, 교회는 사랑의 원리로 움직여야 한다고 설명한다. 아울러 그리스도인으로 이 세상을 살아갈 힘의 원천이 무엇이며 어떤 무장을 해야 하는지 가르친다.

빌립보서 바울이 유럽에 세운 첫 번째 공동체인 빌립보 교회에 보낸 편지. 옥에 갇힌 바울은 빌립보의 그리스도인들이 보낸 선물을 받고, 감사의 뜻과 아울러 격려를 아끼지 않는다. 그리스도를 본받아 겸손한 마음가짐으로 서로 사랑하고 세워주며 하나님의 의로움을 드러내라고 권하는 한편, 종착점에 이르기까지 달음박질을 멈추지 말라며 기운을 북돋운다.

골로새서 바울이 이단에 시달리고 있는 골로새 교회에 보낸 편지. 골로새의 그리스도인들은 유대교를 비롯한 동방의 다양한 종교들이 뒤섞인 특이한 사상의 영향을 받고 있었다. 바울은 이들에게 예수 그리스도는 어떤 분이며 어떤 일을 하셨는지, 그 안에서 산다는 게 무슨 의미인지, 그 생명을 품은 이로서 어떻게 세상을 살아야 할지 이야기한다.

데살로니가전서 바울이 데살로니가 교회에 보낸 첫 번째 편지. 데살로니가 교회는 세워진 지 얼마 되지 않아 아직 단단히 여물지 않은 상태였다. 밖으로는 심한 박해에 시달리고, 안으로는 재림을 둘러싼 의문이 깊었다. 이를 전해 들은 바울은 한편으론 식구들을 격려하고, 다른 한편으로는 예수님께서 어떤 모습으로 세상에 다시 오실지, 그때 살아 있는 또는 세상을 떠난 그리스도인들은 어떻게 그분과 함께하게 될지 설명한다.

데살로니가후서 바울이 데살로니가 교회에 보낸 두 번째 편지. 첫 번째 편지로는 하고 싶은 말을 다 하지 못했다고 생각했던 걸까? 바울은 다시 서신을 보내 주님이 틀림없이 다시 오셔서 세상을 심판하신다고 강조한다. 아울러 데살로니가의 그리스도인들을 위로하고 용기를 북돋우며, 낙심하지 말고 선한 일을 하라고 권한다.

디모데전서 바울이 '아들'이라고 부를 만큼 아끼고 신뢰하는 제자 디모데에게 보낸 첫 번째 편지. 에베소에서 그리스도인들을 돌보고 있는 디모데에게 바울은 거짓 선생들과 거짓 가르침을 경계하며 기도하고 예배에 힘쓰길 당부한다. 또 한편으로는 여러 교회의 직분을 열거하면서 어떤 자격을 갖춘 인물들이 그 자리를 맡아야 하는지 설명한다.

디모데후서 삶의 마지막 시기를 마주한 바울이 사랑하는 제자 디모데에게 보낸 두 번째 편지. 바울은 디모데를 향한 따듯한 마음을 솔직하게 표현하면서 어서 와 자신을 만나달라고 부탁한다. 그러면서도 스승다운 면모를 잃지 않은 바울은 타락한 세상을 살더라도 은혜로 굳세져서 고난을 달게 받으며 살림살이에 얽매이지 말고 말씀을 선포하라고 훈계한다.

디도서 바울이 자신을 통해 예수님을 믿고 교회의 지도자가 된 디도에게 보낸 편지. 바울은 크레타 섬에서 활동하고 있는 디도에게 하나님의 말씀에는 거짓이 없음을 강조하고, 어떤 인물들을 리더로 세워야 하는지 설명하면서 선한 말과 행동의 모범이 되길 당부한다.

빌레몬서 바울이 부유한 그리스도인 빌레몬에게 보낸 편지. 희한하게도 달아난 노예 오네시모를 관대하게 처분해달라는 부탁을 담고 있다. 로마법대로라면 마땅히 사형감이지만 자비를 베풀라고 권한다. 노예의 빚을 자신이 갚아주겠다고 약속까지 한다. 목숨으로 갚아야 할 죄를 지은 죄인의 편에 서서 변호하며, 대신 짐을 지겠다는 바울의 모습. 어디서 많이 보던 장면이지 않은가?

히브리서 유대인 그리스도인들에게 예수님이야말로 구약성경이 줄곧 예언해온 바로 그 메시아이며 구원을 이루실 분임을 설명하는 편지. 서신의 형식을 띠고 있지만, 누가 누구에게 보낸 글인지를 두고는 의견이 분분하다. 제사장, 언약, 희생제물, 멜기세덱 등등 유대인들에게 익숙한 개념을 동원해 구원의 진리를 설파하면서, 예수님을 신뢰하며 소망하라고 가르친다.

야고보서 예수님의 동생 야고보가 곳곳에 흩어져 살고 있는 유대인들을 염두에 두고 쓴 편지. 핍박과 시련 속에서 믿음을 가지고 인내하는 삶을 이야기한다. 말, 인간을 대하는 태도, 한결같은 마음가짐, 말씀에 따라 사는 그리스도인의 행동 양식에 관한 가르침이 상당 부분을 차지한다. 믿음과 행위가 구원과 어떻게 연결되는지에 관해서도 관심을 둔다.

베드로전서 예수님의 제자 베드로가 박해를 당하는 그리스도인들에게 보낸 첫 번째 편지. 교회가 막 세워져갈 무렵, 그리스도인이 된다는 건 엄청난 핍박과 시련을 감수해야 하는 모험이었다. 그럼에도 불구하고 예수님의 뒤를 따르기로 작정한 그리스도인들에게 베드로는 뜻밖의 위로와 격려를 전한다. 언젠가 고달픈 세월이 닥치겠지만, 하나님은 어김없이 약속을 지키는 분이므로 그분을 바라보고 불같은 시련을 견디라는 것이다. 심지어 고난을 영광스럽게 여기라고 권한다.

베드로후서 베드로가 같은 뜻으로 예수 그리스도를 따르는 동료 그리스도인들에게 보낸 두 번째 편지. 세상을 떠날 날이 멀지 않았음을 감지한 베드로는 예수의 복음이 얼마나 진실하고 확실한지 다시 한번 강조한다. 아울러 거짓 예언자와 교사들의 속임수에 넘어가지 말고, 반드시 다시 오신다는 그리스도의 약속을 바라보라고 가르친다.

요한1, 2, 3서 예수님의 제자 요한이 거짓 가르침들을 경고하고 대처하기 위해 교회에 보낸 편지들. 요한1서는 하나님을 빛에 빗대면서 그 아들 예수님을 통해서만 빛 가운데 살아갈 수 있음을 분명히 한다. 사랑이야말로 빛의 자녀들의 증표라고 못 박고, 하나님께서 우리를 사랑하신 것처럼 서로 사랑하며 순종으로 그 사랑을 드러내 보이라고 명령한다. 요한2서는 속이려 드는 자들이 세상에 허다함을 지적하고, 그런 자들과는 단호하게 거리를 두라고 요구한다. 요한3서 역시 앞의 편지들과 맥락을 같이하면서 선한 것을 본받으라고 권면한다.

유다서 예수님의 형제 유다가 교회에 보낸 편지. 몰래 스며든 거짓 선생들이 그릇된 가르침을 퍼트리고 있음을 알게 된 유다는 곧바로 강력한 경계경보를 발령한다. 참 진리를 다시 한번 상기시키고 거짓말을 일삼는 교사들을 맹렬히 비난하면서, 믿음을 터로 삼으라고 주문한다.

요한계시록 장차 닥쳐올 세상과 관련한 하나님의 계시. 밧모 섬에서 귀양살이를 하던 사도 요한은 어느 날 엄청난 환상을 보고 그 내용을 고스란히 글로 옮겼다. 사탄과 악이 하나님의 손에 완전히 소멸되고 새 하늘과 새 땅이 열리는 거대한 환상이었다. 창세기에서 시작된 성경의 메시지는 마침내 종결되고, 승리의 노래가 울려 퍼진다. 독특한 상징과 이미지로 숱한 예술작품의 모티브가 된 이 기묘한 책 속으로 조심스럽게 들어가 보자.

Bible in Hand | 교양인을 위한 성경

Bible in Hand | 교양인을 위한 성경 시리즈는 성경 원문의 뜻을 우리말 어법에 맞게 정확하게 번역한 〈성경전서 새번역〉 본문과 해제로 구성되어 있다. 성경을 읽으면서 생기는 질문에 답을 주는 질문과 해제 부분의 경우, 구약은 김근주 교수(기독연구원 느헤미야), 신약은 권연경 교수(숭실대 기독교학과)가 성경을 읽어가는 재미와 정보의 길안내를 맡았다.

구약

세상의 모든 처음
창세기 | 248p | 11,000원

영광의 탈출, 새로운 삶을 향하여
출애굽기 | 212p | 11,000원

선택, 어느 편에 설 것인가?
여호수아기 · 사사기 · 룻기 | 278p | 15,000원

왕국의 출발, 왕의 조건을 묻다
사무엘기(상 · 하) | 316p | 19,000원

하나님 없는 세상에서 하나님과 함께 살아가기
에스라기 · 느헤미야기 · 에스더기 | 192p | 9,000원

마음의 끝에서 부르는 새 노래
시편 | 358p | 19,000원

지혜와 삶과 사랑
잠언 · 전도서 · 아가 | 192p | 8,500원

어둠을 딛고 빛을 읽다
이사야서 | 278p | 15,000원

- **봄이다 프로젝트 페이스북** www.facebook.com/ltis.spring.2017
- **봄이다 프로젝트 블로그** https://blog.naver.com/hoon_bom
- **문의** hoon_bom@naver.com

신약

성취된 약속, 왕으로 온 메시아
마태복음서 | 188p | 10,000원

너희는 나를 누구라고 하느냐?
마가복음서 | 128p | 7,000원

검은 현실을 부수는 빛의 소리
요한복음서 | 156p | 8,000원

행진, 담대하게 거침없이
사도행전 | 176p | 8,500원

벼랑 끝 인생에게 주는 생존방정식
로마서 · 고린도전후서 · 갈라디아서 | 272p | 15,000원

● Bible in Hand |
교양인을 위한 성경 시리즈는
구약 17권, 신약 9권으로
2023년 완간 예정이다.

성경의 모든 부분에는
하나님의 숨결이 깃들어 있어
모든 면에서 유익합니다.
우리에게 진리를 보여주고,
우리의 반역을 드러내며,
우리의 실수를 바로잡아주고,
우리를 훈련시켜
하나님의 방식대로 살게 합니다.
우리는 말씀을 통해 온전해지며,
하나님께서 우리를 위해 마련하신 일을
이루어가게 됩니다.

_ *디모데후서 3장 16-17절, 〈메시지〉,*
유진 피터슨 지음

BIBLE in Hand 교양인을 위한 성경

예수 연대기 :

말구유에서 빈 무덤 너머까지

신약 | 누가복음서

1쇄 발행일 2022년 3월 13일

펴낸이 최종훈
펴낸곳 봄이다 프로젝트
등록 2017-000003
주소 경기도 양평군 서종면 황순원로 414-58 (우편번호 12504)
전화 02-733-7223
이메일 hoon_bom@naver.com

책임편집 이나경 박준숙
디자인 designGo
표지 이미지 shutterstock
인쇄 SP

ISBN 979-11-92240-02-2
값 11,000원